THÉATRE COMPLET

DE

ALEX. DUMAS

XVIII

LA BARRIÈRE DE CLICHY

LE VAMPIRE

NOUVELLE ÉDITION

PARIS
MICHEL LÉVY FRÈRES, ÉDITEURS
RUE AUBER, 3, PLACE DE L'OPÉRA
LIBRAIRIE NOUVELLE
BOULEVARD DES ITALIENS, 15, AU COIN DE LA RUE DE GRAMMONT

1874

Droits de reproduction et de traduction réservés

COLLECTION MICHEL LÉVY

ŒUVRES COMPLÈTES

D'ALEXANDRE DUMAS

THÉATRE

XVIII

OEUVRES COMPLÈTES D'ALEXANDRE DUMAS
PUBLIÉES DANS LA COLLECTION MICHEL LÉVY

Acté	1	— Le Caucase	3
Amaury	1	— Le Corricolo	2
Ange Pitou	2	— Le Midi de la France	2
Ascanio	2	— De Paris à Cadix	2
Une Aventure d'amour	1	— Quinze jours au Sinaï	1
Aventures de John Davys	2	— En Russie	4
Les Baleiniers	2	— Le Speronare	2
Le Bâtard de Mauléon	3	— Le Véloce	2
Black	1	— La Villa Palmieri	1
Les Blancs et les Bleus	3	Ingénue	2
La Bouillie de la comtesse Berthe	1	Isabel de Bavière	2
La Boule de neige	1	Italiens et Flamands	2
Bric-à-Brac	2	Ivanhoe de Walter Scott (traduction)	2
Un Cadet de famille	3	Jacques Ortis	1
Le Capitaine Pamphile	1	Jacquot sans Oreilles	1
Le Capitaine Paul	1	Jane	1
Le Capitaine Rhino	1	Jehanne la Pucelle	1
Le Capitaine Richard	1	Louis XIV et son Siècle	4
Catherine Blum	1	Louis XV et sa Cour	2
Causeries	2	Louis XVI et la Révolution	2
Cécile	1	Les Louves de Machecoul	3
Charles le Téméraire	2	Madame de Chamblay	2
Le Chasseur de Sauvagine	1	La Maison de glace	2
Le Château d'Eppstein	2	Le Maître d'armes	1
Le Chevalier d'Harmental	2	Les Mariages du père Olifus	1
Le Chevalier de Maison-Rouge	2	Les Médicis	1
Le Collier de la reine	3	Mes Mémoires	10
La Colombe. — Maître Adam le Calabrais	1	Mémoires de Garibaldi	2
Le Comte de Monte-Cristo	6	Mémoires d'une aveugle	2
La Comtesse de Charny	6	Mémoires d'un médecin : Balsamo	5
La Comtesse de Salisbury	2	Le Meneur de loups	1
Les Compagnons de Jéhu	3	Les Mille et un Fantômes	1
Les Confessions de la marquise	2	Les Mohicans de Paris	4
Conscience l'Innocent	2	Les Morts vont vite	2
Création et Rédemption. — Le Docteur mystérieux	2	Napoléon	1
— La Fille du Marquis	2	Une Nuit à Florence	1
La Dame de Monsoreau	3	Olympe de Clèves	3
La Dame de Volupté	2	Le Page du duc de Savoie	2
Les Deux Diane	3	Parisiens et Provinciaux	1
Les Deux Reines	2	Le Pasteur d'Ashbourn	2
Dieu dispose	2	Pauline et Pascal Bruno	1
Le Drame de 93	3	Un Pays inconnu	2
Les Drames de la mer	1	Le Père Gigogne	1
Les Drames galants. — La Marquise d'Escoman	2	Le Père la Ruine	2
		Le Prince des Voleurs	2
La Femme au collier de velours	1	La Princesse de Monaco	2
Fernande	1	La Princesse Flora	1
Une Fille du régent	1	Les Quarante-Cinq	3
Filles, Lorettes et Courtisanes	1	La Régence	1
Le Fils du forçat	1	La Reine Margot	2
Les Frères corses	1	Robin Hood le Proscrit	2
Gabriel Lambert	1	La Route de Varennes	1
Les Garibaldiens	1	Le Saltéador	1
Gaule et France	1	Salvator (suite des Mohicans de Paris)	5
Georges	1	Souvenirs d'Antony	1
Un Gil Blas en Californie	1	Les Stuarts	1
Les Grands Hommes en robe de chambre : César	2	Sultanetta	1
		Sylvandire	1
—Henri IV, Louis XIII, Richelieu	2	La Terreur prussienne	2
La Guerre des femmes	2	Le Testament de M. Chauvelin	1
Histoire d'un casse-noisette	1	Théâtre complet	25
Les Hommes de fer	1	Trois Maîtres	1
L'Horoscope	1	Les Trois Mousquetaires	4
L'Ile de Feu	2	Le Trou de l'enfer	2
Impressions de voyage : En Suisse	3	La Tulipe noire	1
— Une Année à Florence	1	Le Vicomte de Bragelonne	6
— L'Arabie Heureuse	3	La Vie au Désert	2
— Les Bords du Rhin	2	Une Vie d'artiste	1
— Le Capitaine Arena	1	Vingt Ans après	3

LA BARRIÈRE DE CLICHY

DRAME MILITAIRE

EN CINQ ACTES, EN QUATORZE TABLEAUX

Théâtre-National (ancien Cirque). — 21 avril 1851.

DISTRIBUTION

NAPOLÉON	MM. BOILEAU.
VICTOR	LAFERRIÈRE.
BERTAUD	EDMOND GALLAND.
FORTUNÉ	PASTELOT.
CAULAINCOURT, DUC DE VICENCE	GAUTIER.
EMMANUEL DE MÉGRIGNY	JULIEN MARY.
Le Préfet	COULOMBIER.
BRISQUET	THÉOL.
LE MARÉCHAL BLUCHER } LE MARÉCHAL MONCEY }	NOEL.
LE MARÉCHAL BERTRAND	TISSO.
LORRAIN	PATONNELLE.
LE GÉNÉRAL MICHEL	BRÉMOND.
BASTIEN	AMÉDÉE ROQUES.
MICHELIN	LAISNÉ.
PIERRE	SIGNOL.
POINTU	FRÉDÉRIC.
Le Major de l'École } Un Bossu }	ÉDOUARD.
LE CAPITAINE CAMPBELL	SALLERIN.
Un Grognard	DARCOURT.
Un Parlementaire prussien	COCHEZ.
Premier Prussien	COCHOIS.
Deuxième Prussien	DOTREVILLE.
Troisième Prussien	BASQUE.
Un Parlementaire français	AMELINE.
Un Colonel prussien } Un Sapeur }	LECOLE.
CAMBRONNE } LE MAJOR KOLLER }	THILL.
JEAN LEROUX	MAXIME.

Premier Postillon....................	MM. Tissier.
Deuxième Postillon....................	Achille.
Chautard....................	Louis.
Andrieux....................	* * *
Un Matelot....................	Monin.
Un Provençal....................	Félix.
Premier Courrier....................	Potonnier.
Deuxième Courrier....................	Achille.
Troisième Courrier....................	Monet.
Un Crieur public....................	
CATHERINE....................	Mmes Meignan.
FRANCE....................	Isabelle Constant.
Un Gamin....................	Léontine.
LA CALADE....................	Usannaz.
Une Vieille Femme....................	Chéza.
Une Servante....................	Anna.
Une Paysanne....................	Fanny.
ARTHUR.................... élèves	Follet.
HENRI.................... de l'École	Robert.
LÉON.................... polytechnique	Dufossé.

État-Major français, État-Major prussien, Soldats français, Soldats prussiens, Soldats autrichiens, Invalides, Élèves de l'École polytechnique, Gendarmes, Paysans, Hommes et Femmes du peuple, Pages de l'Empereur.

— 1814-1815. —

ACTE PREMIER

PREMIER TABLEAU

26 janvier 1814, au matin, un peu avant le jour. — Une place dans la petite ville de Saint-Dizier. — A gauche, la maison du colonel Bertaud; derrière la maison, une rue qui traverse le théâtre. Au fond, la maison de Fortuné Michelin. — Quoiqu'il soit encore nuit, on sent que la petite ville ne dort pas. Il y a de la lumière dans la plupart des maisons.

SCÈNE PREMIÈRE

VICTOR, un Postillon; tous deux sont à cheval et couverts de boue, on voit qu'ils ont couru la poste à franc étrier; CATHERINE, assise sur une borne.

VICTOR, *arrêtant son cheval à la porte de la maison de gauche.*
Ooh !...

LE POSTILLON.

Je crois que nous voilà arrivés, hein! Oh! le joli train que vous allez! Savez-vous ce que nous avons mis de temps, à venir de Figuicourt ici?

VICTOR, tirant sa montre.

Une heure!

LE POSTILLON.

Une heure! une heure pour trois lieues et demie. Excusez! vous marchez comme un courrier de cabinet... Mauvaise pratique! (A son cheval.) N'est-ce pas, Blücher?

VICTOR.

Dis donc, Thomas!... il s'appelle Blücher, ton cheval?

LE POSTILLON.

Oui; je l'ai appelé comme cela, parce qu'il est méchant comme un âne; il ne fait que ruer. (Au cheval.) Te tiendras-tu tranquille un peu? Tu vois bien qu'on nous mesure notre avoine... Faites bonne mesure, monsieur Victor.

VICTOR.

Une poste et demie, six francs. Trente sous de guides, sept francs dix sous. Tiens, voilà dix francs.

LE POSTILLON.

Est-ce bien utile, de vous rendre les cinquante sous de différence?

VICTOR.

Non, c'est pour Blücher.

LE POSTILLON.

Tiens, mon bonhomme.

VICTOR.

Que fais-tu?

LE POSTILLON.

Je lui fais passer votre monnaie devant le nez.

VICTOR.

Ce qui veut dire qu'il aura couru pour le roi de Prusse.

LE POSTILLON.

Eh donc! il ne s'appelle pas Blücher pour rien. Allons, en route, mauvaise troupe! (S'arrêtant.) A propos, monsieur Victor, vous savez que les Cosaques sont tout autour d'ici, n'est-ce pas? à Toul, à Chaumont, à Bar-sur-Ornain?... Il n'y a donc pas de temps à perdre pour emmener mademoiselle votre sœur, et, si j'ai un conseil à vous donner, puisque vous venez la chercher exprès de Paris, c'est de ne pas trop lanterner. Adieu, monsieur Victor. Hop!...

(Il se remet en selle et sort au trot.)

VICTOR.

Merci, mon ami ! merci !

(Il va pour sonner à la maison de gauche, Catherine se lève et vient se placer entre la porte et lui.)

CATHERINE.

Monsieur Victor!

VICTOR.

Que me voulez-vous, mon enfant?

CATHERINE, levant la coiffe de son mantelet.

Vous ne me reconnaissez pas? vous ne reconnaissez pas la pauvre Catherine, votre sœur de lait?

VICTOR.

Oh! si fait, ma bonne Catherine... Et que fais-tu dans la rue, à cette heure?

CATHERINE.

Ah! monsieur Victor, je suis bien malheureuse, allez!

VICTOR.

En effet, j'ai entendu parler de cela, ma pauvre fille. Jean Leroux, qui devait t'épouser, est parti avec l'avant-dernière levée de trente mille hommes, et il a été tué à Leipzig en te laissant...

(Il hésite.)

CATHERINE.

En me laissant enceinte, hélas ! oui. Dame, je voudrais nier, monsieur Victor, que je ne pourrais pas : c'est su de tout le monde. J'ai caché autant que j'ai pu mon malheur au vieux père Michelin; mais, au moment critique, il a bien fallu tout lui avouer. Il m'a donné quinze jours pour reprendre mes forces; puis, au bout de quinze jours, il m'a mis un sac d'argent dans les mains : cinq cents francs, tout ce qu'il y avait à la maison. Après quoi, il m'a chassée, moi et mon enfant.

VICTOR.

Et, depuis ce temps-là, pauvre fille?...

CATHERINE.

Et, depuis ce temps-là, il n'a pas voulu me revoir, quoique je lui aie fait parler même par votre sœur, qu'il aime et respecte comme une sainte cependant. Eh bien, même à votre sœur, il a refusé !

VICTOR.

Et il est seul?

CATHERINE.

Non, il a écrit à mon frère Fortuné, et mon frère Fortuné est près de lui.

VICTOR.

Comment ! Fortuné a quitté mon père ?

CATHERINE.

Il paraît qu'il a demandé son congé à l'empereur et que l'empereur le lui a donné.

VICTOR.

Et lui, Fortuné, l'as-tu vu ?

CATHERINE.

Ah bien, oui ! il est encore pire que mon père. Il a dit que, si jamais je me trouvais sur son chemin, il me casserait bras et jambes, pour être sûr de ne plus me rencontrer.

VICTOR.

Pauvre Catherine !... Et que faisais-tu là ?

CATHERINE.

Dame, monsieur Victor, c'est la maison où je suis née, c'est la maison où ma pauvre mère est morte... Vous savez, on dit que, quand les avares meurent avec un trésor enterré quelque part, leur âme revient errer autour de l'endroit où ce trésor est enterré. Moi, je suis morte pour le monde ; le trésor de ma jeunesse et de mon innocence est enterré dans cette maison, et ma pauvre âme revient errer à l'entour.

VICTOR.

Et ton enfant, Catherine?

CATHERINE.

C'est un garçon... Oh ! si vous le voyiez, beau comme un ange, monsieur Victor ! Pauvre petit ! il ne sait pas ce qu'il me coûte. Oh ! il faudra qu'il m'aime bien, pour me rendre le bonheur qu'il m'a pris. Il est à une lieue d'ici, sur la route de Moutier-en-Der, chez ma tante Julienne.

VICTOR.

Catherine, as-tu besoin de quelque chose?

CATHERINE.

Merci, monsieur Victor, je n'ai besoin de rien... que de pitié.

VICTOR.

Veux-tu que j'essaye de te raccommoder avec ton frère?

CATHERINE.

Essayez; mais je n'ai pas d'espoir.

VICTOR.

N'importe, on peut le tenter toujours. Mais, attends, comme je n'ai que bien peu de temps à moi, je vais prévenir ma sœur de mon arrivée, et, tandis qu'elle s'habillera, eh bien, je parlerai à Fortuné.

(Il sonne.)

CATHERINE.

Vous êtes bien bon, monsieur Victor.

VICTOR.

Sais-tu ce que tu devrais faire, pendant ce temps, ma bonne Catherine?

CATHERINE.

Dites, monsieur Victor.

VICTOR.

Tu devrais aller jusqu'à la poste et commander deux chevaux; on les enverra tout harnachés, pour les mettre ici à la voiture.

(Il sonne une seconde fois.)

CATHERINE.

J'y cours, monsieur Victor, j'y cours.

(Elle sort.)

SCÈNE II

VICTOR, puis PIERRE.

VICTOR.

Eh bien, vous autres, là dedans, êtes-vous morts?

PIERRE, de l'intérieur.

Voilà! voilà! Qui est-ce qui sonne?

VICTOR.

C'est moi; ouvre!

PIERRE, ouvrant la fenêtre, un fusil à la main.

Qui, vous?

VICTOR.

Comment! tu ne me reconnais pas, animal?

PIERRE.

Tiens, c'est notre jeune maître! Je vous demande pardon Dame, vous savez, comme les Prussiens sont dans les environs, on se barricade.

VICTOR.

C'est bien, c'est bien... N'est-on pas prévenu de mon arrivée ici?

PIERRE.

Oh! si fait: M. le colonel nous a envoyé un exprès hier.

VICTOR.

Et où était-il hier?

PIERRE.

A Arcis-sur-Aube.

VICTOR.

Alors, la voiture est prête?

PIERRE.

Toute chargée, monsieur Victor.

VICTOR.

Préviens ma sœur de mon arrivée, afin qu'elle s'habille.

PIERRE.

Oh! ce ne sera pas long. Comme elle vous attendait d'un moment à l'autre, je crois qu'elle s'est jetée sur son lit tout habillée.

FRANCE, de l'intérieur de la maison.

Mon frère! c'est toi, mon frère!

PIERRE.

Tenez, la voilà.

VICTOR.

Oui, petite sœur, c'est moi. (La porte s'ouvre.) Viens! viens!

SCÈNE III

VICTOR, FRANCE.

FRANCE.

Oh! que je suis contente de te voir! oh! comme j'avais peur! Tu sais que l'ennemi n'est plus qu'à quatre ou cinq lieues d'ici... Mon père m'a écrit que tu venais me chercher pour me conduire à Paris. Pauvre père! il est à Arcis-sur-Aube; l'as-tu vu, en passant?

VICTOR.

Non, je suis venu par la route de Châlons.

FRANCE.

Et l'empereur, où est-il?

VICTOR.

Il devait quitter Paris le soir du jour où je l'ai quitté moi-même.

FRANCE.

Et que dit-on à Paris? A-t-on quelque espoir? L'empereur ne laissera pas l'ennemi aller plus loin, n'est-ce pas?

VICTOR.

Il faut l'espérer, France. En attendant, apprête-toi : on est allé chercher les chevaux. Tu emmèneras Brigitte; préviens-la.

FRANCE.

Oh! elle ne se fera pas attendre, sois tranquille. Mais entre donc!

VICTOR.

Non, je veux parler à Fortuné Michelin.

FRANCE.

Ah! oui, c'est vrai, il est revenu... Tu sais, cette malheureuse Catherine...

VICTOR.

Je sais tout; je viens de la voir. Pauvre enfant! Justement, voilà Fortuné qui se réveille... Laisse-moi causer un instant avec lui... Dans dix minutes, nous partons.

FRANCE.

Embrasse-moi encore une fois, frère. Oh! je suis si contente de te revoir! (Elle l'embrasse.) Bonjour, Fortuné!

(Elle rentre.)

SCÈNE IV

VICTOR, FORTUNÉ.

FORTUNÉ.

Bonjour, mademoiselle France! vous me faites honneur, bonjour. Mais je ne me trompe pas, c'est M. Victor. (La main au bonnet de police.) Monsieur Victor!

VICTOR.

Oui, c'est moi, mon ami.

FORTUNÉ.

Vous, monsieur Victor! vous avez donc quitté l'École polytechnique?

VICTOR.

Oui, j'ai obtenu un congé pour venir chercher ma sœur en l'absence de mon père. Mais, toi, tu l'as donc quitté, mon père?

FORTUNÉ.

Oui, monsieur Victor, je me suis réintégré dans le civil ; j'ai pris mon congé définitif. C'est ma façon de penser pour le moment.

VICTOR.

Et comment cela as-tu pris ton congé?

FORTUNÉ.

Oh! de la manière la plus simple... A la revue que Sa Majesté l'empereur et roi a passée il y a quinze jours, je suis sorti des rangs, j'ai porté la main au schako et j'ai attendu. Il s'est dit : « Bon! voilà un de mes anciens qui a affaire à moi; » et il s'est approché. « Ah! c'est toi, Michelin! » a-t-il dit; vous savez, il me connaît, l'empereur; puis, se retournant vers son frère Jérôme, qui l'accompagnait : « Ne fais pas attention, lui a-t-il dit, c'est un fusil d'honneur de Marengo et une croix d'honneur de Wagram qui a deux mots à me dire. Allons, parle, que désires-tu? — Mon congé, sire. — Comment, ton congé? — Oui, sire. — Au moment où l'ennemi entre en France, un ancien des Pyramides, de Marengo, d'Austerlitz, de Wagram, de la Moskova et de Leipzig demande son congé? Allons donc, impossible! — C'est ma façon de penser, sire. — Et si ce n'est pas la mienne, à moi? — Ah! Votre Majesté est libre; mais, dans ce cas-là, il mourra de chagrin... — Qui est-ce qui mourra de chagrin? — Le vieux, celui de la guerre de Sept ans, dont le congé est signé Soubise, mon père! — Ton père mourra de chagrin si tu n'as pas ton congé? — Oui, sire. — Explique-moi cela. — Il a quatre-vingts ans et il est tout seul. — Tout seul! et comment a-t-il fait jusqu'à présent? — Il avait une fille, ma sœur Catherine. — Eh bien, Catherine? — Eh bien, sire, elle est morte. »

VICTOR.

Comment, elle est morte?

FORTUNÉ.

Oui, monsieur Victor, morte; c'est ma façon de penser.

CATHERINE, qui a entendu.

Mon Dieu!

FORTUNÉ.

« Enfin, vous comprenez bien, sire, le vieux, celui de la guerre de Sept ans, il a quatre-vingts ans, il est à moitié paralysé, il a besoin de quelqu'un qui le soigne, de quelque chose comme d'une bonne; eh bien, je quitte votre service pour le sien, je donne ma démission de grognard, je me fais femme de ménage. — Ah! tu m'en diras tant! fit l'empereur. Ta demande t'est accordée, mon brave. Berthier, ce brave homme a son congé, cinq cents francs de pension et la croix. Mes compliments au vieux de la guerre de Sept ans. — On n'y manquera pas, sire. » Et il a continué son chemin. Moi, je suis rentré dans les rangs, en me disant : « Cinq cents livres de pension; la croix, deux cent cinquante; total : sept cent cinquante livres; avec cela, on a du pain pour deux, et même on en aurait eu pour trois, et aussi pour quatre, si les autres avaient été dignes de manger du pain. »

VICTOR.

Voyons, mon cher Fortuné, tu m'aimes bien, n'est-ce pas?

FORTUNÉ.

Si je vous aime! C'est moi qui vous ai reçu des mains de la sage-femme et qui vous ai porté à votre père, en lui disant : « C'est un garçon! mon capitaine, c'est un garçon! » que vous criiez même comme un tambour qui a perdu ses baguettes. Si je vous aime! Non-seulement je vous aime, mais je vous respecte.

VICTOR.

Eh bien, mon ami, si je te demandais une grâce, tu me l'accorderais bien.

FORTUNÉ.

Écoutez, monsieur Victor, je vous vois venir en tirailleur; ne nous emberlificotons pas dans les feux de file et parlons franc; vous voulez en arriver à Catherine, n'est-ce pas?

VICTOR.

Mon cher Fortuné...

FORTUNÉ.

Vous me faites honneur; mais voici ce qui était convenu dans le régiment : les enfants illégitimes, nés en dehors du mariage, n'y étaient reçus qu'emmaillottés dans un brimborion de drapeau russe, autrichien ou prussien, n'importe lequel. C'était l'affaire du père ou de la mère de se procurer le chiffon, ça lavait tout, le baptême de feu légitimant l'enfant. C'était notre façon de penser.

VICTOR.

Ainsi?...

FORTUNÉ.

Ainsi, qu'on m'emmaillotte le moutard dans un chiffon quelconque du calibre de celui que j'ai dit, qu'on me l'apporte, et, quand il aurait une queue longue comme celle de l'empereur d'Autriche, ce qui est invraisemblable, je dirais : « C'est mon neveu ! » Jusque-là, je ne sais pas où est Catherine. (Il regarde de son côté.) Mais qu'elle ne se hasarde pas à reparaître devant mes yeux, ni devant ceux du vieux de la guerre de Sept ans, c'est un conseil que je lui donne... Bon voyage, monsieur Victor ! et bien des compliments au colonel.

VICTOR.

Et tu restes ici, toi, avec ton père? tu ne crains pas...?

FORTUNÉ.

Que voulez-vous que je craigne, monsieur Victor?

VICTOR.

Que les Prussiens, les Autrichiens ou les Cosaques ne te reconnaissent pour un troupier et ne te fassent un mauvais parti?

FORTUNÉ.

A moi? Pourquoi cela, puisque j'ai perdu la clarinette et déposé le coupe-choux? D'ailleurs, moi, je n'y crois pas, aux Prussiens, aux Autrichiens et aux Cosaques.

VICTOR.

Il me semble que plus d'une fois, cependant, tu t'es trouvé en face d'eux.

FORTUNÉ.

Ah! oui, à l'étranger, mais pas chez nous. Écoutez bien ceci : tant que le petit caporal sera vivant, ils n'oseront point passer la frontière. Et, en Lorraine et en Champagne, vous savez que ça ne reprend pas de bouture, les Prussiens...

VICTOR.

Mais puisqu'on te dit qu'ils sont à six lieues d'ici.

FORTUNÉ.

C'est pas vrai !

VICTOR.

Puisqu'on te dit qu'on a vu leurs avant-postes à Bar-sur-Ornain et à Bar-sur-Seine.

FORTUNÉ.

C'est pas vrai !

VICTOR.

Puisqu'on te dit que la vieille garde les a rencontrés hier à Colombey-les-Deux-Églises et qu'il y a eu un engagement.

FORTUNÉ.

Et le résultat de l'engagement ?

VICTOR.

C'est que la vieille garde est en retraite sur Troyes.

(Entrée des Paysans, qui déménagent.)

FORTUNÉ.

C'est pas vrai !

VICTOR.

Mais pour qui donc prends-tu tous ces pauvres gens qui déménagent, qui s'exilent, qui fuient ? Regarde !

FORTUNÉ.

Pour des poltrons ; du moins, c'est ma façon de penser.

(Il rentre.)

SCÈNE V

VICTOR, CATHERINE.

CATHERINE.

Merci, monsieur Victor !

VICTOR.

Tu as entendu ?

CATHERINE.

Oui. Où est l'armée française ?

VICTOR.

A deux ou trois lieues d'ici, sur la route de Châlons et d'Arcis-sur-Aube.

CATHERINE

C'est bien.

VICTOR.

Où vas-tu ?

CATHERINE.

Votre père est là, monsieur Victor ; je vais le prier de me faire recevoir dans son régiment comme vivandière ; et le premier drapeau ennemi qu'on y prendra, si c'est un bon garçon qui le prend, il m'en donnera bien un morceau.

VICTOR.

Va, mon enfant, et recommande-toi de moi.

CATHERINE.

Vous êtes bien bon, monsieur Victor. Adieu

VICTOR.

Adieu, Catherine.

SCÈNE VI

VICTOR, FRANCE, BRIGITTE, BERNARD.

VICTOR.

Allons, France ! allons, Brigitte !

FRANCE.

Me voilà, frère.

VICTOR, au Postillon.

Eh bien, quelles nouvelles, Bernard ?

BERNARD.

Mauvaises, monsieur, mauvaises !

FRANCE.

Vous ne savez pas si Emmanuel est de retour, mon ami ?

BERNARD.

Non, mademoiselle.

VICTOR.

Comment, Emmanuel ? Emmanuel de Mégrigny, notre cousin ? Lui serait-il arrivé quelque accident ?

FRANCE.

J'en ai peur. Avant-hier, sa mère a reçu une lettre annonçant qu'il partait de Troyes, et elle ne l'a pas encore vu.

BERNARD.

Ah ! dame, s'il a rencontré les Cosaques !...

FRANCE.

Eh bien ?

BERNARD.

Tenez, voilà de pauvres gens qui ont été dépouillés par

eux à deux lieues d'ici. L'homme a même reçu un coup de lance dans le bras.

VICTOR.

Les misérables! Viens, ma sœur.

FRANCE.

Mais ils ont peut-être besoin, mon frère, ils n'ont peut-être pas d'argent; laisse...

VICTOR, distribuant de l'argent aux fugitifs.

Tenez, mes amis, tenez.

LES FUGITIFS.

Merci, mon jeune monsieur! merci, ma belle demoiselle!

(Des gens accourent en poussant des cris.)

VICTOR.

Qu'est-ce que c'est que cela?

BERNARD.

Faut-il faire avancer la voiture?

VICTOR.

C'est inutile: nous y allons. Prends garde à toi, Fortuné!

FORTUNÉ, arrangeant un fauteuil devant la porte.

N'ayez pas peur, on a là, dans un petit coin, le fusil à deux coups du vieux, du temps qu'il était garde dans la forêt de Der.

VICTOR, partant.

Adieu!

FORTUNÉ.

Adieu, monsieur Victor et la compagnie.

UN PAYSAN.

Dieu vous conduise, ma jolie demoiselle! Dieu vous conduise, mon brave jeune homme!

SCÈNE VII

FORTUNÉ, BRISQUET, PIERRE, MICHELIN, Paysans et Paysannes, fuyant.

Toute la ville est en rumeur. Chacun va et vient, questionnant ceux qui passent. On sent l'approche de l'ennemi.

UN HOMME, interrogeant les fugitifs.

Et les Cosaques, où vous ont-ils rejoints?

UN PAYSAN.

Entre Chamouillet et Ancerville.

UNE FEMME.

Alors, ils vous ont dépouillés?

LE PAYSAN.

Voyez, dépouillés et battus.

BRISQUET.

Est-ce que c'est vrai qu'il y en a qui ont des arcs et des flèches?

UNE FEMME.

Oui, et des lances de dix pieds de long avec des clous au bout.

BRISQUET.

Mais ce sont donc de vrais sauvages? Dites donc, si je montais sur un toit, je vous dirais où ils sont.

TOUS.

C'est vrai! c'est vrai!

(Brisquet monte sur un toit.)

FORTUNÉ, conduisant Michelin au fauteuil qu'il lui a préparé.

Tenez, installez-vous là, père; l'air n'est pas chaud, mais c'est un zéphir, en comparaison de celui qui nous caressait les oreilles à Moscou.

MICHELIN.

Qu'est-ce que tout ce monde-là, Fortuné?

FORTUNÉ.

Rien! rien!

MICHELIN.

Mais que disent-ils?

FORTUNÉ.

Des bêtises.

MICHELIN.

Pourquoi courent-ils comme cela?

FORTUNÉ.

C'est aujourd'hui dimanche, et ils s'amusent.

PIERRE.

Y es-tu, Brisquet?

BRISQUET, sur le toit.

Oui, m'y voilà...

PIERRE.

Eh bien, que vois-tu?

BRISQUET.

Oh! la plaine, elle est toute noire!

UNE FEMME.

Est-ce qu'ils viennent par ici?

BRISQUET.

Oui; il y en a qui vont du côté de Montier-en-Der, et puis d'autres encore du côté de Vitry-le-Français.

(On entend le tocsin.)

PIERRE.

Allons, bon! Et ce tocsin, d'où ça vient-il encore?

BRISQUET.

Oh! c'est Chancenay qui brûle!

PIERRE.

Ah çà! mais, s'ils dépouillent les pauvres gens, s'ils brûlent les villages, il faudrait pourtant bien se revancher un peu.

BRISQUET.

Oh! là-bas! là-bas! sur la route de Bétancourt, oh! ils sont à cheval! oh! ils viennent de ce côté-ci au grand galop! Les voilà qui entrent dans la ville... Les Cosaques! les Cosaques!

(On entend des voix : « Les Cosaques! les Cosaques! » Alerte. Tout le monde fuit, les portes et les fenêtres se ferment. On continue de sonner le tocsin.)

FORTUNÉ.

Ah! décidément, ce sont eux... Cette fois-ci, je crois qu'il serait bon de faire rentrer le père : on est fragile à cet âge-là. Allons, allons, père, rentrez, rentrez...

TOUS, fuyant.

Les Cosaques! les Cosaques!

SCÈNE VIII

Les Cosaques.

LES COSAQUES, passant au galop.

Hourra! hourra! hourra!

(Fortuné a fait rentrer son père en poussant la porte devant lui. Un dernier Cosaque passe, et, voyant une porte que l'on ferme, tire un pistolet de sa ceinture et fait feu dans la porte. On entend un cri.)

LE COSAQUE, en passant.

Hourra!

(Il disparaît avec ses compagnons, la porte se rouvre.)

SCÈNE IX

MICHELIN, blessé au cou et râlant dans les bras de FORTUNÉ; puis PIERRE, BRISQUET, HOMMES et FEMMES.

FORTUNÉ, laissant Michelin glisser de ses bras à terre.

Oh! les gueux! oh! les scélérats!... Père, dis donc, père!

MICHELIN, agonisant.

Hoo! hoo!...

FORTUNÉ.

Oui, je comprends, ça veut dire : « Vengeance! » Sois tranquille, père, on te vengera.

(Les gens sortent de leurs maisons.)

UN HOMME.

On a tiré un coup de fusil.

PIERRE.

Non, c'est un coup de pistolet. (Ils aperçoivent le groupe de Fortuné et du vieillard.) Oh! regardez donc le vieux, il est plein de sang.

UN AUTRE HOMME.

Qu'y a-t-il, Fortuné? qu'y a-t-il?

FORTUNÉ.

Il y a que les brigands, ils ont tué un vieillard de quatre-vingts ans, comme si c'était la peine de tuer les gens à cet âge-là, quand ils sont en train de mourir tout seuls.

L'HOMME.

Tué? tué? Oh! non, non! Un médecin, un chirurgien!

FORTUNÉ.

Oh! inutile, j'en ai vu quelques-uns comme cela dans ma vie, je m'y connais, c'est fini. Adieu, vieux! tu sais ce que je t'ai dit, sois tranquille. Tenez, mes amis, aidez-moi à le transporter sur son lit.

PIERRE.

Il ne manquait plus que ça, assassiner des vieillards! Ça ne vous met pas la rage dans le cœur, et ça ne vous donne pas l'envie de pourchasser ces gredins-là jusqu'au fond de leur Caucase?

L'HOMME.

Vous n'avez besoin de rien, Fortuné?

FORTUNÉ, refermant les volets de la maison.

Non, merci!

L'HOMME.

Mais pourquoi vous enfermez-vous?

FORTUNÉ, sombre.

C'est ma façon de penser.

BRISQUET, sur le toit.

Oh! voilà encore un village qui brûle là-bas; c'est Villiers (Il carillonne sur la cloche.) Alerte! alerte! voilà l'ennemi! le Prussiens!...

TOUS.

Aux armes!...

(On entend les cornets des Prussiens qui se rapprochent.)

SCÈNE X

FORTUNÉ, BRISQUET, UN COLONEL, UN MAJOR, à la tête de SOLDATS PRUSSIENS.

Un régiment entre dans la ville. Au moment où le Colonel arrive sur la place une fenêtre s'ouvre au premier étage de la maison Michelin ; Fortuné paraît son fusil à deux coups à la main, ajuste le Colonel et tire; le Colonel tombe.

FORTUNÉ.

Manche à manche!

(Cris, tumulte; les Prussiens quittent leurs rangs; les uns veulent enfoncer la porte de la maison, les autres veulent mettre le feu à la ville.)

LE MAJOR.

Il y a deux heures de pillage pour le soldat, et le feu à la ville! Allez.

(Fortuné reparaît à une lucarne, il ajuste le Major et tire; le Major tombe.)

FORTUNÉ.

A moi la belle! C'est ma façon de penser.

(Il se sauve par le toit et se laisse glisser de l'autre côté, au milieu des coups de fusil, dont pas un ne l'atteint. On entend les tambours français qui battent la charge, du côté opposé à celui par où sont venus les Prussiens.)

BRISQUET, sur le toit.

Ah! les Français! les Français! vivent les Français!

(Au cri « Les Français! les Français! » quelques fenêtres et quelques portes se rouvrent, des canons de fusil font feu par les entre-bâillements. La charge se rapproche. Les Cosaques repassent en désordre.)

SCÈNE XI

Les Prussiens, battant en retraite ; les Français, apparaissant ; fusillade. Le colonel Bertaud, à la tête de son Régiment, emporte la place, maison à maison. L'Empereur paraît.

VOIX.

L'empereur ! l'empereur ! vive l'empereur !

BRISQUET, agitant le drapeau tricolore.

Vive l'empereur !

(Tous les habitants sortent des maisons en criant : « Vive l'Empereur! »)

L'EMPEREUR.

Me voilà, mes enfants, soyez tranquilles... Colonel Bertaud, poussez les Prussiens jusqu'à ce que vous trouviez une résistance sérieuse, et, alors, revenez me trouver avec un ou deux prisonniers, si c'est possible.

BERTAUD, indiquant la gauche.

Sire, voici ma maison ; elle est à la disposition de Votre Majesté. Pierre, ouvrez tout, illuminez tout.

L'EMPEREUR.

Merci, colonel ; peut-être en profiterai-je... En attendant, j'ai à causer avec tous ces braves gens-là. Je veux qu'ils me voient, je veux qu'ils me touchent, je veux qu'ils me sentent au milieu d'eux.

TOUS.

Vive l'empereur !

L'EMPEREUR.

Une table et une chaise, voilà tout ce que je demande.

BERTAUD.

Une table et une chaise, pour l'empereur. (A Pierre.) Et mon fils et ma fille, Pierre ?

PIERRE.

Partis depuis une heure pour Paris, mon colonel.

BERTAUD.

Bien. (Aux Soldats.) En avant, mes amis ! en avant !

SCÈNE XII

L'EMPEREUR, BERTHIER, L'ÉTAT-MAJOR, LA POPULATION, se pressant sur la place.

UN HOMME.

Oh! sire! sire! vous voilà donc! Quel bonheur! oh! nous ne craignons plus rien maintenant, l'empereur est avec nous. Vive l'empereur!

L'EMPEREUR.

Merci, mes amis, merci! Eh bien voyons, qu'y a-t-il?

PIERRE.

Il y a, sire, que tout est en feu aux environs; il y a que nous sommes entourés d'ennemis, et qu'ils étaient là tout à l'heure, les gueux, les brigands, et qu'ils ont tué un homme.

L'EMPEREUR.

Un homme du pays?

PIERRE.

Oui, sire, un vieillard de quatre-vingts ans.

L'EMPEREUR.

Les misérables!... Berthier!

BERTHIER.

Sire?

L'EMPEREUR.

Cinq cents francs pour la famille.

FORTUNÉ, paraissant avec son fusil à deux coups.

Inutile, sire.

L'EMPEREUR.

Ah! c'est toi, Michelin! Pourquoi inutile?

FORTUNÉ.

Parce que c'était mon père.

L'EMPEREUR.

Ton père, mon pauvre Michelin?

FORTUNÉ.

Oui, le vieux, le vieux de la guerre de Sept ans.

L'EMPEREUR.

N'était-ce point pour soigner ce vieillard que tu m'avais demandé ton congé?

FORTUNÉ.
Oui, sire ; mais il n'a plus besoin de rien, pauvre vieux, sinon...
L'EMPEREUR.
Sinon d'être vengé, n'est-ce pas ?
FORTUNÉ.
Oh ! quant à cela, il doit être content. J'ai fait coup double sur le colonel et le major du régiment que mon colonel est en train de reconduire. Mais ce n'est pas cela qui lui ferait plaisir.
L'EMPEREUR.
Eh bien, voyons ; dis.
FORTUNÉ.
Eh bien, ce qui lui fera plaisir, c'est, quand on va le porter en terre tout à l'heure, que les tambours lui battent un pauvre petit ban, comme cela : Ramplan ! ramplan ! accompagné de quelques coups de fusil, qui lui rappellent ses vieilles guerres ; il demandait toujours cela, pauvre vieux, à son enterrement. C'était sa façon de penser.
L'EMPEREUR.
C'est bien ; ce sera fait.
FORTUNÉ.
Merci, mon empereur.
L'EMPEREUR.
Voyons, mes enfants, lesquels d'entre vous peuvent me donner des renseignements ?

SCÈNE XIII

Les Mêmes, EMMANUEL.

EMMANUEL.
Moi, sire, si Votre Majesté le permet.
L'EMPEREUR.
Vous, soit ; approchez. (Il s'assied près d'une table, sur laquelle on a étendu des cartes.) Que savez-vous ?
EMMANUEL.
Je puis dire d'une manière précise à Votre Majesté où est l'ennemi.
L'EMPEREUR.
Où est l'ennemi ?

EMMANUEL.

En revenant de Bar-sur-Aube, j'ai été pris par les Prussiens et conduit à Blücher, qui m'a gardé deux jours. Je me suis sauvé il y a un quart d'heure seulement.

L'EMPEREUR.

Comment cela?

EMMANUEL.

Un régiment français, guidé par uné jeune fille de ce village, par la sœur du soldat qui tout à l'heure avait l'honneur de parler à Votre Majesté, est tombé à l'improviste sur le campement prussien, de sorte qu'au milieu du désordre, j'ai pu sauter sur un cheval et venir rassurer ma mère, qui me croyait perdu.

L'EMPEREUR.

Et que pouvez vous me dire?

EMMANUEL.

Sire, le maréchal Blücher et le général Sacken ont passé cette nuit à Bar-sur-Aube et doivent être en ce moment aux environs de Brienne, marchant sur Troyes, pour donner la main aux Autrichiens. Le corps que nous venons de rencontrer ici est celui du général Lauskoi, qui suivait celui du général Sacken. Enfin, les troupes restées en arrière sont celles du général York, chargées de contenir la garnison de Metz.

L'EMPEREUR.

Ah! ah!... Ainsi, nous venons de couper en deux l'armée de Blücher, au moment où elle passe de Lorraine en Champagne?

EMMANUEL.

Justement, sire.

L'EMPEREUR.

Comment savez-vous tout cela, monsieur?

EMMANUEL.

On ignorait que je connusse la langue allemande, de sorte que l'on ne se cachait point de moi.

L'EMPEREUR.

Qui êtes-vous, monsieur?

EMMANUEL.

Sire, je me nomme Emmanuel de Mégrigny; je suis le neveu du colonel Bertaud.

L'EMPEREUR.

Bien; que faites-vous?

EMMANUEL.

J'étudie la chirurgie à Troyes. Je venais près de ma mère, que je ne voulais pas laisser seule et exposée au milieu des ennemis, lorsque j'ai été pris par les Prussiens.

L'EMPEREUR.

Voulez-vous être attaché à mon état-major?

EMMANUEL.

Sire, ce serait un si grand honneur, que je n'ose l'espérer.

L'EMPEREUR.

C'est bien... Berthier, inscrivez ce jeune homme.

SCÈNE XIV

Les Mêmes, BERTAUD, revenant.

BERTAUD.

Sire!

L'EMPEREUR.

Eh bien, colonel?

BERTAUD.

Sire, je ne crois pas que nous ayons de grandes forces devant nous. L'ennemi n'a pas tenu. J'ai fait faire halte au régiment à un quart de lieue de la ville, où il restera de grand'garde jusqu'à l'heure où Votre Majesté le rappellera.

L'EMPEREUR.

C'est bien, mon cher colonel.

BERTAUD.

Votre Majesté a eu des renseignements positifs?

L'EMPEREUR.

Oui, et qui viennent de quelqu'un de votre connaissance. Approchez, monsieur de Mégrigny.

BERTAUD.

Emmanuel!

EMMANUEL.

Mon cher oncle!

L'EMPEREUR.

Voyons, embrassez-vous.

BERTAUD.

Votre Majesté ne daigne pas entrer dans ma maison?

L'EMPEREUR.

Merci, nous partons dans dix minutes; il faut sauver

Troyes. Nous laisserons une arrière-garde ici, nous traverserons la forêt de Der avec de bons guides... A Brienne, nous retrouverons la chaussée... Messieurs, vous entendez, à travers la forêt de Der; que tous les ordres soient donnés en conséquence. (Roulement de tambours.) Qu'est-ce que c'est que cela ?

BERTAUD.

Sire, c'est le convoi du pauvre Michelin, un vieux soldat, sire.

SCÈNE XV

Les Mêmes, le corps de MICHELIN, porté par quatre Grenadiers.

Michelin a son habit de la guerre de Sept ans, son chapeau et son sabre sur ses pieds; les tambours battent, les Soldats renversent les armes.

CATHERINE, accourant un drapeau à la main.

Tiens, frère, voilà pour faire des langes au petit.

FORTUNÉ.

Tu te trompes, Catherine : c'est pour faire un linceul au père.

(Il jette le drapeau sur le corps du vieillard ; le convoi passe, l'Empereur se découvre.)

DEUXIÈME TABLEAU

La ferme des Grenaux. — Une pièce dont les murs sont crénelés.

SCÈNE PREMIÈRE

BASTIEN, BRISQUET, Paysans, Garçons de ferme.

BASTIEN.

Allons, allons, mes enfants, il ne s'agit pas de se faire tuer inutilement. C'est l'armée prussienne tout entière : la bouchée est trop grosse pour nous. Disparaissez dans la cave, mettez les fusils dans la cachette, filez par la sortie, et chacun à sa besogne : les uns à la charrue, les autres aux semailles, les autres à la grange, et, si ces gueux-là nous donnent notre belle, eh bien, on verra.

BRISQUET.

Mais vous, père Bastien?

BASTIEN.

Oh! moi, n'ayez pas peur. Je les attends; je suis le maître de la maison, il faut bien que je leur en fasse les honneurs. Allez, mais allez donc !

BRISQUET.

Les Prussiens, ça me connaît : je les ai vus à Saint-Dizier; j'aime mieux ne pas les revoir, ils sont trop laids !

BASTIEN.

Bon! on est prêt.

(Il se couche sur deux bottes de paille qu'il a étendues, et fait semblant de dormir.)

BRISQUET.

Et moi, et moi, père Bastien ?

BASTIEN.

Veux-tu me laisser dormir, Brisquet !

(Il ronfle.)

SCÈNE II

BASTIEN, BRISQUET, BLUCHER, LES SOLDATS PRUSSIENS, se présentant à la porte la baïonnette en avant.

BRISQUET.

Oh! messieurs les Prussiens, ne me faites pas de mal!

BLUCHER.

Y a-t-il quelqu'un?

BRISQUET.

Il y a le père Bastien, tenez, là, qui dort.

BLUCHER.

Réveillez-le.

UN SOLDAT, secouant Bastien.

Il ne veut pas se réveiller. Je vais le chatouiller avec la pointe de ma baïonnette.

BASTIEN, à qui l'on pique le derrière.

Hein ?

BLUCHER.

Il paraît que nous avons enfin trouvé à qui parler... Que deviennent donc ces diables de paysans? Il faut qu'ils se terrent comme des renards... Réponds au maréchal Blücher!

BASTIEN.

Au maréchal Blücher?

BRISQUET, à part.

Tiens, c'est le nom du cheval à Thomas, qui est méchant comme un âne.

BASTIEN.

Bien de l'honneur...

BLUCHER.

Nous ne voulons pas te faire de mal, nous voulons seulement avoir quelques renseignements.

BASTIEN.

Quelques renseignements? Bien de l'honneur, mon général; je suis prêt à vous les donner.

BLUCHER.

Où sommes-nous? et comment s'appelle cette ferme?

BASTIEN.

Ici?

BLUCHER.

Oui, ici.

BASTIEN.

Allons donc! vous vous gaussez de moi, vous savez bien où vous êtes.

BLUCHER.

Si je le savais, je ne te le demanderais pas, imbécile.

BASTIEN.

Bien de l'honneur, mon général... Eh bien, vous êtes à Montmirail, quoi! Et cette ferme s'appelle la ferme des Grenaux; voyez-vous, voilà pourquoi, c'est parce que le maître de la ferme, le bourgeois, il s'appelle M. Paré.

BLUCHER.

Mais, M. Paré, quel rapport cela a-t-il, avec le nom de la ferme des Grenaux?

BASTIEN.

Parce que c'est à lui.

BLUCHER.

Il n'y a rien à tirer de ce drôle.

BASTIEN.

Bien de l'honneur, mon général.

BLUCHER.

Voyons, y a-t-il quelque chose à manger dans ta ferme des Grenaux?

BASTIEN.

Ah! oui, dame! il y a sur le feu un haricot de mouton qui attend depuis trois jours.

BRISQUET.

Il doit être mitonné.

BLUCHER.

Comment, depuis trois jours?

BASTIEN.

Ah! oui, parce que, depuis trois jours, on dit comme cela: » Voilà les Prussiens! voilà les Prussiens! » Alors, j'ai dit: » Eh bien, mais, si voilà les Prussiens, il faut leur préparer à manger; » et, comme j'aime le haricot de mouton, je vous ai fait du haricot de mouton.

BRISQUET, à part.

Canaille de flatteur, va!

BASTIEN.

N'en voulez-vous point?

BLUCHER.

Si fait! va chercher ton haricot de mouton.

BASTIEN.

Bien de l'honneur, mon général...

BRISQUET, à part.

Il sera poivré, celui-là.

SCÈNE III

Les Mêmes, hors BASTIEN.

BLUCHER.

Au reste, messieurs, vous savez que c'est une halte seulement que nous faisons ici... Il s'agit d'être les premiers à Paris; on dit que le général York est à Château-Thierry, que le général Sacken est à la Ferté; nous sommes en retard.

BASTIEN, rentrant.

Eh! non, vous n'êtes pas en retard pour dîner : il n'est que deux heures.

BLUCHER.

Ce n'est pas pour dîner que nous sommes en retard, c'est pour arriver à Paris.

BASTIEN.

A Paris? vous allez donc à Paris, vous?

BLUCHER.

Certainement.

BRISQUET.

Et que, moi aussi, j'irai!

BLUCHER.

Combien de lieues encore, d'ici à Paris?

BASTIEN.

Vous me faites honneur, mon général; il y en a vingt-trois.

BLUCHER.

Dites donc, l'ami, la ferme est crénelée. (A Bastien, montrant les meurtrières.) Qu'est-ce que c'est que cela?

BASTIEN.

Sauf votre respect, mon général, c'est un trou.

BLUCHER.

Oui, mais qui a fait ce trou-là?

BASTIEN.

Ce sont les Français, mon général.

BRISQUET, à part.

Mouchard, va!

BASTIEN.

Ils sont passés, et ils disaient comme cela : « Voilà une bonne position, faut la défendre. » Alors, ils se sont mis à faire des trous; mais je leur ai dit : « Vous détériorez les murailles. » Alors, ils m'ont envoyé très-loin.

BLUCHER.

Eh bien, que leur as-tu dit?

BASTIEN.

Je leur ai dit : « Vous me faites honneur, » et j'y suis allé.

BLUCHER.

Décidément, cet homme est idiot... A table, messieurs, à table!

BRISQUET, bas, à Bastien.

Ah çà! pourquoi donc aller lui dire...?

BASTIEN.

Laisse donc, je les fourre dedans.

BRISQUET.

Comment? (Bastien lui parle à l'oreille.) Ah! bon!... Enfoncé le cheval à Thomas!

UN AIDE DE CAMP, entrant.

Le feld-maréchal?

BLUCHER.

Venez, monsieur... Eh bien, quelles nouvelles de cette canonnade d'hier?

L'AIDE DE CAMP.

Monseigneur, il paraît qu'il y a eu un rude combat.

BLUCHER.

Où cela?

L'AIDE DE CAMP.

Du côté de Champaubert.

BLUCHER.

Avec quelque colonne française égarée?

L'AIDE DE CAMP.

Non, Votre Excellence; avec un corps d'armée tout entier

BLUCHER.

Commandée par Raguse, Trévise, Tarente?

L'AIDE DE CAMP.

Non, Excellence ; commandée par Napoléon en personne

BLUCHER.

Par Napoléon? Il est à Brienne, monsieur.

L'AIDE DE CAMP.

Je crains que Votre Excellence ne soit dans l'erreur. I paraît que l'empereur est arrivé hier par la route de Nogen à Sézanne.

BLUCHER.

J'ai fait tâter cette route, elle est impraticable.

L'AIDE DE CAMP.

Pas pour lui, monseigneur.

BLUCHER.

Eh bien, il a rencontré le général Alsufief?

L'AIDE DE CAMP.

Oui, monseigneur, et il paraîtrait même qu'il l'a battu.

BLUCHER.

Que diable dites-vous là, monsieur?

L'AIDE DE CAMP.

C'est ce que viennent de nous apprendre les fuyards.

BLUCHER, se levant de table.

Les fuyards?... Et Alsufief, qu'est-il devenu?

L'AIDE DE CAMP.

Il est pris, monseigneur.

BLUCHER.

Comment, pris?

L'AIDE DE CAMP.

Avec les deux généraux qui commandaient sous ses ordres, une cinquantaine d'officiers et dix-huit cents hommes.

BLUCHER.

Monsieur, monsieur, c'est impossible. (Fusillade.) Qu'y a-t-il?

UN OFFICIER.

Les Français débouchent par la route de Champaubert!

L'AIDE DE CAMP.

Qu'avais-je l'honneur de dire à Votre Excellence?

BLUCHER.

Comment! ils auraient l'audace de nous attaquer?... Qu'est-ce que cela? Les avant-postes qui se rencontrent? Aux armes, messieurs! aux armes!...

SCÈNE IV

LES PRUSSIENS, se barricadant.

On entend la charge, la bataille commence; les Prussiens font feu de l'intérieur de la maison, les boulets trouent les murailles, les blessés se couchent, les morts tombent les uns sur les autres. Tout à coup, des canons de fusil passent à travers le plancher. Les Prussiens sont attaqués à la fois par dedans et par dehors. La ferme s'écroule.

TROISIÈME TABLEAU

On aperçoit la bataille entamée sur tous les points; le fond disparaît dans la fumée, le soleil se couche. Les Français s'emparent du champ de bataille, sur lequel la lune se lève. L'Empereur paraît, il est reçu au milieu des débris de la ferme par les Paysans.

SCÈNE UNIQUE

L'EMPEREUR, BERTHIER, SOLDATS FRANÇAIS, PAYSANS.

L'EMPEREUR.

C'est bien, mes amis, c'est bien; vous êtes de nobles cœurs, de braves Français; que chacun en fasse autant que vous, et la terre de France les devorera tous jusqu'au dernier... Berthier !

BERTHIER.

Sire?

L'EMPEREUR.

Faites partir à l'instant même un homme pour Châtillon et qu'il prévienne Caulincourt que j'ai battu hier les Russes à Champaubert, que j'ai battu aujourd'hui les Prussiens à Montmirail, et que, dans trois jours, je battrai les Autrichiens à Montereau... Enlevez les morts, messieurs ; je couche ici.

TOUS.

Vive l'empereur !

ACTE DEUXIÈME

QUATRIÈME TABLEAU

26 et 27 février. Un bivac aux environs de Méry-au-Bac. Il fait nuit. On voit la tente de l'Empereur ; une lampe est sur un guéridon. Le lit en fer est sous la tente.

SCÈNE PREMIÈRE

BERTAUD, FORTUNÉ, LORRAIN, CATHERINE et SON ENFANT ; LES OFFICIERS chargés du campement, LES PERSONNES DE LA MAISON DE L'EMPEREUR, LES TÊTES DE COLONNE.

BERTAUD.

Vous dites donc que l'empereur est allé faire une reconnaissance?

L'OFFICIER.

Oui, colonel, du côté de Pont-sur-Seine.

BERTAUD.

Mes enfants, c'est ici que nous campons.

FORTUNÉ.

Eh bien, il y a amélioration : cette nuit, nous n'aurons de l'eau que jusqu'à la cheville.

LORRAIN.

Est-ce que tes souliers prennent l'eau?

FORTUNÉ.

Oui, par le col de ma chemise. Récapitulons : en Égypte, rôtis! en Russie, gelés! en France, noyés! Il serait difficile de dire lequel de ces trois trépas est le plus agréable... Donne à boire au moutard, Catherine.

CATHERINE.

Il n'a pas soif.

FORTUNÉ, buvant à la gourde.

On a toujours soif; une goutte au marmot.

CATHERINE.

Mais non, mais non, ça lui ferait mal.

FORTUNÉ.

De l'eau-de-vie? Jamais! (A l'enfant.) Baisez mon oncle!

L'ENFANT, pleurant.

Ouais!...

CATHERINE.

Ne lui fais donc pas de mal, voyons!

LORRAIN.

Ah çà! mais je croyais que tu voulais le jeter dans la Marne, ce citoyen-là?...

FORTUNÉ.

C'est vrai; mais c'était du temps qu'il n'était pas encore baptisé du nom de Napoléon-Michelin, et qu'il n'était pas reconnu par le régiment. Aujourd'hui, il est reconnu, légitimé, décoré par Sa Majesté l'empereur du grand cordon jaune et noir; c'est autre chose.

LORRAIN.

Tiens! en effet, qu'est-ce que c'est que cela?

FORTUNÉ.

La cravate du drapeau autrichien que sa mère a pris au combat de Moutier-en-Der, où elle a fait ses premières armes; cette cravate-là, l'empereur la lui a nouée de ses propres mains autour du cou, et, à son tour, elle en a décoré son marmot. Ça vaut bien le cordon bleu qu'on mettait sur le ventre des princes quand ils venaient au monde, il me semble. Du moins, c'est ma façon de penser.

BERTAUD.

L'empereur, messieurs! l'empereur!

SCÈNE II

Les Mêmes, L'EMPEREUR, à cheval; TROIS OU QUATRE Officiers supérieurs, à cheval autour de lui.

L'EMPEREUR.
A-t-on des nouvelles de la canonnade que l'on a entendue toute la journée, du côté de Méry-sur-Seine?
BERTAUD.
Le premier officier d'ordonnance de Sa Majesté est allé aux renseignements, sire.
LE GÉNÉRAL MICHEL, dans la coulisse.
Où est l'empereur? où est l'empereur?
L'EMPEREUR.
Par ici, monsieur, par ici!

SCÈNE III

Les Mêmes, LE GÉNÉRAL MICHEL.

L'EMPEREUR.
Ah! c'est vous, Michel? (Aux Soldats.) Éloignez-vous... Eh bien, qu'y a-t-il?
LE GÉNÉRAL MICHEL.
De grandes nouvelles, sire.
L'EMPEREUR.
Bonnes ou mauvaises, monsieur?
LE GÉNÉRAL MICHEL.
L'empereur en jugera. Ce n'est pas seulement un détachement de l'armée de Silésie que le général Boyer et sa garde viennent de rencontrer à Méry, comme Votre Majesté l'a pu croire, c'est toute une armée.
L'EMPEREUR.
Et laquelle donc?
LE GÉNÉRAL MICHEL.
Celle de Blücher.
L'EMPEREUR.
Vous vous trompez, monsieur; l'armée de Blücher n'existe plus : je l'ai détruite à Champaubert, à Montmirail, à Châ

teau-Thierry et à Vauchamps... Vous êtes sûr de ce que vous dites, monsieur?

LE GÉNÉRAL MICHEL.

Je tiens ces renseignements des prisonniers faits aujourd'hui à Méry par le général Boyer, sire; les Cosaques inondent la plaine, et j'ai eu toutes les peines du monde à leur échapper; je trouve même que Votre Majesté est assez mal gardée du côté de la Seine.

L'EMPEREUR.

Croyez-vous que ces misérables auraient l'audace de venir m'attaquer jusque dans mon camp? Vous leur faites trop d'honneur, monsieur : ce sont des oiseaux de proie de la race des corbeaux et des vautours; ils ne s'abattent que sur les morts. Mais revenons à Blücher. Vous dites?...

LE GÉNÉRAL MICHEL.

Je dis, sire, qu'il a campé, le 23, au confluent de l'Aube et de la Seine, avec cinquante mille hommes; que, là, il a encore reçu un renfort de neuf mille hommes, appartenant au corps du général Langeron; c'est donc soixante mille hommes que Votre Majesté a devant elle, et non trente ou quarante mille.

L'EMPEREUR.

Et vous croyez que Blücher en personne était à Méry-sur-Seine?

LE GÉNÉRAL MICHEL.

Il y était si bien, sire, qu'il y a été blessé à la jambe, et que...

(On entend un grand bruit; quelques coups de fusil et de pistolet; puis les cris « Les Cosaques ! »)

L'EMPEREUR.

Les Cosaques!...

(Il s'élance vivement hors de sa tente; au même moment, le théâtre est envahi par une nuée de Cosaques.)

SCÈNE IV

Les Mêmes, un parti de Cosaques; puis EMMANUEL.

L'Empereur est enveloppé et disparaît au milieu des chevaux; un Cosaque va le percer de sa lance, lorsque Bertaud tue le Cosaque d'un coup d'épée. Lutte et confusion d'un instant; Bertaud reçoit un coup de lance dans la poitrine. Soldats et Généraux font le coup de feu. Les Cosaques sont chassés; mais il y a un moment de stupeur parmi tous ces hommes, quand ils voient que des maraudeurs ont eu l'audace de pénétrer au milieu d'un campement français et jusqu'à la tente de l'Empereur.

L'EMPEREUR, au général Michel.

C'est bien, monsieur; allez prendre deux heures de repos, et soyez prêt à partir pour Paris dans deux heures. (A Bertaud.) Merci, Bertaud, merci, mon brave colonel! sans toi, ma foi, je crois que la guerre était terminée du coup... Vous me direz ce que vous désirez, Bertaud, et, s'il est en mon pouvoir d'exaucer votre désir, ce que vous me demanderez vous est accordé d'avance, au nom de ma femme et de mon enfant.

BERTAUD, chancelant.

Sire...

L'EMPEREUR.

Eh bien, qu'as-tu?

BERTAUD.

Je crois que je suis blessé, sire.

L'EMPEREUR.

Un chirurgien, messieurs, un chirurgien! le colonel Bertaud est blessé.

EMMANUEL, s'élançant.

Vous êtes blessé, colonel?

L'EMPEREUR.

Dans ma tente, monsieur de Mégrigny!... Messieurs, il est inutile, je crois, de vous recommander de faire bonne garde; vous venez de voir que ce n'est pas une précaution exagérée. Vous savez que j'attends le duc de Vicence, qui doit arriver cette nuit de Châtillon; on le conduira tout de suite près de moi; au reste, laissez approcher tous les porteurs de nouvelles. (Il rentre sous sa tente; à Emmanuel.) Eh bien, monsieur?

EMMANUEL.

Heureusement, sire, que le fer de la lance a rencontré un médaillon que le colonel porte sur sa poitrine, et qui, dans une double boîte, renferme le portrait de sa femme et des cheveux de ses deux enfants; le médaillon est faussé, mais il a fait dévier le fer, qui n'a pénétré que de biais; la blessure n'offre donc aucun danger, sire.

L'EMPEREUR.

N'importe! Bertaud, vous coucherez là, près de moi, sous ma tente; on vous jettera un matelas à terre, vous serez toujours mieux qu'au bivac...

(Les Soldats forment les faisceaux; on prépare le lit de Bertaud.)

UN OFFICIER.

Sire, le duc de Vicence vient d'arriver aux avant-postes.

L'EMPEREUR.

Qu'il vienne, qu'il vienne! je l'attends.

L'OFFICIER.

Il me suit, sire.

SCÈNE V

Les Mêmes, LE DUC DE VICENCE.

L'EMPEREUR.

Ah! venez, venez, Caulaincourt! Vous arrivez de Châtillon?

LE DUC.

Oui, sire.

L'EMPEREUR.

Eh bien, j'espère que mes victoires de Champaubert, de Montmirail, de Château-Thierry et de Vauchamps ont un peu diminué les exigences du congrès, et qu'on m'accorde la rive gauche du Rhin et l'Italie?

LE DUC.

Sire, en effet, cette glorieuse semaine, qui nous a apporté trois bulletins de victoire en six jours, a eu son retentissement jusqu'à Châtillon.

L'EMPEREUR.

Alors, vous m'apportez des conditions meilleures, mon cher duc?

LE DUC.

Sire, s'il n'y avait que la Russie...

L'EMPEREUR.

Eh bien?

LE DUC.

Mais il y a l'Angleterre, la Prusse et l'Autriche.

L'EMPEREUR, impatient.

Eh bien?

LE DUC.

L'Angleterre ne vous cédera jamais Anvers, la Prusse ne vous cédera jamais Coblence, l'Autriche ne vous cédera jamais Milan.

L'EMPEREUR, plus impatient encore.

Eh bien?

LE DUC.

Eh bien, sire, les souverains alliés disconviennent des bases arrêtées à Francfort, et, si Votre Majesté désire obtenir la paix....

L'EMPEREUR.

Certainement, monsieur, je le désire; je dirai plus, je le veux.

LE DUC.

Sire, on exige que la France rentre dans ses anciennes limites.

L'EMPEREUR.

Dans ses anciennes limites! et c'est vous, Caulaincourt, vous dont le cœur est si essentiellement français, qui venez me faire de pareilles propositions?

LE DUC.

Sire, c'est justement parce que j'ai le cœur français que non-seulement je fais ces propositions à Votre Majesté, mais encore que je les appuie.

L'EMPEREUR.

Mais vous êtes donc devenus tous insensés?... Quoi! vous voulez que je signe un pareil traité? Avez-vous oublié le serment que j'ai prononcé en prenant la couronne : « Je jure de maintenir l'intégrité du territoire de la République, et de gouverner dans la seule vue du bonheur et de la gloire du peuple français? »

LE DUC.

Sire, le bonheur d'un peuple passe avant sa gloire; d'ailleurs, le peuple français, grâce à Votre Majesté, est le plus glorieux des peuples ; donnez-lui la paix, sire, et vous lui aurez tout donné.

L'EMPEREUR.

Mais, duc, vous oubliez mes ressources. La France était moins puissante, moins forte, moins riche, moins féconde en 1792, quand les levées en masse délivrèrent la Champagne ; en l'an VII, quand la bataille de Zurich arrêta l'invasion de toute l'Europe ; en l'an VIII, quand la bataille de Marengo sauva la patrie.

LE DUC.

Oui, sire, c'est vrai ; mais elle possédait alors ce qu'elle a perdu depuis, l'enthousiasme. A cette époque, elle se battait pour la liberté.

L'EMPEREUR.

Et pourquoi se bat-elle donc aujourd'hui, monsieur ? Que suis-je donc, moi, sinon la liberté européenne ? Quand j'ai pris la France, toute fiévreuse de sa révolution, elle était, comme principes et comme faits, tellement en avant des autres peuples, qu'elle avait dérangé l'équilibre européen. Il fallait un Alexandre à ce Bucéphale, un Androclès à ce lion ; qu'ai-je fait, alors ? J'ai choisi ce qu'il y avait de plus noble, de plus brave, de plus intelligent en France, et je l'ai répandu sur l'Europe. Partout où j'ai été, j'ai semé la liberté au vent, comme un semeur fait du blé. Qu'ils attendent un an, deux ans, dix ans, et ils la verront pousser tout armée, dans chaque sillon creusé par mes boulets. Que les souverains alliés veuillent me faire faire une chute, je le comprends, car j'ai proclamé le dogme le plus saint qu'ait émis une bouche humaine, j'ai proclamé l'égalité.

LE DUC.

Sire, il me semble qu'avant Votre Majesté, la Convention...

L'EMPEREUR.

Oui, monsieur ; mais savez-vous la différence qui existe entre nous ? C'est que la Convention avait proclamé l'égalité qui abaisse, et que j'ai proclamé, moi, l'égalité qui élève. Savez-vous pourquoi son œuvre sera ballottée dans le doute de la postérité pendant les siècles à venir, tandis que la mienne sera bénie, quoique nous ayons tous deux concouru à la même œuvre ? C'est qu'elle a abaissé les grands au niveau de l'échafaud, et que j'ai élevé les petits au niveau du trône.

Allez, allez, monsieur, je suis encore plus fort que l'on ne croit ; on me prend tout simplement pour un homme, pour un roi, pour un empereur ; je suis mieux que tout cela, monsieur, je suis un peuple !...

LE DUC.

Sire, la France croira que vous avez tout fait pour votre ambition, et rien pour elle.

L'EMPEREUR.

La vérité est comme le soleil : l'hiver peut l'obscurcir, le cacher même ; mais la postérité a son printemps, et, une fois venu, ce printemps est éternel ! Eh bien, en mourant, je léguerai mon corps à la tombe, mon âme à Dieu et ma mémoire à la postérité. D'ailleurs, monsieur, j'ai un moyen sûr pour que la postérité ne m'accuse pas d'égoïsme : c'est, si la France tombe, de tomber avec elle ; c'est, si elle meurt, de ne pas lui survivre.

LE DUC.

Sire, ne se fait pas tuer qui veut : vous l'avez bien vu à Montereau et à Arcis-sur-Aube.

L'EMPEREUR.

On n'est pas toujours sûr de se faire tuer, c'est vrai ; mais on est toujours sûr de mourir. On ne trouve pas toujours un boulet de canon comme Turenne ou comme Berwick ; mais on trouve toujours un pistolet comme Beaurepaire.

LE DUC.

Alors, Votre Majesté refuse les conditions des souverains alliés ?

L'EMPEREUR.

Je les refuse. Retournez près d'eux, monsieur ; dites-leur que des revers inouïs ont pu m'arracher la promesse de renoncer aux conquêtes que j'ai faites ; mais que j'abandonne aussi celles qui ont été faites avant moi, que je viole le dépôt qui a été remis à la garde de mon honneur ; que, pour prix de tant d'efforts, de sang et de victoires, je laisse la France plus petite que je ne l'ai trouvée ? Dieu me préserve de tels affronts ! Je rejette le traité ; c'est une mauvaise paix que vous m'offrez là, monsieur le duc.

LE DUC.

La paix sera toujours assez bonne, sire, si elle est assez prompte.

L'EMPEREUR.

Elle sera toujours trop prompte, si elle est honteuse. Allez, monsieur, prenez un peu de repos et repartez.

LE DUC.

Viendrai-je, avant de partir, chercher les ordres de l'empereur ?

L'EMPEREUR.

Si je veux vous voir, je vous le ferai dire. Allez.

SCÈNE VI

L'EMPEREUR, BERTAUD, couché; EMMANUEL.

L'EMPEREUR.

Monsieur de Mégrigny !

EMMANUEL, descendant.

Sire ?

L'EMPEREUR, sur son lit de camp.

Êtes-vous bon chimiste, monsieur ?

EMMANUEL.

Sire, c'est la science à laquelle je me suis adonné le plus spécialement.

L'EMPEREUR.

Jurez-moi sur l'honneur, monsieur, d'exécuter fidèlement les ordres que je vais vous donner.

EMMANUEL.

Sur l'honneur, je le jure.

L'EMPEREUR.

Vous avez vu ce qui est arrivé tout à l'heure : sans votre oncle, j'étais prisonnier. Vous avez entendu ce qu'a dit Caulaincourt. Dans la lutte que j'entreprends, je puis succomber : je veux être, en tout cas et en tout temps, sûr de ma mort. Napoléon ne doit pas survivre à Napoléon. L'empereur ne peut pas être un trophée aux mains des Cosaques. Vous allez me préparer un poison sûr, un dernier ami sur lequel je puisse compter, qui remplace pour moi l'esclave antique qui tenait l'épée sur laquelle se jetait le général vaincu.

EMMANUEL.

Oh ! sire, qu'exigez-vous de moi !

L'EMPEREUR.

Le même service qu'Annibal a exigé de son médecin, la

veille de la bataille de Zama. Comme Annibal, j'ai traversé les Alpes; comme Annibal, j'ai eu mes batailles de Trébia, de Cannes et de Trasimène; comme Annibal, je puis être trahi par le sénat; comme Annibal, je veux porter la mort à mon doigt.

EMMANUEL.

Sire, ne pourriez-vous charger quelque autre de ce terrible honneur?

L'EMPEREUR.

Non; car vous êtes jeune, vous, monsieur, et, par conséquent, incapable de trahir.

EMMANUEL.

Oh! mon Dieu! que dois-je faire?

BERTAUD, de son lit.

Obéir, Emmanuel.

EMMANUEL.

Sire, je suis à vos ordres.

L'EMPEREUR.

Voici deux bagues, monsieur, que j'avais fait faire dans ce but; vous voyez que ce n'est pas d'aujourd'hui que ma résolution est arrêtée. En avez-vous pour longtemps à achever vos préparations?

EMMANUEL.

Sire, en moins de dix minutes...

L'EMPEREUR.

Allez à l'ambulance, et prenez dans la pharmacie ce dont vous avez besoin. Je vous attends.

EMMANUEL.

Votre Majesté me renouvelle formellement l'ordre qu'elle m'a donné?

L'EMPEREUR.

Formellement, monsieur; allez.

SCÈNE VII

L'EMPEREUR, BERTAUD, Officiers d'ordonnance.

L'EMPEREUR, aux Officiers d'ordonnance.

N'est-il venu personne pendant ma conversation avec le duc de Vicence?

UN OFFICIER.

Trois courriers sont arrivés, sire, et voici leurs dépêches.

L'EMPEREUR, prenant les dépêches et décachetant la première.

D'Italie... Comment! Eugène ne peut m'envoyer les vingt mille hommes que je lui avais demandés!... Murat s'est déclaré contre moi!... (Ouvrant la seconde dépêche.) D'Augereau!... Il a remonté la Saône, il s'est porté sur Vesoul, c'est de cette ville qu'il m'écrit.

L'OFFICIER.

Lisez, sire.

L'EMPEREUR.

Comment! il s'est amusé à guerroyer avec Bubna, à le renfermer dans Genève; il a son quartier général à Lons-le-Saulnier, c'est de Lons-le-Saulnier qu'il m'écrit! Mais il va livrer le passage de la Saône.

L'OFFICIER.

Hélas! sire, c'est fait.

L'EMPEREUR.

Oh! le malheureux! il a manqué l'occasion de sauver la France! Le maréchal Suchet partira à l'instant même pour prendre le commandement de Lyon; Berthier lui remettra mes ordres. (Ouvrant la troisième dépêche.) Trévise!... De Château-Thierry! Et pourquoi pas de Soissons?

L'OFFICIER.

En débouchant sur la vallée de l'Aisne, il a trouvé Soissons pris.

L'EMPEREUR.

Pris! Soissons pris! Rusca m'a laissé prendre Soissons?

L'OFFICIER.

Sire, le premier boulet tiré par l'ennemi l'a coupé en deux.

L'EMPEREUR.

Oh! en vérité, c'est plus que du malheur, c'est de la fatalité!... Partout où je suis, victoire! partout où je ne suis pas, défaite! Il me faudrait les trois têtes de Géryon, les cent bras de Briarée! de Brienne à Troyes, de Troyes à Champaubert, de Champaubert à Montmirail, de Montmirail à Château-Thierry, de Vauchamps à Montereau! Mais je me fatiguerai, moi aussi, à tous ces bonds de tigre. Messieurs, donnez des ordres afin que l'on réunisse autour de moi le plus de troupes possible; faites venir tout ce qu'il y a d'hommes à Sézanne, à Villeneuve, à Marigny. Il faut que j'en finisse demain avec Blücher... Laissez-moi, messieurs, laissez-moi; j'ai besoin d'être seul.

(Tout le monde se retire, excepté Bertaud.)

SCÈNE VIII

L'EMPEREUR, BERTAUD, puis EMMANUEL.

L'EMPEREUR.

Oui, je me lasserai... La puissance humaine a des limites. Un jour, la force m'abandonnera. Ce sera, cette fois, la trahison de la nature, la dernière, la plus terrible des trahisons. Oh! le proverbe arabe : « Mieux vaut être assis que debout, mieux vaut être couché qu'assis, mieux vaut être mort que couché! » (Se couchant sur son lit de camp.) Le fait est qu'on doit être bien dans la tombe; on a le repos, et c'est si bon, le repos!

EMMANUEL, entrant.

Sire !...

L'EMPEREUR.

Ah! je ne me croyais pas un si puissant enchanteur : j'invoque la mort, et la voilà.

EMMANUEL.

Sire, voici ce que Votre Majesté m'a demandé.

L'EMPEREUR.

Quel est ce poison?

EMMANUEL.

Une concentration d'opium.

L'EMPEREUR.

En combien de temps cela me tuera-t-il?

EMMANUEL.

En cinq minutes.

L'EMPEREUR.

C'est long !... Monsieur, vous êtes chirurgien-major.

EMMANUEL.

Merci, sire; mais, je l'avoue à Votre Majesté, je voudrais devoir mon grade à un moins triste service.

L'EMPEREUR.

Vous avez tort, monsieur; c'est le plus grand peut-être de ceux qu'on m'aura rendus.

(Emmanuel sort.)

BERTAUD s'est levé et est allé au chevet de l'Empereur.

Sire!...

L'EMPEREUR.

Que veux-tu, mon vieil ami?

BERTAUD.

Sire, il y a une heure à peu près que Votre Majesté m'a dit : « Vous me direz ce que vous désirez, Bertaud, et, s'il est en mon pouvoir d'exaucer votre désir, ce que vous demanderez vous est accordé d'avance, au nom de ma femme et de mon enfant. »

L'EMPEREUR.

C'est vrai, j'ai dit cela. Eh bien, que désires-tu, Bertaud?

BERTAUD.

Je désire que Votre Majesté me donne une des deux bagues qu'elle porte à son doigt, c'est-à-dire la moitié du poison que lui a préparé Emmanuel.

L'EMPEREUR.

Pour quoi faire?

BERTAUD.

Pour mourir le jour où l'empereur mourra.

L'EMPEREUR.

Bertaud, vous avez un fils; Bertaud, vous avez une fille.

BERTAUD.

Tous deux sont riches, grâce aux bienfaits de Votre Majesté, tous deux peuvent donc se passer de moi.

L'EMPEREUR.

Bertaud, vous êtes fou.

BERTAUD.

Sire, Votre Majesté est libre de me refuser ce poison; mais, comme elle l'a dit tout à l'heure, on a toujours sous la main le pistolet de Beaurepaire.

(Il va se rejeter sur son lit.)

L'EMPEREUR.

Il le ferait comme il le dit; allons, voilà qui console.

SCÈNE IX

Les Mêmes, LE GÉNÉRAL MICHEL, puis LE DUC DE VICENCE.

L'EMPEREUR.

Eh bien?

LE GÉNÉRAL MICHEL.

Sire, la gravité de la nouvelle que j'ai à apprendre à Votre Majesté excusera ma présence.

L'EMPEREUR.

Parlez, monsieur.

LE GÉNÉRAL MICHEL.

Sire, Blücher et ses soixante mille hommes ne sont plus devant nous ; ce que nous croyions son armée n'était qu'un rideau placé pour cacher son mouvement. Blücher est parti hier à six heures, et marche sur Paris.

L'EMPEREUR.

Sur Paris ?

LE GÉNÉRAL MICHEL.

Oui, sire, par Nogent et Provins... Il a maintenant dix heures d'avance sur Votre Majesté ; dans trois jours, il peut être devant Paris.

L'EMPEREUR, se jetant à bas de son lit.

Le duc de Vicence ! qu'on appelle le duc de Vicence ! Toute l'armée sur pied ! nous partons dans dix minutes... Ah ! Caulincourt, c'est vous ! venez ! Vous retournez à Châtillon.

LE DUC.

Mes pouvoirs, sire ?

L'EMPEREUR.

Vous avez carte blanche, monsieur. Sauvez l'honneur de la France, voilà tout ce que je demande.

LE DUC.

Mais pour vous, sire, que demanderai-je, qu'exigerai-je ?

L'EMPEREUR.

Rien ! Napoléon ne dépendra jamais que de Napoléon. Allez.

SCÈNE X

Les Mêmes, hors LE DUC DE VICENCE.

L'EMPEREUR.

Et maintenant à Joseph. (Il écrit.) « Mon frère, conformément aux instructions verbales que je vous ai données et à l'esprit de toutes nos lettres, vous ne devez permettre en aucun cas que l'impératrice et le roi de Rome tombent entre les mains de l'ennemi. Vous serez plusieurs jours sans avoir de mes nouvelles ; si l'ennemi s'avance sur Paris avec des forces telles que toute résistance devienne inutile, faites

3.

partir, dans la direction de la Loire, la régente, mon fils, les grands dignitaires, les ministres, les officiers de la couronne et le trésor. Ne quittez pas mon fils et rappelez-vous que je préférerais le savoir dans la Seine plutôt qu'entre les mains des ennemis de la France. Le sort d'Astyanax prisonnier m'a toujours paru le plus malheureux de l'histoire. — NAPOLÉON. » Mais qui portera cette lettre? en qui pourrai-je avoir une confiance si entière?... Ah! Bertaud, mon ami.

BERTAUD.

Sire!

L'EMPEREUR.

Bertaud, tout blessé que tu es, il faut à l'instant même partir pour Paris, remettre cette lettre à mon frère Joseph; entends-tu, à lui, et pas à un autre. Bertaud, cette fois c'est plus que ma vie qu'il faut sauver; c'est celle de ma femme et de mon fils. Pars, pars, mon ami, tandis que les communications par Villeneuve et Coulommiers sont libres encore; pars! Mais qu'attends-tu donc? Dis!

BERTAUD.

Sire, j'attends la bague.

L'EMPEREUR.

Eh bien, donc, prends, entêté! (Il la lui donne. A Emmanuel.) Suivez votre oncle, monsieur; vous me répondez de sa vie... A cheval, messieurs! à cheval!

CINQUIÈME TABLEAU

La cour de l'École polytechnique.

—

SCÈNE PREMIÈRE

LE MAJOR, HENRI, LÉON, ARTHUR.

Au lever du rideau, les Élèves s'exercent au maniement du fusil et à l'exercice du canon.

LE MAJOR, commandant l'exercice.

Canonniers, à vos pièces!... Marche!... halte!... front!... En action!... Chargez!... Rompez les rangs!

(En rangeant les pièces, Henri laisse retomber l'affût de l'une d'elles sur le pied d'Arthur.)

ARTHUR.

Ah! maladroit, va!

HENRI.

Comment, maladroit?

ARTHUR.

Tu ne vois donc pas que tu m'as mis ton affût sur le pied?

HENRI.

Tiens! pourquoi mets-tu ton pied sous mon affût?

ARTHUR.

Pourquoi! pourquoi!

HENRI.

Ah! tu es bien douillet, cher ami; il faudra te corriger de cela ici, vois-tu.

ARTHUR.

J'ai bien envie de te corriger d'autre chose, moi, dis donc.

HENRI.

Et de quoi?

ARTHUR.

De ce ton goguenard que tu prends, et qui me déplaît, monsieur de la seconde année.

HENRI.

Eh bien, si mon ton te déplaît, il faut le dire.

ARTHUR.

Eh bien, je te le dis.

HENRI.

Après?

ARTHUR.

Je te le répète.

HENRI.

Ça durera-t-il longtemps comme cela?

ARTHUR.

Le temps de mettre un compas au bout d'une mèche.

HENRI.

Qui est-ce qui a un compas, vous autres? Voilà monsieur qui veut que je lui prenne sa mesure.

LÉON, de l'intérieur.

Eh bien, qu'est-ce que c'est, là-bas? On se dispute.

ARTHUR.

Oh! ce n'est rien, une leçon de mathématiques.

LÉON.

Ah çà! voyons, y pensez-vous? Henri! Henri!

HENRI.

Ce n'est pas moi qui ai cherché dispute : c'est monsieur qui se fâche, sous prétexte qu'on lui a écrasé le pied avec un affût, et que la pièce de quatre ne veut pas lui faire ses excuses.

LÉON.

Allons, allons, la paix ! à bas les compas !

ARTHUR.

Tu vas me faire le plaisir de te ranger, n'est-ce pas ?

LÉON.

Voyons, Henri, toi qui es le plus raisonnable...

HENRI.

Moi, je ne lui en veux pas.

ARTHUR.

Ah ! nous ne sommes donc pas si méchant que nous en avons l'air, monsieur le vétéran ?

HENRI.

Dis donc, dis donc, est-ce que tu crois que je recule, par hasard ?

ARTHUR.

Non ; mais je dis qu'en sortant de l'École, il faudra entrer dans les artificiers ; c'est un corps qui fait plus de bruit que de besogne.

HENRI.

Ah ! c'est comme cela que tu le prends ! Tiens. (Il lui donne une croquignole.) En garde, maintenant !

ARTHUR.

Place, place, messieurs ! il m'a insulté.

HENRI.

Touché !

ARTHUR.

Rien, rien ; une égratignure à la main. Une cravate, et continuons.

SCÈNE II

Les Mêmes, VICTOR, entrant.

VICTOR.

Eh bien, que fait-on ici ? On se bat, camarade contre camarade, Français contre Français, quand les Prussiens sont aux portes de Paris !

TOUS.

Les Prussiens? Impossible.

VICTOR.

Impossible? Tenez, voyez cette proclamation : « Citoyens, une colonne ennemie s'est portée sur Maux ; elle s'avance par la route d'Allemagne ; mais l'empereur la suit de près. »

TOUS.

Vive l'empereur !

VICTOR.

« Le conseil de régence a pourvu à la sûreté de l'impératrice et à la sûreté du roi de Rome : je reste avec vous. »

HENRI.

Comment, à la sûreté de l'impératrice?... à la sûreté du roi de Rome?...

VICTOR.

Messieurs, l'impératrice et le roi de Rome sont partis ce matin à onze heures.

ARTHUR.

Partie, l'impératrice ?... partie?

VICTOR.

Elle ne le voulait pas, mais on l'a forcée. Le roi de Rome ne voulait pas quitter les Tuileries ; il jetait des cris affreux ; sa gouvernante a été obligée de l'emporter dans ses bras. Maintenant, voici ce que j'ai fait : j'ai cru devoir me rendre, en votre nom à tous, chez le ministre de la guerre pour lui offrir nos services.

TOUS.

Bravo ! bravo !... Eh bien, le ministre?

VICTOR.

Impossible de pénétrer jusqu'à lui. J'avais bien envie de ne pas rentrer et de courir aux barrières ; mais il m'a semblé que ce serait une trahison envers vous, mes amis.

ARTHUR.

Bien, Victor !

VICTOR.

Donc, voilà où en sont les choses. On va se battre pour défendre Paris ; se battra-t-on sans nous?

TOUS.

Non.

VICTOR.

Eh bien, armons-nous!

ARTHUR.

Camarades, camarades, vous le savez, les ordres sont précis : pas un élève ne doit sortir de l'École sans permission; toute désobéissance est punie de huit jours de cachot.

VICTOR.

Eh bien, il y a un moyen que personne ne soit puni.

TOUS.

Lequel?

VICTOR.

C'est de désobéir tous.

LÉON.

Camarades, je comprends... je partage votre enthousiasme. Mais observez que nous sommes tous fils d'officiers... et que nous devons...

VICTOR.

C'est justement parce que nous sommes tous fils d'officiers que nous nous devons à la défense de notre pays... et, si tu crains...

LÉON.

Oh! tu ne le penses pas, Victor, et je te prouverai que, tout comme un autre, je sais gagner sur le champ de bataille une épaulette de capitaine.

VICTOR.

A la bonne heure! d'ailleurs, le frère de l'empereur fait un appel aux Parisiens.

HENRI.

Nous devons tout à l'empereur, c'est lui qui a fondé l'École; nous voulons défendre Paris, et mourir pour l'empereur.

TOUS.

Vive l'empereur! Aux fusils!... aux canons!... aux armes!... Et maintenant, à bas les portes!... enfonçons les portes!...

SCÈNE III

LES MÊMES, LE MAJOR.

LE MAJOR.

C'est inutile.

TOUS.

Le major!

LE MAJOR.

En voici les clefs; je vous autorise à sortir; car, dans une circonstance pareille, ce serait d'un mauvais Français que de s'opposer à votre ardeur.

TOUS.

Vive le major!

LE MAJOR.

Si je n'étais enchaîné ici par la consigne, je ne voudrais pas que ce fût un autre que moi qui eût l'honneur de vous faire faire vos premiers pas vers l'ennemi.

TOUS.

Bravo! bravo!

LE MAJOR.

Allez, enfants! allez! et puissé-je avoir la joie qu'il ne manque pas un de vous au prochain appel!

VICTOR.

Ceux qui manqueront, major, vous les retrouverez aux Invalides ou au Panthéon. Et maintenant, canonniers, à vos pièces!... Vous à la barrière Blanche et aux buttes Saint-Chaumont, et nous à la barrière de Clichy!

(Ils sortent tous en criant : « Vive l'Empereur! »)

SIXIÈME TABLEAU

La barrière de Clichy.

—

SCÈNE PREMIÈRE

Un Crieur public, Paysans, puis un Aide de camp, un Invalide, ARTHUR, LORRAIN, VICTOR.

Grand tumulte à la barrière. L'octroi perçoit comme en temps ordinaire. Les Paysans fuient en rentrant dans Paris. Une charrette est conduite par un Paysan.

UN CRIEUR.

Voici la proclamation du roi Joseph, lieutenant général de

l'empereur, commandant en chef la garde nationale, aux citoyens de Paris. Un sou! Voici la proclamation!...

UN HOMME.

Donne, mon ami, donne... Arrivez, vous autres; je vais vous lire cela.

LES SPECTATEURS.

Lisez-nous cela, lisez-nous cela. Montez ici! montez là!...

(On entend le Crieur qui s'éloigne.)

VICTOR, entrant avec les élèves de l'École.

Inutile, inutile! Comme cette proclamation annonce que l'ennemi vient au-devant de nous, nous allons au-devant de l'ennemi.

TOUS.

Bravo! bravo! l'École polytechnique est avec nous! Vive l'École polytechnique!

UN AIDE DE CAMP, entrant.

Gare! gare!

VICTOR.

Quelles nouvelles, monsieur? quelles nouvelles?...

L'AIDE DE CAMP.

Qu'on se bat aux buttes Saint-Chaumont, que le duc de Raguse est à Romainville. (Canon.) Entendez-vous? c'est lui qui carillonne en ce moment-ci!... Gare! gare!

(Il sort.)

LE PAYSAN.

Il ne nous manque plus que les invalides.

VICTOR.

Les voilà!

ARTHUR, à un invalide.

Bonjour, père Clopin! bonjour, père Clopant!

L'INVALIDE.

Bonjour, morveux!

ARTHUR.

Ah! vous dites ça parce que vous ne vous mouchez pas du pied.

DES VOIX.

Ah! la garde nationale! Vive la garde nationale!

(Pendant qu'on fraternise au premier plan, un régiment de ligne arrive.)

VICTOR.

La ligne!... la ligne!... Ah! c'est toi, Lorrain! Mon père? où est mon père?

LORRAIN.

Il y a plus de huit jours que nous ne l'avons vu ; il sera resté quelque part, pauvre colonel !

VICTOR.

Et où cela, mon ami ?

LORRAIN.

Dame ! où sont restés déjà les trois quarts du régiment, où restera le dernier quart, couchés sur ce grand lit de camp qu'on appelle un champ de bataille.

VICTOR.

Mort, mon père ! mort !

SCÈNE II

Les Mêmes, FORTUNÉ, CATHERINE.

FORTUNÉ.

Vivant, et très-vivant, monsieur Victor ! rassurez-vous.

VICTOR.

Ah ! c'est toi, Fortuné ?

FORTUNÉ.

Oui, monsieur Victor ; et voilà ma sœur, Catherine Michelin, qui est de votre connaissance ; de plus, mon neveu, Napoléon Michelin, que j'ai l'honneur de vous présenter.

(Il lui montre l'enfant, ficelé sur son sac.)

VICTOR.

Bonjour, ma bonne Catherine ! Les affaires ont donc bien tourné ?

CATHERINE.

Oui, monsieur Victor, à merveille, comme vous voyez.

VICTOR.

De sorte que l'enfant... ?

FORTUNÉ.

L'enfant est reconnu, et la preuve, c'est que je le porte sur mon dos pour qu'il ne fatigue pas trop Catherine.

VICTOR.

Mais, dis donc, en retraite, ça n'est pas très-prudent.

FORTUNÉ.

C'est selon comme on bat en retraite, monsieur Victor. Or, comme nous ne montrons jamais les épaules à l'ennemi, l'enfant est toujours garanti.

VICTOR.

Brave Michelin!... Maintenant, dis-moi, mon père?...

FORTUNÉ.

Attendez, le moutard a soif. Tiens, Catherine, cela ne me regarde plus; tu es chargée du département des liquides. (Il lui donne l'enfant.) Votre père, monsieur Victor? Voilà ce que c'est : l'empereur l'a chargé d'une mission secrète.

VICTOR.

Pour qui?

FORTUNÉ.

Pour Sa Majesté le roi Joseph.

VICTOR.

Mais il est donc à Paris?

FORTUNÉ.

Il est à Paris.

VICTOR.

Comment se fait-il que je ne l'aie pas vu?

FORTUNÉ.

Depuis quand êtes-vous sorti de l'École?

VICTOR.

Depuis une heure.

FORTUNÉ.

Eh bien, voilà, voyez-vous, il aura été obligé de prendre la traverse, et il ne sera arrivé qu'hier ou que ce matin; les chemins ne sont pas sûrs... Et mademoiselle votre sœur?

VICTOR.

Elle est en sûreté chez ma tante, rue du Helder.

BERTAUD, dans la coulisse.

Le 24ᵉ de ligne? N'est-ce pas ici que se réunit le 24ᵉ de ligne?

VICTOR.

Je ne me trompe pas, c'est sa voix!... Mon père! mon père!

SCÈNE III

Les Mêmes, BERTAUD, puis EMMANUEL.

BERTAUD.

Victor, mon enfant! (Changeant de ton.) Pourquoi donc avez-vous quitté l'École, monsieur?

VICTOR.

On nous a laissés sortir pour nous battre, mon père, et j'ai pensé que, dans un moment comme celui-ci, la seule voix qu'il fallût écouter, c'était celle de la France ! Or, la France criait : « Aux armes ! » Mon père, j'ai pris les armes, et me voilà.

BERTAUD.

Et tu as bien fait.

VICTOR.

Tiens, c'est toi, Emmanuel ? Chirurgien major ! peste ! tu n'as pas perdu ton temps.

EMMANUEL.

C'est une faveur que je ne dois pas à mon mérite, mon cher Victor, mais aux bontés de l'empereur.

VICTOR.

Et l'empereur est toujours bon pour vous, mon père ?

BERTAUD.

Avant de le quitter, je lui ai demandé la seule chose que je désirasse, et il me l'a accordée... Mais il ne s'agit point de cela. Mes amis, c'est moi qui suis votre colonel.

LES SOLDATS.

Vive le colonel Bertaud ! vive le colonel !

FORTUNÉ.

Présent, mon colonel !

BERTAUD.

Mes amis, il s'agit tout simplement de nous faire tuer ici ; y êtes-vous disposés ?

LORRAIN.

Tout ce que vous ferez, nous le ferons, colonel.

PLUSIEURS VOIX.

L'ennemi ! l'ennemi !

BERTAUD.

Allons, la charge, et en avant ! donnons-leur, une fois pour toutes, une indigestion de plomb et d'acier.

FORTUNÉ.

Reficelons le moutard !

(On replace l'enfant sur le sac.)

BERTAUD, aux hommes du peuple.

Et vous, mes amis, défendez la barrière ; c'est une pauvre

fortification, je le sais; mais la vraie muraille d'une ville, c'est la poitrine de ses enfants. En avant! en avant!

(Le canon se rapproche, la fusillade se fait entendre à deux cents pas de la barrière. Les hommes du peuple restent en criant: « A la barrière! »)

SCÈNE IV

Les Mêmes, LE MARÉCHAL MONCEY.

MONCEY.

En retraite, mes amis, en retraite! Occupez les hauteurs et défendez les barrières; sans cela, morbleu! vous vous ferez écharper tous. Garnissez les maisons, tirez des fenêtres. Barricadez-vous! (Au colonel Bertaud.) Quel régiment?

BERTAUD.

Le 24e, maréchal.

MONCEY.

Colonel Bertaud, alors?

BERTAUD.

Oui, maréchal.

MONCEY.

Bon! je n'ai pas besoin ici, puisque vous y êtes. Vous promettez de défendre cette barrière?

BERTAUD.

Jusqu'à la mort.

MONCEY.

C'est bien. Mes aides de camp vous apporteront de mes nouvelles et m'apporteront des vôtres. Je suis à la barrière Blanche. Gare, mes amis! gare!

SCÈNE V

Les Mêmes, hors MONCEY.

BERTAUD.

Allons, barricadez-moi la porte vivement, mes enfants, vivement! Catherine, donne la goutte à tous ces gens-là; c'est moi qui paye.

CATHERINE.

Oh! il n'y a pas besoin de cela, colonel. Ils savent bien

que les jours de bataille, c'est comme les jours de fête, distribution gratis ! Buvez, mes enfants, buvez ! (A Fortuné.) Eh bien, et toi ?

FORTUNÉ.

Moi, je retiens le bidon. (Il le prend et boit.) Bon ! il n'y a plus seulement de quoi rafraîchir une poule, dans ton baril.

VICTOR, allumant des grenades à une mèche de canon et les lançant.

Maudites grenades, va !

UN AIDE DE CAMP DE LA GARDE NATIONALE.

Qu'avez-vous, avec vos grenades ?

VICTOR.

J'ai, monsieur, que je ne sais pas ce qu'elles ont, mais tout à l'heure plus d'un tiers a raté. Il faut que quelqu'un trahisse pour nous donner de pareilles munitions.

L'AIDE DE CAMP.

Personne ne trahit, entendez-vous, monsieur ! et, si vos grenades ne partent pas, c'est que vous ne prenez pas le temps de les allumer.

VICTOR.

Je crois que vous vous trompez, monsieur; si les grenades ne partent pas, c'est qu'elles sont bourrées avec du son et des cendres.

L'AIDE DE CAMP.

Si les grenades ne partent pas, monsieur, c'est que vous les allumez mal.

VICTOR.

Et je les allume mal, parce que ?...

L'AIDE DE CAMP.

Parce que vous aviez peur qu'elles ne vous éclatassent dans les mains.

VICTOR.

Parce que j'avais peur, dites-vous ?

BERTAUD.

Hein ? Qui est-ce qui a dit que Victor avait peur ?

VICTOR.

Rien, mon père, rien. (Il descend, prend une grenade de chaque main, les allume et les met sous le nez de l'aide de camp.) Tenez, monsieur, vous ne direz pas qu'elles sont mal allumées, n'est-ce pas ? Eh bien, sur deux, il n'y en aura peut-être qu'une qui éclatera.

L'AIDE DE CAMP.

Que diable faites-vous? Jetez donc ces grenades, jetez-les donc!

VICTOR.

Dame, vous prétendez que j'ai peur. (L'Aide de camp fait sauter les deux grenades en donnant un coup sur chaque main de Victor; sur les deux grenades, une seule éclate.) Eh bien, quand je vous le disais!

BERTAUD, pâlissant.

Oh! le malheureux!

L'AIDE DE CAMP.

Recevez mes excuses, monsieur.

VICTOR.

Il n'y a pas de quoi.

(La fusillade se fait entendre dans la coulisse. On riposte par des coups de fusil. Un obus tombe sur le théâtre.)

TOUS.

Gare l'obus!

(On se gare, on se jette à plat ventre; la fusillade cesse.)

VICTOR.

Place!

(Il s'élance pour couper la mèche.)

BERTAUD, l'écartant.

A mon tour un peu!

(L'obus éclate; Bertaud porte les mains à son visage.)

VICTOR.

Mon père!

EMMANUEL.

Mon oncle! (Il écarte les mains de Bertaud.) De l'eau fraîche avec quelques gouttes d'eau-de-vie. Ce ne sera rien, il n'y a pas de blessure.

BERTAUD.

Mais, alors, je puis rester à mon poste?

EMMANUEL.

Quand vous serez pansé, mon oncle.

(On entraîne Bertaud dans une maison.)

VICTOR.

Écoute, Catherine, rends-moi un grand service.

CATHERINE.

Deux, monsieur Victor.

VICTOR.

Cours jusqu'à la rue du Helder ; préviens ma sœur que mon père vient d'être blessé légèrement, entends-tu ; ne l'effraye pas. Je puis être entraîné ailleurs ; Emmanuel a son service, mon père serait abandonné ; qu'elle vienne le plus près qu'il sera possible, avec une voiture ; nous y ferons conduire mon père ; va !

CATHERINE.

Fortuné, on te recommande l'enfant.

FORTUNÉ.

Laisse donc ; il est là comme dans sa bercelonnette.

(La fusillade recommence ; puis les trompettes annoncent un Parlementaire.)

SCÈNE VI

Les Mêmes, un Parlementaire.

PLUSIEURS VOIX.

Un parlementaire ! un parlementaire !

(On ouvre la petite porte de la barrière.)

UN HOMME.

Un parlementaire ennemi. Tirez dessus !

L'AIDE DE CAMP.

Halte-là, messieurs ! un parlementaire est sacré. Qu'on l'introduise. Je vais chercher le maréchal.

FORTUNÉ, au Parlementaire.

Attendez là, capitaine.

SCÈNE VII

Les Mêmes, CATHERINE, FRANCE.

CATHERINE.

Fortuné ! Fortuné ! voilà mademoiselle en personne.

FORTUNÉ.

Eh ! mon colonel ! mon colonel ! voilà mademoiselle France.

BERTAUD, sortant de la maison.

France, ma fille !

VICTOR.

Mon père ! mon père ! n'ôtez pas le bandeau, Emmanuel l'a défendu.

FRANCE.

Mon père, vous êtes blessé?

BERTAUD.

Ce n'est rien; le visage un peu brûlé par la poudre; voilà tout. Emmanuel prétend que, dans huit jours, il n'y paraîtra plus.

FRANCE.

Bien vrai, mon père?

BERTAUD, portant la main à son bandeau.

Mais, ma foi...

EMMANUEL, essayant de s'opposer à ce que le Colonel ôte son bandeau.

Mon oncle!

VICTOR.

Mon père!

BERTAUD.

Oh! tant pis! Il y a près d'un an que je ne l'ai vue, il faut que je la voie. France, ma fille (arrachant son bandeau), où es-tu, que je te regarde tout à mon aise?

FRANCE.

Mais me voilà, mon père.

BERTAUD.

Tu es là, je te touche; je ne te vois pas! Oh! malheureux! malheureux! j'ai les yeux brûlés! je suis aveugle!

FRANCE.

Mon père!

VICTOR.

Mon père!

EMMANUEL, à France.

Emmenez-le, emmenez-le à l'instant.

FRANCE.

Venez, venez, mon père! notre amour vous tiendra lieu de tout, même de la lumière du ciel... Venez, venez!

SCÈNE VIII

Les Mêmes, MONCEY.

MONCEY.

Où est le parlementaire?

LE PARLEMENTAIRE.

Me voici, monsieur le maréchal.

MONCEY.

Que voulez-vous?

LE PARLEMENTAIRE.
Traiter de la capitulation de Paris.

MONCEY.
De quelle part venez-vous ?

LE PARLEMENTAIRE.
De la part du prince de Schwarzenberg.

MONCEY.
Retournez vers le prince, et dites-lui que, quand il s'agit de capitulation, il faut s'adresser à un autre que le maréchal Moncey.

LE PARLEMENTAIRE.
C'est votre dernier mot, monsieur le maréchal?

MONCEY.
Oui, monsieur; allez.

TOUS.
Vive le maréchal Moncey!

MONCEY.
Vive la France! (Le feu recommence.) Chacun à son poste, et que ce ne soit pas par la barrière de Clichy que l'ennemi entre dans Paris.

(L'action s'engage; la barrière est brisée à coups de canon par les Prussiens. Les Français ripostent avec acharnement. Tableau de *la Barrière de Clichy*.)

ACTE QUATRIÈME

SEPTIÈME TABLEAU

Une auberge à Avignon.

SCÈNE PREMIÈRE

Des Portefaix, buvant et chantant; EMMANUEL, à une table; POINTU, LA CALADE, L'AUBERGISTE.

UN DES PORTEFAIX, chantant.

Le Corse de madame Ango
N'est pas le Corse de la Corse;

Car le Corse de Marengo
Est d'une bien plus dure écorce.

POINTU.

Tais-toi donc! taisez-vous donc! vous chantez faux comme des orfraies.

UN PORTEFAIX.

Dis donc, Pointu, est-ce vrai que tu jetterais ce boulet de quarante-huit, qui fait tourner la broche, par-dessus la porte de Loulle?

POINTU.

Décroche le boulet et donne-le-moi, tu verras.

LA CALADE.

Voulez-vous laisser là mon boulet, vous!... Eh bien, bon! et la broche... ne faut-il pas qu'elle tourne, comme le soleil, pour tout le monde?

POINTU.

C'est juste! Le Corse est tombé, c'est fête. Allons, du vin! du vin!...

LA CALADE.

Ah! si c'est pour boire à la chute que vous demandez du vin, la cave est à vous.

POINTU.

Tu lui en veux donc aussi, à l'ogre de Corse, toi?

LA CALADE.

Est-ce qu'on n'est pas venu prendre, il y a six mois, mon fiancé avec des gendarmes? est-ce qu'on ne l'a pas fusillé, sous prétexte qu'il avait déserté avec armes et bagages?

POINTU.

Tiens, tu es charmante, laisse-moi t'embrasser. Hé! venez donc, les autres! c'est ici qu'on boit, c'est ici qu'on mange, c'est ici qu'on danse.

(On apporte du vin. Tambours, jeux, danses.)

UN PORTEFAIX, accourant.

Hé! les amis! dites donc, vous ne savez pas?

TOUS.

Non; mais dis, nous saurons.

LE PORTEFAIX.

On le conduit à l'île d'Elbe, et il passe par ici.

TOUS.

Qui cela?

LE PORTEFAIX.

Nicolas, donc!

POINTU.

Le Corse? le Corse passe par ici?

LE PORTEFAIX.

Qu'en dis-tu?

POINTU.

Je dis que tu te trompes, il ne passe pas par ici.

LE PORTEFAIX.

Comment, il ne passe pas par ici?

POINTU.

Non; il s'arrête ici.

TOUS.

Compris! compris!

LA CALADE.

S'il doit tomber ici, je demande à en être, moi!

L'AUBERGISTE.

Comment! un assassinat? y penses-tu, malheureuse?

POINTU.

Ah çà! dis donc, mêle-toi de tes affaires, ou, sinon, le Rhône est à deux pas d'ici.

EMMANUEL, se levant et allant à lui.

Touchez là, camarade.

POINTU.

Tu es donc des nôtres, toi?

EMMANUEL.

Oui, et, en tout cas, s'il dépasse Avignon, nous sommes là à Aix.

POINTU.

Inutile : voilà une hache qui lui fera son affaire.

UN AUTRE.

Voilà une baïonnette qui n'attend que le moment.

LA CALADE.

Et voilà un couteau qui n'est pas ébréché, je m'en vante.

POINTU, à Emmanuel.

Et toi, je ne te vois pas d'armes.

EMMANUEL, montrant ses poches.

Je tiens là, au chenil, deux bouledogues qui aboient et qui mordent en même temps.

POINTU.

Bon! je vois que tu es brave.

(On entend le bruit d'une voiture.)

TOUS.

Qu'est-ce que c'est que ça? qu'est-ce que c'est que ça? Une voiture, c'est lui! A la voiture! à la voiture!

(Ils courent tous dehors.)

SCÈNE II

EMMANUEL, L'Aubergiste, puis LE GÉNÉRAL MICHEL.

EMMANUEL, à l'Aubergiste.

Tu es un vieux soldat, toi?

L'AUBERGISTE.

Eh bien, oui, après?

EMMANUEL.

Tu ne fais pas cause commune avec tous ces brigands-là?

L'AUBERGISTE.

On n'est pas un assassin, voilà tout.

EMMANUEL.

Tu as fait les premières guerres.

L'AUBERGISTE.

Qui vous a dit cela?

LE GÉNÉRAL MICHEL.

Moi!

L'AUBERGISTE.

Mon ancien chef de brigade! Vous vous êtes souvenu du père Moulin?

LE GÉNÉRAL MICHEL.

Oui, comme d'un brave et fidèle soldat de l'empereur; ainsi, nous pouvons compter sur toi?

L'AUBERGISTE.

Oui, oui... Mais motus! les voilà qui reviennent.

SCÈNE III

Les Mêmes, POINTU, LE CAPITAINE CAMPBELL, LE MAJOR KOLLER, Portefaix.

CAMPBELL.

Eh bien, messieurs, qu'est-ce que cela, et que voulez-vous?

POINTU.

Nous voulons l'usurpateur.

CAMPBELL.

Ces gens-là sont fous!

POINTU.

Qu'est-ce qu'il dit, le homard?

LE PORTEFAIX.

Il dit que nous sommes fous.

CAMPBELL.

Fous ou enragés, à votre choix. Le maître de l'hôtel?

L'AUBERGISTE.

C'est moi, capitaine.

CAMPBELL.

Je suis le commissaire anglais chargé de conduire l'empereur Napoléon à l'île d'Elbe, et voilà mon collègue le major Koller, commissaire prussien.

LES PORTEFAIX.

L'empereur Napoléon?

(Murmures.)

CAMPBELL.

Oui, messieurs, l'empereur Napoléon. On ne cesse pas d'être empereur parce que l'on n'habite plus les Tuileries, pas plus que le pape qui est mort à Valence n'avait cessé d'être pape pour ne pas habiter le Vatican. Toutes les majestés viennent d'en haut. Qui a été, est, et qui est, sera!

POINTU.

Eh bien, il ne sera pas longtemps, voilà ce que j'ai l'honneur de vous dire, monsieur le commissaire.

CAMPBELL.

Est-ce qu'il n'y a pas des autorités constituées dans cette ville?

POINTU.

Ah! oui, les autorités! il faudrait qu'elles eussent la force, les autorités

4.

CAMPBELL.
Il n'y a pas de garnison?
POINTU.
Deux cents hommes de troupe de ligne.
CAMPBELL.
Ces deux cents hommes ont un commandant?

SCÈNE IV

Les Mêmes, LE COMMANDANT MONTAGNAT.

MONTAGNAT.
Oui, monsieur, c'est moi.

(Murmures.)

CAMPBELL.
J'ai besoin de vous parler, monsieur.
MONTAGNAT.
Et moi, je vous cherchais. Je voulais vous demander, monsieur, si Sa Majesté l'empereur avait une escorte suffisante pour faire une courageuse résistance en cas d'attaque.
CAMPBELL.
Craignez-vous donc une tentative organisée?
MONTAGNAT.
Des misérables ont juré que l'empereur ne sortirait pas vivant d'Avignon.
POINTU.
Qu'est-ce qu'ils chuchotent donc?
CAMPBELL.
Messieurs, vous allez nous laisser cette salle, s'il vous plaît.
POINTU.
De quoi! de quoi! Cette salle, c'est la salle commune, tout le monde a le droit d'y rester, pourvu qu'il y consomme. Du vin, père Moulin! du vin!

(Il chante à tue-tête.)

Le Corse de madame Ango
N'est pas le Corse de la Corse;
Car le Corse de Marengo
Est d'une bien plus dure écorce.

CAMPBELL, à l'Aubergiste.
Mon ami, donnez-nous une chambre particulière.

POINTU.

Eh bien, où vont-ils donc?

CAMPBELL.

Si vous avez le droit de rester dans la chambre commune, nous avons, nous, le droit de prendre une chambre particulière.

L'AUBERGISTE.

Entrez là, messieurs ; c'est la chambre de ma sœur.

CAMPBELL, prenant une lampe.

Venez, messieurs.

(Il sort, avec Koller et Montagnat.)

SCÈNE V

Les Mêmes, hors les deux Commissaires et MONTAGNAT.

POINTU.

C'est bien, complotez tant que vous voudrez : il faut qu'il passe ici, et nous l'attendons ici.

LE GÉNÉRAL MICHEL, à Emmanuel.

Qu'y a-t-il à faire ?

EMMANUEL.

Je crois qu'il y a à mourir avec l'empereur, et pas autre chose.

LE GÉNÉRAL MICHEL.

Alors, faisons signe à nos amis.

EMMANUEL.

Laissez-moi aller les chercher ; ils ne se défient pas de moi.

LE GÉNÉRAL MICHEL.

Oh! vous n'aurez pas besoin d'aller loin, ils sont là sur le seuil de la porte.

(Emmanuel va à la porte et l'ouvre, on voit la rue pleine de peuple.)

EMMANUEL, à part, au général Michel.

Réunissons-nous, et tenons-nous prêts. (Aux autres, haut.) Soyez tranquilles, mes amis, il ne tardera pas à arriver.

POINTU, qui a écouté à la porte de la chambre et qui a essayé de voir par la serrure.

Chut! les voilà! les voilà!...

SCÈNE VI

Les Mêmes, LE CAPITAINE CAMPBELL, MONTAGNAT, LE MAJOR KOLLER.

CAMPBELL.

Place, messieurs, s'il vous plaît !

POINTU.

Eh bien, avons-nous pris nos petites dispositions ? sauverons-nous le grand homme, hein ?

CAMPBELL.

Nous l'espérons, messieurs. Place !

(Il sort, avec Koller et Montagnat.)

SCÈNE VII

Les Mêmes, moins CAMPBELL, KOLLER et MONTAGNAT, plus LA CALADE.

LA CALADE, sortant de la même chambre que les Commissaires.

Chut !

TOUS.

La Calade !

LA CALADE.

Venez ici ! je sais tout. Nous le tenons, le brigand !

EMMANUEL, à part.

Que va-t-elle dire ?

LA CALADE.

J'étais dans ma chambre quand ils sont entrés, j'ai soufflé la chandelle, je me suis cachée derrière les rideaux. Voilà ce qu'ils veulent faire : l'empereur ne descendra pas ici.

TOUS.

Hein ?

LA CALADE.

Il tournera la ville et il changera de chevaux à la porte Saint-Lazare.

POINTU.

Est-ce qu'il y a une poste à la porte Saint-Lazare ! C'est ici la poste, il faudra bien qu'il descende ici.

LA CALADE

M. Montagnat, le commandant de la ligne, s'est chargé de trouver des chevaux.

POINTU.

Eh bien, alors, allons à la porte Saint-Lazare.

TOUS, s'élançant hors de la maison.

A la porte Saint-Lazare?

SCÈNE VIII

EMMANUEL et ses Compagnons, l'Aubergiste.

EMMANUEL suit des yeux tout le peuple qui s'éloigne, puis va à l'Aubergiste.

Papa Moulin, il faut sauver l'empereur.

L'AUBERGISTE.

Comment cela?

EMMANUEL.

Tandis qu'ils vont l'attendre à la porte Saint-Lazare, courez sur la grande route; la première voiture qui passera, c'est la sienne; les commissaires russes et autrichiens sont avec lui. Vous arrêterez la voiture, vous direz à l'empereur ce qui se passe là-bas, vous l'amènerez ici par quelque porte dérobée.

L'AUBERGISTE.

Mais s'il ne veut pas me croire?

EMMANUEL.

Vous lui direz que c'est moi, moi, Emmanuel de Mégrigny, qui lui fais passer cet avis. Tenez, général, tenez, colonel, allez avec M. Moulin; moi, j'attends ici avec ces messieurs. (Bruit de voiture.) Silence!

TOUS.

Quoi?

(L'Empereur paraît.)

EMMANUEL.

L'empereur, messieurs, l'empereur! Il n'a pas eu le temps d'être prévenu, et ce qui devait le perdre le sauve. Allons, il y a toujours au ciel une étoile pour lui.

(Après l'entrée de l'Empereur, on baisse la banne, on tire les rideaux.)

SCÈNE IX

Les Mêmes, L'EMPEREUR, accompagné du CAPITAINE CAMPBELL, du MAJOR KOLLER, du COLONEL MONTAGNAT, du COMMISSAIRE RUSSE et du COMMISSAIRE AUTRICHIEN.

L'EMPEREUR.

Eh bien, que dites-vous, mon cher? que vos Avignonais veulent m'assassiner? Je croyais, cependant, qu'ils devaient être rassasiés depuis le massacre de la Glacière... Quels sont ces hommes?

EMMANUEL.

Sire, des serviteurs dévoués à Votre Majesté, et prêts à mourir pour elle.

L'EMPEREUR.

Ah! monsieur Emmanuel de Mégrigny... Merci, monsieur! il fait bon retrouver, sur la route de l'exil, les gens qu'on aime et qu'on estime.

CAMPBELL.

Sire, pouvons-nous vous être bons à quelque chose dans le danger que vous courez?

EMMANUEL.

Messieurs, vous pouvez faire mettre ostensiblement les chevaux à votre voiture, en disant qui vous êtes, et en annonçant que Sa Majesté vous suit dans une troisième voiture. Allez, messieurs, et songez quelle existence vous êtes chargés de conserver.

SCÈNE X

L'EMPEREUR, EMMANUEL, LE GÉNÉRAL MICHEL, LES OFFICIERS.

L'EMPEREUR.

C'est donc vous, monsieur de Mégrigny? c'est donc vous, général Michel? Mais il est un autre bon ami à moi, que je ne vois point parmi ces messieurs, c'est le colonel Bertaud. Aurait-il été tué?

EMMANUEL.

Non, sire, il n'a pas eu ce bonheur.

L'EMPEREUR.

Serait-il mort?

EMMANUEL.

Non; car il ignore l'abdication de Votre Majesté.

L'EMPEREUR.

Il ignore mon abdication? A-t-elle fait si peu de bruit en France, qu'un seul Français ignore un pareil événement?

EMMANUEL.

Sire, le colonel Bertaud est aveugle.

L'EMPEREUR.

Aveugle! mon pauvre Bertaud!

EMMANUEL.

Un obus, en éclatant, lui a brûlé les yeux.

L'EMPEREUR.

Oh! que dites-vous là! Est-il riche au moins?

EMMANUEL.

Oui, sire, grâce aux bienfaits de Votre Majesté.

L'EMPEREUR.

Aveugle! quel malheur!

EMMANUEL.

Oui, sans doute; mais Dieu a mis pour nous une consolation dans ce malheur.

L'EMPEREUR.

Laquelle?

EMMANUEL.

C'est que, grâce à cet accident terrible, on a pu lui cacher la chute de Votre Majesté, chute à laquelle, vous le savez bien, sire, il n'eût pas survécu.

L'EMPEREUR.

Oui, vous l'avez dit, monsieur de Mégrigny : dans ce malheur, il y a le doigt de Dieu. Mais vous êtes réunis ici dans une intention quelconque?

EMMANUEL.

Dans l'intention de vous sauver, sire.

L'EMPEREUR.

Comment cela?

EMMANUEL.

Comme Votre Majesté peut le voir, sa vie court le plus grand danger.

L'EMPEREUR.

Oh! monsieur, pendant mes vingt ans de guerre, j'ai vu la

mort de si près, qu'il faut qu'un danger bien réel s'offre à moi pour que je daigne le saluer de ce nom. D'ailleurs, je puis dire comme le Jules César de Shakspeare : « Le danger et moi sommes deux lions nés le même jour, et je suis l'aîné. »

EMMANUEL.

Eh bien soit, sire; laissons là le danger, si grand qu'il soit; pensons à l'avenir.

L'EMPEREUR.

A l'avenir?

EMMANUEL.

Oui, sire! A six lieues d'ici, de l'autre côté de la rivière, entre Caumont et Saint-Andéol, dix hommes à nous nous attendent; rien de plus facile que de vous enlever, que de gagner le golfe de Lyon. Là, le beau-frère du général Lallemand, capitaine au long cours, vous attend avec son brick; vous montez dessus, il met à la voile, et vous allez en Amérique attendre les événements.

L'EMPEREUR.

En Amérique! c'est trop loin.

EMMANUEL.

Votre Majesté est donc décidée à se rendre à l'île d'Elbe?

L'EMPEREUR.

Oui, monsieur de Mégrigny. Puis-je personnellement faire quelque chose qui vous soit agréable?

EMMANUEL.

Je demanderai à l'empereur la grâce de l'accompagner dans son exil.

L'EMPEREUR.

C'est une triste grâce, monsieur; mais je suis habitué au dévouement de votre famille. Elle vous est accordée; vous serez le chirurgien-major de la garde... Eh bien, quel est ce bruit?

SCÈNE XI

Les Mêmes, LE CAPITAINE CAMPBELL, LE MAJOR KOLLER, le Commissaire russe, le Commissaire autrichien, l'Aubergiste.

CAMPBELL.

Sire, le bruit s'est répandu que Votre Majesté était ici; les gens qui étaient à la porte Saint-Lazare encombrent toutes les parties de la maison, ils ne veulent pas laisser partir la voiture, ils menacent de couper les traits des chevaux, ils menacent... ils menacent enfin la vie de Votre Majesté.

L'EMPEREUR.

Eh bien, monsieur?

EMMANUEL.

Nous voilà, sire, prêts à mourir pour vous et avec vous.

CAMPBELL.

Oui, messieurs; mais nous sommes chargés de la garde de l'empereur, nous; il ne faut pas qu'il arrive malheur à l'empereur, ce serait une tache de sang au blason des quatre puissances.

L'EMPEREUR, très-tranquillement.

Alors, messieurs, ce serait à vous, ce me semble, de trouver un moyen.

CAMPBELL.

Sire, si Votre Majesté consentait à mettre cette redingote, ce chapeau; si Votre Majesté consentait à passer pour une des personnes de notre suite...

L'EMPEREUR.

Allons donc, messieurs!

CAMPBELL.

Sire! sire! au nom du ciel!... (Cris au dehors.) Sire, songez donc que nous répondons de vous.

L'EMPEREUR, haussant les épaules.

A qui, monsieur?

CAMPBELL.

Au monde d'abord, puis à Dieu.

EMMANUEL, se précipitant vers la porte, les pistolets à la main.

Messieurs, vous savez ce qui nous reste à faire.

L'EMPEREUR.

Assez! je consens. Je ne veux pas qu'une seule goutte de sang coule pour moi. (Il revêt la redingote et le chapeau du Commissaire autrichien.) Ouvrez!

(On ouvre les portes et les fenêtres, le Peuple se précipite.)

SCÈNE XII

Les Mêmes, le Peuple.

LE PEUPLE.

Où est-il? où est-il?

CAMPBELL.

A qui en avez-vous, messieurs? voulez-vous, dans notre personne, violer le droit des gens?

POINTU.

Ce n'est pas à vous que nous en voulons.

CAMPBELL.

A qui donc?

UN PORTEFAIX.

A celui que vous appelez l'empereur.

LE COMMISSAIRE.

Il n'est point parmi nous.

POINTU.

C'est que, s'il y était, voyez-vous...

L'EMPEREUR, s'avançant.

Vous le tueriez sans miséricorde, n'est-ce pas?

TOUS, levant leurs armes.

Sans miséricorde.

L'EMPEREUR jette son chapeau, dépouille sa redingote, puis avec le plus grand calme.

Frappez donc, je suis l'empereur.

TOUS.

L'empereur! l'empereur!

(Toutes les armes s'abaissent, toutes les colères s'apaisent.)

CAMPBELL.

Oh! sire, il n'y a que Votre Majesté pour opérer de pareils miracles.

L'EMPEREUR.

N'avez-vous pas entendu dire, monsieur, qu'il y avait des hommes qui domptaient les tigres et qui charmaient les serpents. C'est une affaire de regard, voilà tout... En voiture, messieurs, en voiture!

POINTU, s'élançant la hache à la main.

Place à l'empereur! Et, s'il y en a un qui le touche, il aura affaire à moi!

HUITIÈME TABLEAU

A Grenoble, chez le colonel Bertaud. — Salon donnant sur le jardin par une espèce de perron.

SCÈNE PREMIÈRE

FRANCE, VICTOR.

Victor écrit à une table ; France est appuyée sur son épaule.

FRANCE.

As-tu fini ?

VICTOR.

Oui, chère sœur ; voici les nouvelles d'aujourd'hui.

FRANCE.

Et qu'est-ce que toute cette autre liasse, à laquelle je te vois travailler depuis près d'une semaine ?

VICTOR.

Écoute bien ceci, chère sœur : c'est de la besogne faite d'avance, dans la prévision d'un voyage qui n'aura peut-être pas lieu.

FRANCE.

D'un voyage ?

VICTOR.

Oui, il est possible que je sois forcé de m'absenter pour quinze jours, pour un mois, pour deux mois, peut-être.

FRANCE.

Pour deux mois ? Toi, Victor, nous quitter, quitter mon père !

VICTOR.

Rien de moins certain que ce voyage, France, et cependant, comme je te le dis, il rentre dans certaines possibilités. Eh bien, voici, pendant deux mois, jour par jour, les nouvelles que tu peux lire à mon père. Je n'ai pas besoin de te recommander, n'est-ce pas, chère sœur, dans le cas où je serais obligé de partir, de veiller autour de lui pour nous deux ; de ne laisser approcher aucune personne sans que cette personne soit prévenue qu'il ignore tous nos malheurs ?

FRANCE.

Sois tranquille! du moment que nous avons commencé à le tromper, pauvre père, il faut le tromper jusqu'au bout. Mais où vas-tu donc?

VICTOR.

Tu m'excuseras, n'est-ce pas, France, si je refuse de te le dire?

FRANCE.

C'est donc un secret?

VICTOR.

Oui.

FRANCE.

Tu sors?

VICTOR.

Je vais faire un tour du côté des grottes de Sassenage avec mon fusil.

FRANCE.

Tu ne m'en voudrais pas, Victor, si je te disais que, depuis quelque temps, tu m'inquiètes.

VICTOR.

Non; mais je te demanderais d'où vient cette inquiétude.

FRANCE.

Victor, nous vivons dans un temps où tu admets bien, n'est-ce pas, qu'il y ait lieu de craindre?

VICTOR.

A quel propos?

FRANCE.

Mais à propos de politique; on sait l'attachement de notre famille à l'empereur. Le gouvernement est ombrageux.

VICTOR.

Eh bien?

FRANCE.

Eh bien, Victor, ces parties de chasse, aux Mathésines, au val Jouffré, aux lacs de la Fray, ces parties qui durent deux ou trois jours, ces absences fréquentes dans le passé, cette absence plus longue encore, dont tu nous menaces pour l'avenir... Victor, j'ai peur que tu ne te mêles à ces complots dont nous entendons parler tous les jours! Victor, j'ai peur que tu ne conspires!

VICTOR.

Embrasse-moi, France. (France l'embrasse.) Tu es folle!

(Il prend son fusil et sort.)

SCÈNE II
FRANCE, seule.

Pauvre père! il ne nous manquerait plus que cela, qu'*il* apprît, en même temps, que l'empereur, son dieu, n'est plus sur le trône, et que mon frère conspire! Alors, ce serait deux raisons de mourir au lieu d'une... Oh! cette bague qu'il porte au doigt et qui renferme ce poison, si je pouvais obtenir qu'il me la donnât, ou, du moins, qu'il s'en séparât un instant!

SCÈNE III
FRANCE, PIERRE.

PIERRE.
Mademoiselle, c'est M. le préfet.
FRANCE.
Comment, M. le préfet?
PIERRE.
Oui, M. le préfet de l'Isère.
FRANCE.
Faites entrer.

SCÈNE IV
FRANCE, le Préfet.

PIERRE.
Entrez, monsieur le préfet, entrez.
LE PRÉFET.
Pardon, mademoiselle, si je me présente ainsi chez vous.
FRANCE.
Venez, monsieur, venez!
LE PRÉFET.
Je désirerais vous parler, à vous ou à monsieur votre frère.
FRANCE.
Mon frère est sorti, monsieur; mais me voici.
LE PRÉFET.
Pouvez-vous m'accorder quelques minutes?
FRANCE.
Certainement, monsieur; d'ailleurs, mon père est là, et, si vous permettez...

LE PRÉFET.

Non, merci ; ce que je voulais vous dire, à vous, mademoiselle, ou à monsieur votre frère, a tout à fait besoin, au contraire, de l'absence du colonel.

FRANCE.

Veuillez prendre la peine de vous asseoir, monsieur ; j'écoute.

LE PRÉFET.

Mademoiselle, vous n'ignorez pas que, dans un temps comme le nôtre, quatre mois après la chute d'un homme à la destinée duquel se rattachaient tant d'intérêts divers, ces intérêts, quoique brisés, restent vivants, cherchent à se réunir, à se rejoindre ; de là les conspirations, les complots.

FRANCE.

J'écoute, monsieur ; mais je ne comprends pas.

LE PRÉFET.

Je vais m'expliquer plus clairement, mademoiselle. L'administration reçoit de Paris les ordres les plus sévères ; on me rendra la justice de dire que, depuis ma nomination à la préfecture de l'Isère, j'ai, autant qu'il était en mon pouvoir, essayé de les adoucir.

FRANCE.

Oui, monsieur, je sais que vous êtes fort estimé, fort aimé même, dans le département.

LE PRÉFET.

Eh bien, mademoiselle, il m'est revenu des choses étranges, dont vous ne vous étonnerez pas que je vienne vous demander l'explication. On m'a dit que l'empereur, tombé pour tout le monde, était resté sur le trône pour le colonel ; qu'on lui avait entendu raconter de prétendues victoires, donner d'étranges ordres. On m'a dit, entre autres choses, qu'il se prétendait le commandant militaire du département, et qu'en vertu de ce prétendu commandement, hier, par exemple, sous prétexte que c'était aujourd'hui le 15 août, jour de la Saint-Napoléon, il avait fait une espèce de proclamation dans laquelle il invitait les habitants de Grenoble à illuminer leurs fenêtres.

FRANCE.

Hélas ! monsieur, c'est une longue et triste histoire que celle que vous me demandez.

LE PRÉFET.

N'importe, mademoiselle, dites-la.

FRANCE.

Mon père doit tout à celui qui est tombé, monsieur, fortune, dotation, grades ; mon père ne comprenait point que l'on ne sacrifiât pas tout à celui à qui l'on doit tout. A Méry-sur-Seine, l'empereur... pardon celui qui régnait alors ! faillit périr au milieu d'un parti de Cosaques ; mon père lui sauva la vie. Dix minutes après, celui à qui mon père venait de sauver la vie, comprenant que tout était perdu pour lui, que, d'un moment à l'autre, d'ailleurs, il pouvait tomber aux mains de l'ennemi, fit venir mon cousin, M. de Mégrigny, et lui ordonna de lui composer, en sa qualité de chirurgien, un poison assez subtil pour qu'il fût toujours maître de se donner la mort. Alors, mon père se leva, s'approcha de l'empereur, et, en récompense de sa vie sauvée, lui demanda simplement une des deux bagues pleines de poison, jurant de mourir, non-seulement s'il mourait, mais même s'il cessait de régner.

LE PRÉFET.

Vous avez raison, mademoiselle ; c'était même plus que du dévouement, c'était du fanatisme.

FRANCE.

Vous savez, monsieur, dans quelle circonstance glorieuse pour lui mon père devint aveugle... Mais Paris était pris, l'Empire croulait, et Napoléon tombait avec lui. La cécité de mon père n'était donc pas le plus grand malheur dont nous fussions menacés ; mon père avait fait le serment de ne pas survivre à la chute de son bienfaiteur ; mon père n'avait jamais manqué à un serment, il fallait obtenir de lui qu'il trahît celui-là. C'est alors, monsieur, que mon frère eut cette idée, de faire croire à mon père que Napoléon, de retour de Fontainebleau, était arrivé à temps, avait battu les alliés sous Paris, les avait repoussés au delà de la frontière, et était demeuré maître de la France et du trône. La chose était facile en raison du malheur qui lui était arrivé. Mon père est né à Grenoble, nous y avons conservé quelques amis qui devaient se prêter à cette pieuse ruse. On simula un brevet de l'empereur, qui, en récompense de ses services, nommait mon père commandant militaire du département. Nous l'emmenâmes ici, nous l'établîmes dans la maison où il est né et qui lui est moins étrangère que toute autre, car il la revoit avec les yeux du souvenir. Puis, établis ici, nous l'entourâmes, mon frère et moi, d'une espèce de cordon sanitaire qui ne laisse pénétrer jusqu'à lui aucun étranger. Tous les jours, mon frère rédige la nouvelle que nous devons lui lire; le bulletin victorieux que Napoléon a envoyé d'un champ de bataille imaginaire, et mon père oublie tout, même qu'il ne nous voit plus, en songeant que son bienfaiteur, non-seulement n'est pas mort, non-seulement n'est pas prisonnier, mais encore est victorieux, tout-puissant, maître suprême des destinées de l'Europe. C'est un rêve, monsieur; mais mon père vit par ce rêve, ne le tuez point par la réalité.

LE PRÉFET.

Ainsi, vous croyez, mademoiselle, que, si votre père, avec tous les ménagements possibles, apprenait la vérité...?

FRANCE.

Oh! Dieu m'est témoin, monsieur, que je me suis plus d'une fois reproché notre mensonge comme une trahison, en songeant à ce qui arriverait si violemment ce second bandeau lui était arraché des yeux. Alors, la vérité montait de mon cœur à mes lèvres. Mais, aussitôt, mes yeux se fixaient sur cette bague qu'il porte au doigt, sur cet anneau d'Annibal qui renferme la mort; et, tant que je verrai cet anneau à sa main, je n'oserai rien lui dire.

LE PRÉFET.

Ainsi, voilà la vérité, mademoiselle?

FRANCE.

Oh! monsieur, la vérité pure, entière. D'ailleurs, le voici qui vient; par malheur, il ne peut s'apercevoir de votre présence; demeurez là, regardez, écoutez, et vous sortirez convaincu.

SCÈNE V

Les Mêmes, BERTAUD, appuyé sur le bras de FORTUNÉ.

BERTAUD.

Ah! mon bon Fortuné, tu dis donc que nous leur avons donné encore une frottée à Montmédy?

FORTUNÉ.

Oui, oui, je tiens cela de M. Victor, qui l'a lu sur les papiers publics, et même que l'on a manqué de prendre ce brigand de Blücher. (Apercevant le Préfet.) Hein !

BERTAUD.

Qu'y a-t-il ?

FRANCE, allant à lui.

Rien, mon père; Fortuné me croyait au jardin, et, en m'apercevant là, il a été étonné, voilà tout.

BERTAUD.

Et, en te sachant là, je suis heureux, moi... Viens, mon enfant, viens !

FRANCE.

Fortuné, mon père n'a plus besoin de toi puisque je suis là... Va à tes affaires, va !

FORTUNÉ, à part.

Qu'est-ce que ce collet brodé-là vient donc faire ici? Hum ! cela nous portera malheur... C'est ma façon de penser...

(Il sort.)

SCÈNE VI

Les Mêmes, hors FORTUNÉ.

BERTAUD.

Où est Victor ?

FRANCE.

Il a pris son fusil et est allé jusqu'à Sassenage, mon père.

BERTAUD.

As-tu le journal ?

FRANCE.

Oui, mon père.

BERTAUD.

Lis-moi les nouvelles de l'armée.

FRANCE déplie le journal, et montre au Préfet le papier préparé par Victor.

« Les corps d'armée des maréchaux ducs de Trévise et de Raguse, renforcés d'une partie de l'armée de Lyon, commandés par Sa Majesté l'empereur, ont rencontré hier, en avant de Montmédy, les corps d'armée du maréchal Blücher et du général Sacken; l'engagement, commencé à sept heures du matin, a duré jusqu'à onze heures; à onze heures, l'ennemi était en pleine déroute; il laissait sur le champ de bataille deux mille hommes, et entre nos mains six pièces de canon et douze cents prisonniers. »

BERTAUD.

Bon! et le bulletin? est-ce qu'il n'y a pas de bulletin?

FRANCE.

Non, mon père, voilà tout... « L'impératrice a assisté hier à la représentation de l'Opéra, et a été saluée, à son entrée dans sa loge, par les cris de « Vive l'empereur! vive Marie-Louise! »

BERTAUD.

Bien! Merci, mon enfant! merci, ma petite Antigone! Regarde un peu l'injustice des historiens, ma chère enfant : tu auras fait pour moi plus peut-être que n'avait fait pour son père la fille d'OEdipe; mais, comme mon nom est un nom obscur, il entraînera ton nom dans mon obscurité... Que fais-tu?

FRANCE.

Je regarde cette bague, mon père.

BERTAUD.

Laisse, laisse, France ; cette bague ne doit jamais quitter mon doigt.

FRANCE.

Oh! mon père, si je vous la demandais bien, si je me mettais ainsi à vos genoux, si je vous disais : « Père, je suis jalouse, jalouse de cette bague qui ne vous quitte jamais, tandis que, moi, si assidue que je sois près de vous, je suis obligée de vous quitter douze heures au moins sur vingt-quatre. Père, donnez-moi cette bague! »

BERTAUD.

D'abord, mon enfant, je commence par te dire qu'il n'y a rien au monde dont tu doives être jalouse, attendu que je n'aime rien au monde autant que toi, attendu que, quoiqu'il y ait plus d'un an que je ne t'ai vue, ton souvenir est à la fois là et là, et qu'au milieu de l'obscurité dans laquelle je marche, ton visage est le seul objet qui me soit resté visible et éclairé comme celui d'un ange. Demande-moi donc tout ce que tu voudras, mon enfant; mais ne me demande pas cette bague.

FRANCE.
Et si cette bague est tout ce que je veux, mon père?
BERTAUD.
Tu y renonceras, quand je te dirai que cette bague est un don de l'empereur, et surtout quand, au lieu de cette bague, je te donnerai un objet bien autrement précieux.
FRANCE.
Lequel, mon père?
BERTAUD.
Tiens, prends ce médaillon. (Il le tire de sa poitrine.) C'est le portrait de ta mère; hélas! je ne puis plus le voir, moi. Seulement, quand je le touche, je me rappelle cet autre ange qui est allé d'avance au Ciel marquer la place que tu dois y occuper un jour. Prends-le et regarde-le souvent, toi qui peux le voir, afin qu'après avoir été bonne fille comme tu l'es, tu sois bonne mère comme elle l'a été. Prends, et laisse-moi cette bague, mon enfant.
FRANCE.
Mon père!
BERTAUD.
Ramène-moi chez moi, France.
FRANCE.
Voulez-vous permettre que je vous fasse reconduire par Fortuné? Il faut que je reste encore pendant quelques instants; dans cinq minutes, je serai près de vous.
BERTAUD.
Fais, mon enfant, fais!
FRANCE, appelant.
Fortuné! (Au Préfet.) Eh bien, monsieur?
LE PRÉFET.
Vous êtes une sainte fille, mademoiselle! Laissez-moi parler à votre père. Je veux contribuer pour mon compte à votre sécurité, en m'associant à ce pieux mensonge.
BERTAUD.
A qui parles-tu, mon enfant?
FRANCE.
Mon père, c'est M. le préfet du département que Fortuné vient d'introduire, et qui demande à vous parler.
BERTAUD.
Fais entrer.

FRANCE.

Il est là, mon père.

LE PRÉFET.

Bonjour, colonel!

BERTAUD.

Monsieur le préfet...

LE PRÉFET.

Vous ne trouverez pas mauvais, colonel, que, chargé de l'administration civile du département, je désire m'entendre avec vous qui êtes chargé du commandement militaire.

BERTAUD.

Au contraire, monsieur, et je suis heureux de cette démarche. Seulement, vous comprenez, monsieur le préfet, l'empereur a jugé à propos de récompenser mes services bien au delà de ce que je méritais... Je suis titulaire, voilà tout; mon infirmité...

LE PRÉFET.

Infirmité glorieuse, monsieur!

BERTAUD.

Mon infirmité m'interdit tout détail; c'est mon fils qui fait tout. Je signe les rapports qu'il me présente et je ratifie les ordres qu'il donne.

LE PRÉFET.

Et c'est pour cela, monsieur, que je suis venu me mettre directement à votre disposition. La première cause d'un bon résultat, c'est l'homogénéité des moyens... En marchant de concert, colonel, l'administration civile en ira mieux, et l'administration militaire n'en ira pas plus mal. Mais vous étiez levé, vous alliez rentrer chez vous, que je ne vous arrête pas.

(Fortuné paraît.)

BERTAUD.

Comment donc, monsieur le préfet!

LE PRÉFET.

Je suis moi-même très-pressé : il faut que je donne des ordres relatifs à la Saint-Napoléon.

BERTAUD.

Oui, c'est ce soir. Vous avez vu ma proclamation?

LE PRÉFET.

Qui invite à illuminer. Je l'ai vue.

BERTAUD.

J'espère que la victoire de Montmédy sera un nouveau stimulant au patriotisme des braves Grenoblois. Nous sommes dans le pays de la liberté, monsieur; c'est ici qu'elle a pris naissance.

LE PRÉFET, souriant.

Je m'en aperçois bien... (Bas, à France.) A votre tour, êtes-vous contente de moi, mademoiselle?

FRANCE.

Merci, monsieur; vous avez fait plus que je n'eusse osé espérer.

LE PRÉFET.

Colonel, à l'honneur de vous revoir.

BERTAUD.

Monsieur le préfet...

(Le Préfet salue et sort.)

FORTUNÉ.

Qu'est-ce que cela veut dire? Est-ce qu'il en est aussi, l'habit brodé?

BERTAUD.

Tu es là, Fortuné?

FORTUNÉ.

Présent, colonel.

BERTAUD.

Eh bien, viens me donner le bras.

FRANCE.

Inutile, mon père; laissez-moi vous reconduire.

BERTAUD.

Et ce que tu avais à faire?

FRANCE.

Je le ferai plus tard, mon père; mais, en ce moment, j'aime mieux ne pas vous quitter.

BERTAUD.

Tu as le médaillon?

FRANCE.

Là, sur mon cœur, où il restera toujours.

BERTAUD.

Bien! Viens, mon enfant.

(Il sort, conduit par sa fille.)

SCÈNE VII

FORTUNÉ, puis VICTOR.

FORTUNÉ.

Ah! oui, le médaillon de la mère, on connaît ça. Comment, diable, le colonel a-t-il fait pour le donner à sa fille? Peste! il faut qu'il l'aime bien.

VICTOR, entrant par le perron du jardin.

Fortuné!

FORTUNÉ.

Ah! c'est vous, monsieur Victor?

VICTOR.

Dis-moi, que signifie cela? Le préfet...

FORTUNÉ.

Eh! mon Dieu, oui, monsieur Victor, il sort d'ici.

VICTOR.

D'ici! Et qu'y venait-il faire?

FORTUNÉ.

Ah! voilà! qu'y venait-il faire? Pas grand'chose de mal, à ce qu'il paraît, attendu qu'en sortant, il a dit à votre sœur qu'elle était une sainte; ce qui est aussi ma façon de penser.

VICTOR.

Et à mon père? a-t-il parlé à mon père?

FORTUNÉ.

Oui; il lui a dit qu'il allait donner ses ordres à propos de la Saint-Napoléon.

VICTOR.

Comprends-tu quelque chose à cela, Fortuné?

FORTUNÉ.

Non; mais votre sœur peut tout vous expliquer.

VICTOR.

Sans doute, plus tard; mais, en ce moment-ci, je n'ai pas le temps; quelques amis doivent venir me rejoindre ici, je les attends.

FORTUNÉ.

Vous savez que les réunions au-dessus de vingt personnes sont défendues.

VICTOR.

Nous ne sommes que cinq ou six. D'ailleurs, nous ne conspirons pas, Fortuné.

FORTUNÉ.

Vous ne conspirez pas? Tant mieux! D'ailleurs, tout le monde est libre de garder son secret; mais, en tout cas, si vous conspirez, prenez garde aux cocardes tricolores!... La cocarde tricolore, c'est leur cauchemar; ils seraient capables de faire fusiller mon caniche s'ils le rencontraient dans la rue avec une cocarde tricolore pendue à l'oreille. Pourquoi ça? C'est qu'ils savent bien, voyez-vous, qu'elle reviendra un jour ou l'autre; aussi, j'ai la mienne, moi, cousue dans mon bonnet de police, et, comme je couche avec, elle ne me quitte ni jour ni nuit.

VICTOR.

C'est bien! c'est bien!... Fortuné, tu apporteras de l'eau-de-vie, du rhum et des citrons; c'est une soirée de garçons, nous faisons du punch; ne parle à personne de cette petite débauche, pas à mon père surtout, encore moins à ma sœur.

FORTUNÉ.

C'est dit. D'ailleurs, vous êtes le second maître de la maison, et, quand le premier est absent, libre en toute liberté, monsieur Victor! C'est ma façon de penser.

VICTOR.

Écoute, Fortuné.

FORTUNÉ.

Présent.

VICTOR.

J'attends les amis dont je t'ai parlé, par la porte du jardin. Comme cette porte donne sur une ruelle déserte, et que notre maison est un peu suspecte, ils préfèrent entrer par là; ils frapperont trois coups ainsi, vois-tu : Pan! pan! pan! Tiens-toi à la porte du jardin et ouvre. Ces messieurs arrivés, tu seras relevé de faction.

FORTUNÉ.

Bien.

VICTOR.

Alors, tu nous apporteras le sucre, le rhum, les citrons, et, comme nous n'aurons plus besoin de toi, eh bien, mon cher Fortuné, tu pourras aller te coucher. Attends, il me semble qu'on frappe. Oui, va ouvrir.

SCÈNE VIII

VICTOR, puis successivement LE GÉNÉRAL MICHEL, LE COLONEL et LES MÊMES OFFICIERS que l'on a vus au tableau d'Avignon avec Emmanuel; ils sont déguisés, les uns en chasseurs, les autres en muletiers.

VICTOR, à lui-même.

Cette visite du préfet m'inquiète; aussitôt que nos amis seront partis, je monterai chez ma sœur et je m'informerai. Ah! voici quelqu'un.

LE COLONEL, sur le perron.

Êtes-vous seul, Victor?

VICTOR.

Oui, ne craignez rien, vous pouvez entrer. Personne ne vous a vu?

LE COLONEL.

Personne! Entrez, messieurs!

VICTOR.

Depuis quand êtes-vous ici?

LE COLONEL.

Depuis hier matin; ces messieurs, depuis ce soir.

FORTUNÉ.

La garnison est entrée dans la place, n'est-ce pas, monsieur Victor?

VICTOR.

Oui.

FORTUNÉ.

Eh bien, voilà les citrons, le sucre, le rhum et tout le bataclan.

VICTOR.

Merci, mon ami.

FORTUNÉ.

Dites donc, monsieur Victor?

VICTOR.

Eh bien?

FORTUNÉ.

Je ne dis pas que vous conspiriez; mais n'importe, prenez garde de vous laisser prendre, hein!

VICTOR.

Sois donc tranquille, mon ami! Va! va!

FORTUNÉ.

Vous comprenez, c'est ma façon de penser, à moi.

VICTOR.

Parfaitement.

SCÈNE IX

Les Mêmes, hors FORTUNÉ.

VICTOR.

Nous voilà réunis, messieurs; procédons vivement et sans perdre une seconde. Que chacun de nous dise ce qu'il a fait, et nous verrons ce qui nous reste à faire.

LE GÉNÉRAL MICHEL.

J'ai vu le comte d'Erlon; vous savez qu'il commande la garnison de Lille; il s'engage à marcher sur Paris au premier signal. Il répond de ses hommes comme de lui-même.

LE COLONEL.

Moi, je viens de Cambrai; j'ai vu le général Lefèvre-Desnouettes, qui commande les chasseurs royaux, c'est-à-dire les anciens chasseurs de la garde; il va s'entendre avec le comte d'Erlon, et tous deux feront leur jonction au jour convenu; en outre, je suis passé par la Fère, j'ai vu Lallemand, il répond de s'emparer de l'arsenal; et, en revenant, je me suis abouché avec le général Rigaud, à Châlons : il attendra votre communication, général.

LE GÉNÉRAL MICHEL.

Et vous, Victor?

VICTOR.

Moi, je me charge de soulever le département de l'Isère tout entier. Il n'y a pas un paysan ayant touché un fusil qui ne soit à ma disposition.

LE GÉNÉRAL MICHEL.

Eh bien, moi, je vous donnerai des nouvelles : le roi est furieux. Il y a tout un complot vendéen, une conspiration ultrà; il ne s'agit de rien moins que d'une Saint-Barthélemy bonapartiste.

LE COLONEL.

Avez-vous vu le secrétaire d'État?

LE GÉNÉRAL MICHEL.

Oui.

TOUS.

Eh bien, que pense-t-il?

LE GÉNÉRAL MICHEL.

Il pense que le moment est venu pour l'empereur de faire une grande tentative.

VICTOR.

Et vous a-t-il donné une lettre d'introduction auprès de l'empereur?

LE GÉNÉRAL MICHEL.

Non; il m'a dit qu'un mot de lui, saisi sur l'un de nous, c'était la mort. Mais, au moment où il a quitté l'empereur, l'empereur, comme signe de reconnaissance, a déchiré en dix morceaux une lettre de l'impératrice Marie-Louise; chaque morceau est un talisman qui doit conquérir à celui qui le porte toute la confiance de l'illustre prisonnier. Un de ces précieux fragments m'a été confié, et le voilà.

TOUS.

Bien! bien!

LE GÉNÉRAL MICHEL.

Maintenant, qui va partir pour l'île d'Elbe?

TOUS.

Moi! moi! moi!

LE GÉNÉRAL MICHEL.

Pardon, messieurs; nous sommes tous si dévoués à l'empereur, que le choix d'un de nous serait une injure pour les autres; d'ailleurs, mon avis est que, dans les grandes circonstances, il faut faire la part de la fortune : mettons nos six noms dans un chapeau, celui dont le nom sortira sera notre messager.

TOUS.

Très-bien.

LE GÉNÉRAL MICHEL.

Est-ce adopté?

TOUS.

Parfaitement.

LE GÉNÉRAL MICHEL.

Écrivons, messieurs. (Chacun écrit, chacun apporte son bulletin plié, que l'on met dans un chapeau.) Qui va tirer?

VICTOR.

Messieurs, voulez-vous que ce soit un homme complètement étranger à notre association ? le vieux soldat qui vous a introduits, par exemple ?

LE GÉNÉRAL MICHEL.

A merveille !

TOUS.

Oui ! oui ! oui !

VICTOR.

Fortuné ! Fortuné !

SCÈNE X

Les Mêmes, FORTUNÉ.

FORTUNÉ.

Dites donc, j'ai bien fait de ne pas profiter de la permission d'aller me coucher, que vous m'aviez donnée tout à l'heure, monsieur Victor.

VICTOR.

Oui, mon ami. Approche, mets ta main dans ce chapeau, et tire un billet : c'est une loterie.

FORTUNÉ.

Il paraît que je joue le rôle de l'Amour... Voilà !

LE GÉNÉRAL MICHEL.

Donne. (Il ouvre.) Victor Bertaud !

FORTUNÉ.

Ah ! vous avez gagné le gros lot, mon lieutenant.

VICTOR.

Merci, Fortuné ; merci, messieurs.

LE GÉNÉRAL MICHEL.

Avez-vous besoin d'argent, Victor ?

VICTOR.

Non, général, j'ai tout ce qu'il faut.

LE COLONEL.

Même un passe-port ?

VICTOR.

J'ai un passe-port pour Turin ; une fois à Turin, je ne suis pas inquiet.

LE GÉNÉRAL MICHEL.

Allons, mon cher, bonne chance !

TOUS.

Bonne chance, mon cher Victor !

(On l'embrasse.)

VICTOR.

Je ferai de mon mieux, messieurs, soyez tranquilles. Fortuné, reconduis ces messieurs; dans deux heures, je pars.

LE GÉNÉRAL MICHEL.

Dieu vous conduise!

(Ils sortent.)

SCÈNE XI

VICTOR, seul.

Merci, ma belle courtisane qu'on appelle la Fortune, et qui, cette fois, je l'espère, as aimé un homme digne de toi! L'empereur! voir l'empereur, lui porter les vœux de tout un peuple, de toute une nation! être l'intermédiaire entre la France et lui! Et si jamais il remet le pied sur le trône, la main sur le sceptre, me dire, me dire que c'est moi qui l'aurai entraîné à faire ce pas vers l'avenir, à écrire cette grande page pour l'histoire. Oh! que je réussisse ou que je meure, mon nom, le nom de mon père ne sera donc pas un nom perdu pour la postérité! Maintenant, un mot à ma sœur, à ma pauvre France. Une plume, de l'encre, du papier...

SCÈNE XII

VICTOR, FRANCE.

VICTOR, écrivant.

« Ma chère France, je pars; ne me demande pas où je vais, je vais prendre ma part d'une grande œuvre. Je ne sais si tu me reverras; mais, que tu me revoies ou non, à partir de ce moment, la France, notre mère bien-aimée, sera fière de me compter au nombre de ses enfants. Je te recommande notre père. — Ton frère, VICTOR. »

FRANCE, qui s'est avancée, et qui a lu par-dessus l'épaule de Victor

Donne, frère.

VICTOR.

Tu étais là?

FRANCE.

Oui, j'ai vu entrer, par cette porte, des hommes déguisés; j'étais inquiète, je suis descendue; je ne te demande pas ce que tu vas faire, je ne te demande pas où tu vas. Je te dis:

Frère, sois prudent; frère, conserve-toi pour ta sœur et pour ton père.

VICTOR.

Chère France, écoute : je vois que tu es digne de tout savoir, je vois que tu es d'une race antique. France, je ne veux pas avoir de secret pour toi. Cette nuit, je pars pour l'île d'Elbe.

FORTUNÉ, qui est entré.

Pour l'île d'Elbe !

VICTOR.

Ah ! tu as entendu, toi ?

FORTUNÉ.

Ne faites pas attention, monsieur Victor, c'est tombé dans un puits ; seulement, prenez garde à ce que je vous disais : ne vous laissez pas prendre.

VICTOR.

Je ferai de mon mieux, sois tranquille. En tout cas, le jeu vaut bien la mise. Viens, ma sœur.

(Il sort avec France.)

FORTUNÉ, montrant le sucre, les citrons et la bouteille de rhum restés intacts.

Il appelle cela une débauche ! Je m'en charge.

NEUVIÈME TABLEAU

Une terrasse de la maison habitée par l'Empereur, à Porto-Ferrajo.

—

SCÈNE PREMIÈRE

L'EMPEREUR, LE CAPITAINE CAMPBELL.

L'EMPEREUR, discutant.

Oui, certes, monsieur, l'Angleterre est une grande nation, et la preuve, c'est que ma politique éternelle, celle à qui je dois d'être ici, a été de vouloir la ruiner. Mais la France, croyez-moi, a dans l'avenir une mission bien autrement providentielle que l'Angleterre.

CAMPBELL.

Providentielle, sire? Et pourquoi Dieu alors, malgré l'exergue de vos pièces de cinq francs, protége-t-il si mal la France à l'endroit de l'Angleterre? pourquoi n'avez-vous que Taillebourg et Fontenoy à opposer à...?

L'EMPEREUR.

Oh! dites hardiment, monsieur, à Poitiers, à Crécy, à Azincourt, à Aboukir et à Trafalgar.

CAMPBELL.

C'est vous, sire, qui avez prononcé ces cinq noms de bataille.

L'EMPEREUR.

Oui, et ces cinq noms de bataille résument toute notre histoire. Ces cinq mots expriment chacun une de ces défaites dont on croit qu'un pays ne se relèvera jamais, une de ces blessures par lesquelles on croit qu'un peuple va perdre tout son sang; et cependant, monsieur, la France s'est toujours relevée, et cependant le sang est rentré dans les veines de son robuste peuple. L'Anglais nous a toujours vaincus, mais nous l'avons toujours chassé; Jeanne d'Arc a reconquis à Orléans la couronne que Henri VI avait déjà posée sur sa tête, et, moi, avec l'épée de Marengo et d'Austerlitz, j'ai, à Amiens, gratté les fleurs de lis dont s'écartelait, depuis quatre cents ans, le blason de Georges IV. Il est vrai que les Anglais ont brûlé Jeanne d'Arc à Rouen; il est vrai que les Anglais, s'il faut en croire certains bruits qui transpirent au congrès de Vienne et qui arrivent jusqu'à moi, me réservent encore pis. Mais qu'ils y prennent garde! les Français ont fait de Jeanne d'Arc une sainte; il ne me manque que le martyre pour qu'ils fassent de moi un dieu.

CAMPBELL.

Sire, en vous faisant immortel d'avance, vous leur avez épargné les trois quarts de la besogne.

L'EMPEREUR, souriant.

C'est ma faute, capitaine; je vous avais donné la réplique, comme dit mon ami Talma. Maintenant, d'où vient cette haine qui attaque sans cesse? d'où vient cette force qui repousse éternellement? d'où vient ce flux qui, depuis cinq siècles, apporte l'Angleterre chez nous, et ce reflux qui, depuis cinq siècles, la reporte chez elle? Ne serait-ce pas, dites-moi, monsieur, que, dans l'équilibre des mondes, elle représenterait la force, et nous la pensée ; elle le fait, et nous l'idée ? Tenez, monsieur, je vais vous matérialiser mes paroles : autrefois, aux deux côtés de la Méditerranée, existaient deux peuples personnifiés par deux villes ; d'ici, l'on pourrait voir la place où est l'une et la place où fut l'autre. Elles se regardaient, comme des deux côtés de l'Océan se regardent la France et l'Angleterre ; ces deux villes, c'étaient Rome et Carthage. Aux yeux du monde, à cette époque, elles ne représentaient que deux idées matérielles : l'une le commerce, l'autre l'agriculture ; l'une le vaisseau, l'autre la charrue. Après une lutte de deux siècles, après Trébie, Cannes et Trasimène, ces Crécy, ces Poitiers, ces Azincourt de Rome, Carthage fut anéantie à Zama, et la charrue, victorieuse du vaisseau, passa sur la cité de Didon, et le sel fut semé dans les sillons de la charrue, et les malédictions infernales furent suspendues sur la tête de quiconque essayerait de réédifier ce qui venait d'être détruit. Pourquoi fut-ce Carthage qui succomba, et non point Rome ? Est-ce parce que Scipion fut plus grand qu'Annibal ? Non, au contraire, le vainqueur disparaît tout entier dans l'ombre du vaincu ; non, c'est que la pensée était avec Rome, c'est qu'elle portait d'avance dans ses flancs féconds la parole du Christ, c'est-à-dire la civilisation du monde ; c'est qu'elle était, comme phare, aussi nécessaire aux siècles écoulés que l'est la France aux siècles à venir. Voilà pourquoi la France n'a pas été engloutie à Aboukir et à Trafalgar. C'est que la France catholique, c'est Rome ; c'est que l'Angleterre protestante n'est que Carthage. L'Angleterre peut disparaître de la surface du monde, et le monde, sur lequel elle pèse, battra des mains ; mais que la lumière qui brille aux mains de la France, tantôt torche, tantôt flambeau, s'éteigne, et le monde tout entier poussera, dans les ténèbres, un long cri d'agonie et de désespoir.

CAMPBELL.

En attendant, sire, l'Angleterre s'étend, et la France diminue.

L'EMPEREUR.

Et croyez-vous, monsieur, que la force soit toujours en raison de l'étendue ? Écoutez, j'ai repoussé, et cela inconsidérément, j'en ai bien peur, la découverte d'un de vos compatriotes nommé Fulton ; il m'apportait la foudre dans sa main, mieux que la foudre, la vapeur. Mes savants ont décidé que c'était un fou! la postérité cassera peut-être ce jugement. En attendant, savez-vous ce que prétendait cet homme? C'est qu'avec un seul chariot chargé de vapeur, il pouvait traîner vingt, trente, soixante chariots chargés d'hommes, chargés de pierres, chargés de plomb, et, malgré eux, malgré leur inertie, les conduire où il voudrait; il appelait ce premier chariot, plus fort à lui seul que les cent autres, parce qu'il renfermait le feu divin, une locomotive. Eh bien, monsieur, comprenez-vous ce que vous faites de la France en lui enlevant ses colonies d'Amérique, ses colonies de l'Inde, ses frontières du Rhin, ses limites de la Savoie? Vous la chargez de vapeur, vous la lancez à la tête des autres peuples, vous en faites la locomotive qui conduira le monde à la liberté!... Hein! que me veut-on?

SCÈNE II

Les Mêmes, LE GRAND MARÉCHAL.

LE GRAND MARÉCHAL.
Puis-je dire deux mots à Votre Majesté?
CAMPBELL.
Sire, permettez...
(Il s'éloigne.)
L'EMPEREUR.
Je vous garde à dîner, capitaine.
CAMPBELL.
Je serai aux ordres de Votre Majesté, quoiqu'elle traite bien mal ma pauvre Angleterre.
L'EMPEREUR.
Le plaideur qui a perdu son procès a trois jours pour maudire ses juges; le procès que j'ai perdu a été assez long pour que vous m'accordiez un an.
CAMPBELL.
Et après un an?
L'EMPEREUR.
Qui sait? peut-être interjetterai-je appel. Allez, monsieur, allez.

SCENE III

L'EMPEREUR, LE GRAND MARÉCHAL.

L'EMPEREUR, au grand Maréchal.

Eh bien, qu'y a-t-il?

LE GRAND MARÉCHAL.

Sire, il y a qu'un jeune homme déguisé en matelot vient de descendre à l'auberge, et s'occupait à changer de costume lorsqu'on est entré dans sa chambre pour lui demander le but de son voyage; il a répondu qu'il venait pour voir Sa Majesté, et a donné son nom, qui est, en effet, celui d'un des plus braves officiers de l'empereur.

L'EMPEREUR.

Et il se nomme?

LE GRAND MARÉCHAL.

Victor Bertaud.

L'EMPEREUR.

Très-bien, je me rappelle; j'ai même près de moi un de ses cousins, notre chirurgien-major, M. de Mégrigny. Et vous dites qu'il demande à me voir?

LE GRAND MARÉCHAL.

On l'a amené, sire, sans même lui donner le temps de changer de costume.

L'EMPEREUR.

Faites-le venir.

LE GRAND MARÉCHAL.

Le voilà, sire.

SCÈNE IV

L'EMPEREUR, VICTOR.

L'EMPEREUR.

Approchez, monsieur.

VICTOR.

Sire...

L'EMPEREUR.

Vous venez de France?

VICTOR.

Oui, sire.

L'EMPEREUR.

M'apportez-vous des nouvelles?

VICTOR.

Oui, sire, et je les crois bonnes.

L'EMPEREUR.

Vous vous nommez?

VICTOR.

Victor Bertaud, sire.

L'EMPEREUR.

Vous êtes le parent du colonel Bertaud?

VICTOR.

Je suis son fils.

L'EMPEREUR.

Vous êtes le fils d'un brave et loyal soldat, monsieur. Si j'en avais eu seulement dix comme lui autour de moi, les choses se seraient passées autrement.

VICTOR.

Oh! rien n'est perdu, sire.

L'EMPEREUR.

Vraiment?

VICTOR.

Au contraire!

L'EMPEREUR.

Vous n'avez vu personne avant de quitter Paris, monsieur? vous ne m'apportez aucun signe de reconnaissance?

VICTOR.

Voici ma réponse, sire.

(Il lui présente un papier.)

L'EMPEREUR.

Un fragment de lettre de l'impératrice. Soyez le bienvenu. Vous avez donc vu le secrétaire d'État?

VICTOR.

Non, sire; mais il juge que tout est prêt en France pour le retour de Votre Majesté, et il vous envoie ce signe.

L'EMPEREUR.

Eh bien, alors, parlez, monsieur.

VICTOR.

Sire, l'honneur que me fait Votre Majesté de m'admettre en sa présence est si grand, qu'il me trouble et que j'aimerais mieux d'abord que Sa Majesté m'interrogeât; je répondrais.

L'EMPEREUR.

Est-il vrai que l'on soit mécontent en France?

VICTOR.

Oh! sire, c'est depuis que Votre Majesté ne commande plus aux Français qu'ils semblent comprendre tout ce qu'ils ont perdu!

L'EMPEREUR.

Oui; car, lorsque je régnais, on me condamnait, tandis qu'aujourd'hui l'on me juge. Les lois de la perspective ne sont pas les mêmes pour tous les hommes; je suis de ceux qui grandissent en s'éloignant. Et puis j'ai été indignement calomnié; mes ennemis ont publié partout que je m'étais refusé opiniâtrément à la paix; ils m'ont représenté comme un misérable fou, avide de sang et de carnage. Mais l'Europe connaîtra la vérité, je lui apprendrai tout ce qui s'est dit, tout ce qui s'est passé à Vienne. Je démasquerai d'une main vigoureuse les Anglais, les Russes et les Autrichiens. L'Europe prononcera, elle dira de quel côté fut la fourberie, l'envie de verser le sang. Si j'avais été possédé de la rage des batailles, j'aurais pu me retirer avec mon armée au delà de la Loire et savourer à mon aise la guerre des montagnes. Je ne l'ai point voulu, j'étais las de massacres; mon nom et les braves qui m'étaient restés fidèles, faisaient trembler les alliés jusque dans la capitale. Ils m'ont offert l'Italie pour prix de mon abdication, je l'ai refusée. Quand on a régné sur la France, on ne doit pas régner ailleurs... Voyons, et mes soldats, que disent-ils de moi, eux?

VICTOR.

Sire, ils s'entretiennent sans cesse de vos immortelles victoires. Ils ne prononcent jamais votre nom qu'avec admiration et douleur. Lorsque les princes leur donnent de l'argent, ils boivent à votre santé, et, lorsqu'on les force à crier : « Vive le roi! » ils ajoutent tout bas : *de Rome*.

L'EMPEREUR.

Ils m'aiment donc toujours?

VICTOR.

Plus que jamais.

L'EMPEREUR.

Que disent-ils de nos malheurs?

VICTOR.

Ils les regardent comme l'effet de la trahison ; ils disent que vous n'avez pas été vaincu, que vous avez été trahi.

L'EMPEREUR.

Ils ont raison. Si Paris tenait un jour de plus seulement, les alliés étaient perdus. Je les avais isolés de leur matériel, j'étais maître de toutes leurs ressources de guerre, il n'en serait pas échappé un seul. Eux aussi eussent eu leur 29e bulletin. J'avais chez moi l'Europe entière. Ah ! elle ne m'aurait jamais fait la loi si la France ne m'eût pas laissé seul contre le monde entier !

VICTOR.

Il n'en serait point ainsi aujourd'hui, sire... Aujourd'hui, la France sait ce qu'elle vaut ; si on l'attaque, elle triomphera comme elle a triomphé aux belles époques de la Révolution ; car vos malheurs lui ont appris que les armées ne suffisent point pour sauver une nation, tandis qu'une nation qui se lève tout entière est toujours invincible.

L'EMPEREUR.

L'opinion que je m'étais formée de la France est exacte, je le vois. Et Bassano, dites-vous, est d'avis que cela ne peut durer longtemps ?

VICTOR.

Oui, sire, son opinion sur ce point est conforme à l'opinion générale. On ajoute même qu'à la première tentative de votre part...

L'EMPEREUR, vivement.

La France me recevrait en libérateur ?

VICTOR.

Je vous en réponds, sire.

L'EMPEREUR.

Me donneriez-vous le conseil d'y rentrer, monsieur ?

VICTOR.

Sire, je suis presque un enfant... et n'oserais émettre une opinion en pareille matière... mais je ne craindrai pas de dire à Votre Majesté que je viens mettre à ses pieds, au nom de nos généraux et de nos colonels les plus connus, l'expression d'un désir unanime, universel, immense : le désir de son retour.

L'EMPEREUR.

Vous avez raison ; quand ils entendront tonner mon nom,

ils auront peur. Je ferai arborer à mes grenadiers la cocarde tricolore. Je ferai un appel aux souvenirs de ceux que l'on enverra contre moi. L'armée ne peut manquer de m'accueillir, car je l'ai couverte de gloire. Allons, allons, je n'hésite plus. Partez, retournez en France. Voyez nos amis ; dites-leur d'entretenir, de fortifier par tous les moyens possibles le bon esprit du peuple et de l'armée.

VICTOR.

Comment partirai-je, sire ?

L'EMPEREUR.

Un de mes petits bâtiments met à la voile ; il va à Naples ; partez avec lui. Votre père est à Grenoble ?

VICTOR.

Oui, sire.

L'EMPEREUR.

C'est mon chemin pour aller à Paris. Avant le 15 avril, je lui serre la main. Vous vous souvenez bien de tout ce que je vous ai dit ?

VICTOR.

Oh ! je n'ai point perdu une seule des paroles de Votre Majesté, et, depuis la première jusqu'à la dernière, toutes sont gravées dans ma mémoire.

L'EMPEREUR.

Je vais préparer vos lettres. Retrouvez-vous tantôt, à neuf heures, sur cette terrasse. C'est aujourd'hui la fête de l'île. Je donne bal et feu d'artifice. Au revoir, monsieur, au revoir... Je vous envoie à l'instant M. de Mégrigny ; mais à qui que ce soit, pas un mot du but de votre voyage !

VICTOR.

J'obéirai, sire.

(L'Empereur sort.)

SCÈNE V

VICTOR, seul.

Oh ! j'ai donc vu l'empereur !... je lui ai donc parlé !... C'est à moi, à moi, pauvre enfant, misérable atome perdu dans la foule, qu'il a dit ce qu'il vient de dire ?... Oh ! non, ce n'est pas à moi, c'est à lui-même, c'est à sa pensée qu'il répondait, c'est au génie invisible qui marche à ses côtés, c'est à la voix d'en haut qui bourdonne à son oreille... C'est donc ici, sur cette parcelle de terre, avec quelques serviteurs fidèles, que respire cet homme qui naguère trouvait qu'il étouffait en Europe, qui habitait les palais des Césars, entouré des hommages et des adorations de la plus belle cour du monde, la tête couverte au milieu de huit rois se tenant respectueusement devant lui, chapeau bas... Oh! que je comprends aussi bien l'enthousiasme de ces hommes qui mouraient pour lui... que je comprends le fanatisme de mon père!

SCÈNE VI

VICTOR, EMMANUEL.

EMMANUEL, paraissant sur la terrasse.

Victor! Victor!

VICTOR.

Emmanuel!

EMMANUEL.

Mon frère, mon cher Victor! Et le colonel?

VICTOR.

Il se porte à merveille.

EMMANUEL.

France?

VICTOR.

Elle attend.

EMMANUEL.

Chère bien-aimée!... Ah! si elle savait que, de toute la France, c'est elle seule que je regrette!

VICTOR.

Elle s'en doute bien.

EMMANUEL.

Mais comment es-tu venu? comment t'es-tu procuré un passe-port? Tu as dû éprouver mille difficultés!

VICTOR.

Je suis venu par Turin, la Spezzia, Livourne; et, comme je n'avais point de passe-port, à la Spezzia, j'ai pris la place et le costume d'un matelot qui est resté à terre.

EMMANUEL.

Et le but de ton voyage?

VICTOR.

Me mettre à la disposition de l'empereur, prendre du service auprès de lui, si par hasard il avait besoin de moi.

EMMANUEL.

Tu l'as vu. Que t'a-t-il dit?

VICTOR.

Il m'a dit d'attendre ses ordres sur cette terrasse.

SCÈNE VII

Les Mêmes, CATHERINE, Soldats.

CATHERINE.

Dites donc, monsieur Victor, est-ce qu'on ne peut pas aussi vous dire un petit mot?

VICTOR.

Ah! Catherine, je crois bien! Es-tu contente, Catherine?

CATHERINE.

Oui, monsieur Victor, autant qu'on peut être contente quand on est veuve sans avoir été femme! Quoiqu'il y ait toujours quelque chose là, voyez-vous, dans mon pauvre cœur, qui me dise que je le reverrai un jour... Ah! si j'avais ici mon pauvre Jean Leroux, qui a été tué à Leipzig, si je savais que mon frère Fortuné se porte bien, certainement que je serais heureuse, parce que, voyez-vous, tout autour de moi j'ai de bons amis qui m'aiment bien, et puis jamais l'empereur ne passe près de moi sans me parler, sans me faire un petit signe de reconnaissance; il se rappelle Saint-Dizier, le drapeau autrichien, la mort du pauvre père... Allons, allons, ne parlons plus de tout cela; je vous vois alerte, bien portant, gai : donc mademoiselle France, donc le colonel, donc Fortuné lui-même, tout cela va bien?

VICTOR.

Oui, Catherine, tout cela va bien, et tout cela pense à toi aussi.

CATHERINE.

Et puis j'ai retrouvé un brave garçon nommé Lorrain, de la compagnie de Jean Leroux, et qui était près de lui quand il est tombé frappé d'une balle. Eh bien, pauvre garçon ! c'est à moi qu'il a pensé en tombant ; il a dit : « Si tu rentres jamais en France, Lorrain, et que tu passes par Saint-Dizier, demande à voir une pauvre fille qu'on appelle Catherine Michelin, et tu lui diras que je n'ai qu'un regret : c'est de n'avoir pas eu le temps de l'épouser. » Puis, comme il fallait battre en retraite, Lorrain l'a laissé là ; mais ce qui me donne de l'espoir, c'est qu'il n'était pas mort quand ils se sont dit adieu !

SCÈNE VIII

Les Mêmes, L'EMPEREUR, ÉTAT-MAJOR, LORRAIN, Habitants de l'île, en costume de fête.

LES HABITANTS, entrant en foule.

L'empereur ! l'empereur !... Vive l'empereur !

L'EMPEREUR.

Merci, mes amis. (A Victor.) Voici vos lettres, monsieur ; votre bâtiment appareille. Partez ! partez !

(Victor baise la main de l'Empereur et sort.)

SCÈNE IX

Les Mêmes, hors VICTOR.

L'EMPEREUR, à sa Suite.

Allons, messieurs, au feu d'artifice !

LORRAIN.

Pardon, excuse, sire.

L'EMPEREUR.

Qu'y a-t-il ?

LORRAIN.

Sire, c'est aujourd'hui la fête de l'île d'Elbe, et, par conséquent, un peu aussi celle de Votre Majesté. Nous avons donc eu une idée : c'est de faire un petit cadeau à notre empereur.

L'EMPEREUR.

Vous !... un cadeau !... Mes enfants !...

LORRAIN.

Oui, sire, et qui ne vous déplaira pas ; je le présuppose du moins... Attention, vous autres !

(On entend battre les tambours ; les troupes paraissent et se rangent en bataille ; un vieux Soldat chevronné tient un drapeau dans le milieu duquel est le portrait du roi de Rome.)

LORRAIN.
Portez armes ! présentez armes !
(On bat aux champs. Musique militaire. On découvre le portrait.)
TOUS.
Vive le roi de Rome !
L'EMPEREUR.
Mon fils !... Mes amis !... oh ! vous avez raison, le cadeau est grand et digne de vous. Mais comment avez-vous fait ?
LORRAIN.
Nous avons écrit à M. de Talleyrand, qui est au congrès de Vienne !
L'EMPEREUR.
Mon fils !... mon fils !... Oh ! je lui rendrai le trône de France !...
CRIS.
Vive l'empereur !
(On tire le feu d'artifice.)

ACTE QUATRIÈME

DIXIÈME TABLEAU

Un salon.

—

SCÈNE PREMIÈRE

LE PRÉFET, entrant, introduit par FORTUNÉ ; puis FRANCE.

LE PRÉFET.
C'est bien, mon ami, c'est bien ; préviens seulement la fille du colonel que j'ai deux mots à lui dire.
FRANCE.
Me voici, monsieur. Je vous ai vu entrer, et j'accours.
FORTUNÉ, à part.
Je vais avertir M. Victor que le collet brodé est ici.

SCÈNE II

FRANCE, LE PRÉFET.

FRANCE.

Pardon, monsieur, mais à l'honneur que nous fait votre visite se mêle toujours, jusqu'à ce que vous nous ayez rassurés, une certaine inquiétude.

LE PRÉFET.

Et vous avez tort, mademoiselle ; car, je puis vous le dire, votre dévouement filial vous a fait de moi un ami.

FRANCE.

Monsieur...

LE PRÉFET.

Et je viens vous donner une preuve de ce que j'avance, preuve irrécusable, mademoiselle ; car, si ce que je vais vous dire ne restait pas entre nous, je serais gravement compromis.

FRANCE.

C'est mon silence que vous venez réclamer ?

LE PRÉFET.

Et j'ai le droit de le demander... de l'exiger même, en échange du service que je viens vous rendre.

FRANCE.

Parlez, monsieur.

LE PRÉFET.

Vous savez le motif de ma dernière visite ?

FRANCE.

Oui, monsieur, et je croyais vous avoir laissé convaincu.

LE PRÉFET.

De l'ignorance et de la bonne foi du colonel, oui, mademoiselle ; je n'ai, à ce sujet, conservé aucun doute ; mais...

FRANCE.

Mais...?

LE PRÉFET.

Mais il n'en est pas ainsi à l'égard de votre frère.

FRANCE.

De Victor ?

LE PRÉFET.

De M. Victor, oui.

FRANCE.

Mon Dieu! vous m'effrayez, monsieur, quoique nous n'ayons aucun motif...

LE PRÉFET.

Votre frère a fait un voyage?

FRANCE.

Oui, monsieur.

LE PRÉFET.

Un voyage de deux mois.

FRANCE.

De deux mois, oui.

LE PRÉFET.

Il est parti pour ce voyage, le jour même où je suis venu vous faire ma visite.

FRANCE.

Je ne me le rappelle plus... Je crois...

LE PRÉFET.

J'en suis sûr; il est revenu il y a un mois.

FRANCE.

Oui.

LE PRÉFET.

Eh bien, un rapport m'a été fait sur ce voyage : on m'a assuré que votre frère avait été chargé d'un message pour le roi de Naples.

FRANCE.

Oh! monsieur, je vous jure...

LE PRÉFET.

Mademoiselle, j'ai l'honneur de vous le dire pour la seconde fois, ce n'est pas le préfet qui vient chez vous, c'est un ami qui craint pour votre famille. Tant que le préfet ne sera pas forcé de voir, il sera plus aveugle que le colonel; mais, songez-y bien, mademoiselle, cet aveuglement, poussé trop loin, deviendrait de la trahison.

FRANCE.

Enfin, monsieur, que voulez-vous? que désirez-vous? Hélas! je ne sais comment dire.

LE PRÉFET.

Ce que je veux, ce que je désire, mademoiselle, c'est que monsieur votre frère se tienne pour averti que sa conduite est suspecte, c'est qu'il sache que des dénonciations sont arrivées contre lui. Je sais bien qu'il faut mépriser les dénonciations, et vous voyez que je fais plus que les mépriser, puisque je dénonce les dénonciateurs ; mais, si ces mêmes dénonciations ont été faites à Paris, si... si... je reçois un ordre, quelle que soit sa portée, il faudra que je l'exécute. Une fois arrêté, votre frère ne m'appartient plus, il appartient à la loi ; les tribunaux sont sévères dans nos temps de guerre civile... et...

FRANCE.

Monsieur, oh! je le reconnais, votre conduite vis-à-vis de nous est bien celle d'un ami. Eh bien, ce n'est pas tout ; nous ayant dit le danger, vous devez nous indiquer le moyen de nous y soustraire. Mon frère arrêté ! Victor devant un conseil de guerre ! En vérité, vous me rendez folle de terreur. Que faut-il qu'il fasse ? que faut-il que nous fassions ? Dites ! dites !

LE PRÉFET.

Je vous le répète, je n'ai reçu aucun ordre officiel ; si j'en eusse reçu un, je serais forcé d'y obéir. Eh bien, dans la liberté d'action où je suis encore, le conseil que j'ai à donner à votre frère, conseil d'ami, conseil de père, c'est... c'est de partir à l'instant même, sans attendre la nuit, de quitter Grenoble ; il n'y a pas loin d'ici au pont de Beauvoisin et il connaît la route.

FRANCE.

Monsieur...

LE PRÉFET.

Songez que je ne puis rien dire, et que, par conséquent, je n'ai rien dit ; que c'est vous, vous seule, dans votre sollicitude fraternelle, qui lui donnez cet avis ; songez...

FRANCE.

Silence, monsieur ! silence !

SCÈNE III

Les Mêmes, BERTAUD, entrant à tâtons, une canne à la main.

BERTAUD.

France !

LE PRÉFET.

Je me retire.

FRANCE.

Mon père?

BERTAUD.

Tu causais avec M. le préfet?

FRANCE.

Moi! qui vous a dit cela?

BERTAUD.

J'ai reconnu sa voix. Tu sais bien que, par la bonté de la Providence, les autres sens héritent du sens que l'on a perdu ; j'ai reconnu la voix de M. le préfet. Où êtes-vous, monsieur?

LE PRÉFET.

Me voici, colonel.

BERTAUD.

Ah! je le savais bien. (A France.) Embrasse-moi, mon enfant, et laisse-nous.

FRANCE.

Que je vous laisse? Et pourquoi, mon père?

BERTAUD.

Mais parce que j'ai à parler d'affaires avec monsieur. Qu'y a-t-il d'étonnant à ce qu'un gouverneur militaire et un préfet confèrent ensemble sur les choses du gouvernement? Va, ma fille, va!

FRANCE.

Je me retire, mon père, puisque vous le voulez. (Bas, au Préfet.) Permettez-moi de rester, je suis trop inquiète.

(Après un signe d'assentiment du Préfet, France va à la porte, l'ouvre, la referme, mais reste en scène.)

BERTAUD.

J'allais vous faire prier de passer chez moi, monsieur le préfet.

LE PRÉFET.

Moi, monsieur?

BERTAUD.

Oui; j'abuse de mon infirmité, n'est-ce pas?... Eh! je voudrais bien pouvoir aller chez vous, moi... Mais revenons à ce que j'avais à vous dire. Comment! Sa Majesté l'empereur va visiter notre département, et je n'en sais rien! l'empereur doit venir à Grenoble, et je n'en suis pas prévenu!

LE PRÉFET.

L'empereur?

FRANCE, à part.

Mon Dieu!

BERTAUD.

Oui, c'était une surprise que l'on voulait me faire. Oh ! j'ai de mauvais yeux, mais j'ai de bonnes oreilles ; je ne vois pas, mais j'entends.

LE PRÉFET.

Vous entendez ?

FRANCE, à part.

Qu'a-t-il entendu ?

BERTAUD.

Hier, Victor causait avec sa sœur et ne me voyait pas.

LE PRÉFET.

Pardon, colonel ; mais ce que disait M. Victor à sa sœur était peut-être un secret, et je n'ai pas le droit, moi, étranger...

BERTAUD.

C'était un secret, mais un secret que nous devons savoir l'un et l'autre, vous comme officier civil, moi comme commandant militaire. Eh bien, Victor disait à sa sœur que le printemps ne se passerait pas sans que l'empereur fût ici... ici, à Grenoble.

FRANCE.

Mon père !

BERTAUD.

Ah ! tu es là, toi ? On me désobéit donc sous prétexte que je n'y vois pas ? Vas-tu me dire que j'ai mal entendu ?

FRANCE.

Oui, oui, vous avez mal entendu, mon père ; car ce que disait Victor, ce n'était qu'une probabilité, moins qu'une probabilité, une supposition ; mon frère supposait...

BERTAUD.

Il ne supposait pas, mademoiselle, il disait : « J'ai vu l'empereur, et l'empereur m'a dit... »

FRANCE.

Mon père ! oh ! silence ! au nom du ciel !... Monsieur le préfet !

LE PRÉFET.

Je le disais bien, mademoiselle, que c'était un secret, un secret très-grave, et qui, par conséquent, doit rester dans la famille. Quant à moi qui l'ai surpris sans vouloir le surprendre, je vous déclare, mademoiselle, que c'est comme si je ne le connaissais pas... Au revoir, mademoiselle. Adieu colonel.

SCÈNE IV

BERTAUD, FRANCE.

France court à une table et écrit.

BERTAUD.

Eh bien, qu'a-t-il donc, notre préfet?... Ah! oui, je comprends : il ne savait pas non plus cette résolution de l'empereur, de traverser le Dauphiné à son retour de la campagne, et je lui ai lâché ça comme un coup de pistolet à bout portant... Eh bien, où es-tu donc, France? Tu écris, je crois; à qui?

FRANCE.

Non, mon père, je n'écris pas.

BERTAUD.

J'entends crier la plume sur le papier.

FRANCE.

Vous vous êtes trompé, mon père.

BERTAUD.

C'est possible; mais je ne me trompe pas quand je crois m'apercevoir qu'il se passe ici quelque chose d'étrange; ta voix est émue; tiens, ta main tremble.

FRANCE.

Oui, je songe à quel point va être désespéré Victor; il voulait vous cacher cette nouvelle, du passage de l'empereur à Grenoble. C'était un secret que l'empereur l'avait prié de garder.

BERTAUD.

Et pense-t-il que je garderai ce secret moins bien que toi? pense-t-il que son père est moins discret que sa sœur?

FRANCE.

Mon père, vous avez dit cette nouvelle au préfet. Eh bien, eh bien, ce secret n'en est plus un.

BERTAUD.

Ah! s'il en est ainsi, tu as raison, ma fille, oui, et c'est moi qui ai tort... Pourquoi aussi ne pas me dire cela, à moi? Doute-t-on de mon dévouement pour l'empereur?

FRANCE.

Oh! non, non, mon père; on sait, au contraire, que vous êtes prêt à mourir pour lui; on sait... Oh! sans cela... sans cela...

BERTAUD.

Allons, allons, il paraît que j'ai commis une grosse balourdise.

SCÈNE V

Les Mêmes, VICTOR.

VICTOR.

France!

BERTAUD.

Hein?

VICTOR.

Rien, mon père; c'est moi, moi qui rentre et qui voulais dire un mot à France.

BERTAUD.

Un mot à France? et à quel propos?

VICTOR.

J'ai deux ou trois amis à dîner, mon père, et je désirerais que France nous fît servir dans ce salon, si vous le permettez.

BERTAUD.

Prends ce salon, prends la salle à manger, prends la maison tout entière; mais, pour Dieu! ne me fais plus gronder par ta sœur. Je vous laisse faire vos préparatifs. Adieu, mes enfants.

FRANCE.

Au revoir, père.

FORTUNÉ.

Me voilà, colonel; par file à gauche, en avant, marche!

SCÈNE VI

VICTOR, FRANCE.

FRANCE.

Tu as lu?

VICTOR.

Oui.

FRANCE.

Eh bien, pas une minute à perdre!

VICTOR.

Pour quoi faire?

FRANCE.

Pour partir, pour quitter la France.

VICTOR.

Je ne le puis sans avoir revu nos amis.

FRANCE.

Mais tu te perds si tu restes!

VICTOR.

Je les perds, si je pars : j'ai rendez-vous avec eux dans dix minutes, je les préviens et nous fuyons ensemble; mais seul, non, ce serait une lâcheté, une trahison!

FRANCE.

Voyons, par où doivent-ils entrer?

VICTOR.

Mais, comme d'habitude, par la porte du jardin.

FRANCE.

Eh bien, si j'allais les y attendre? si je leur disais...?

VICTOR.

Non, pas toi, mais Fortuné. Toi, ta place est près de mon père; au risque de notre vie, il faut qu'il ignore tout; monte chez lui, monte! et envoie-moi Fortuné.

SCÈNE VII

Les Mêmes, FORTUNÉ.

FORTUNÉ.

Présent!

VICTOR.

Fortuné, j'attends ces messieurs, les mêmes qui sont venus la dernière fois.

FORTUNÉ.

Suffit, on les connaît.

VICTOR.

Va te placer en sentinelle à la porte du jardin, et, au fur et à mesure qu'ils arriveront, tu leur diras ces mots : « Tout est découvert, fuyez ! »

FORTUNÉ.

Compris, on y va.

(Il sort.)

VICTOR, à sa sœur.

Tu es encore là ?

FRANCE.

As-tu besoin de moi, frère ?

VICTOR.

Non, j'ai tout ce qu'il me faut ; va près de mon père, va !

FRANCE.

Victor !

VICTOR.

France ! pauvre France ! Oh ! nous aurons des jours meilleurs.

FRANCE.

Écoute, il me semble qu'on frappe à la porte...

VICTOR.

A laquelle ?

FRANCE.

A celle de la rue.

VICTOR.

Va près de mon père, te dis-je ! c'est l'important ; va !

(Il la pousse en dehors.)

SCÈNE VIII

VICTOR, seul.

Voyons, rien ne me manque ? Non : de l'argent, j'en ai ; des armes, en voilà ; mon passe-port, un manteau... Mais, non, France ne se trompait pas, on frappe à la porte de la rue. Pas un instant à perdre !

(Il s'élance pour sortir par la porte du fond et rencontre sur la porte le général Michel.)

SCÈNE IX

VICTOR, LE GÉNÉRAL MICHEL, puis L'AIDE DE CAMP,
puis LE COLONEL, puis LES AUTRES CONSPIRATEURS.

VICTOR.

Vous, général ! Fortuné ne vous a-t-il pas prévenu ?

LE GÉNÉRAL MICHEL.

Si fait ; mais j'ai voulu savoir à quel point nous étions compromis.

VICTOR.

On sait mon voyage à l'île d'Elbe, voilà tout ; mais de vous et de nos amis, il n'en est pas question.

LE GÉNÉRAL MICHEL.

N'importe, nous sommes tous solidaires.

VICTOR.

Si vous m'en croyez, général, partons, partons ; on frappe à la porte de la rue, et je crains que ce ne soit la force armée.

LE GÉNÉRAL MICHEL.

Partons, partons !

L'AIDE DE CAMP.

Il est trop tard.

VICTOR.

Mais qu'a donc fait Fortuné ?

L'AIDE DE CAMP.

Ce n'est pas sa faute, il nous a prévenus ; mais les deux bouts de la ruelle étaient gardés.

LE GÉNÉRAL MICHEL.

Défendons-nous, morbleu ! nous sommes six bien armés.

FORTUNÉ.

Pardon, mon général, mais nous sommes sept ; du moins, c'est ma façon de penser.

SCÈNE X

LES MÊMES, LE PRÉFET, suivi de GENDARMES, qui restent au fond.

LE PRÉFET.

Monsieur Victor Bertaud, au nom du roi, je vous arrête.

VICTOR.

Pardon, monsieur, mais aurez-vous la bonté de me donner quelques explications ?

LE PRÉFET.

Je ne vous en dois pas, monsieur; mais néanmoins je vous les donnerai. En rentrant chez moi tout à l'heure, j'ai trouvé, venant de Paris, l'ordre de vous arrêter comme conspirateur.

VICTOR.

Vous entendez, messieurs.

(Il veut s'avancer vers le Préfet.)

LE GÉNÉRAL MICHEL, l'arrêtant par le bras.

Halte!... Monsieur le préfet, je vais vous donner un bon conseil; c'est, une autre fois, quand vous vous chargerez de pareille mission, de prendre une force suffisante. Le pistolet au poing, messieurs, et passons !

LE PRÉFET.

De la rébellion aux ordres du gouvernement?... Gendarmes, faites votre devoir.

LE GÉNÉRAL MICHEL.

Un pas, gendarmes, et vous êtes morts!

LE PRÉFET, faisant un geste.

Gendarmes, ne tirez que si je tombe. (Il va droit à Victor et le touche à l'épaule.) Monsieur, vous êtes mon prisonnier.

LE COLONEL, le prenant au collet.

Monsieur, c'est vous qui êtes le nôtre.

(Tumulte, bruit de sabres qu'on tire du fourreau et de pistolets qu'on arme.)

SCÈNE XI

Les Mêmes, FRANCE, entrant précipitamment.

FRANCE.

Mon père! mon père! il a entendu du bruit, j'ai voulu en vain le retenir, il descend, le voilà!... Silence! au nom du ciel ! ou vous le tueriez.

SCÈNE XII

Les Mêmes, BERTAUD.

BERTAUD.

Qu'est-ce à dire, Victor? tu me parlais de réunion de camarades, et, au bruit qui se fait ici, on dirait une querelle, une lutte, un combat.

FRANCE.

Non, non, mon père, tranquillisez-vous, il n'y a ici que des amis.

VICTOR, bas, au Préfet.

Vous n'avez d'ordre que pour moi seul, monsieur?

LE PRÉFET.

Pour vous seul.

VICTOR.

Alors, mes amis sont libres?

LE PRÉFET.

Ils le sont.

VICTOR.

Vous avez ma parole, monsieur, je suis votre prisonnier; mais silence.

LE GÉNÉRAL MICHEL.

Victor!

VICTOR, le doigt sur les lèvres.

Silence!

BERTAUD, reconnaissant la voix.

Ah! c'est vous, général Michel?

VICTOR.

Eh! oui, mon père; vous voyez donc bien que vous vous trompiez.

BERTAUD.

Comment! vous êtes chez moi, général, et je ne suis pas averti?

VICTOR.

Ces messieurs ne font que passer à Grenoble, mon père, et, comme vous descendiez, ils prenaient congé de moi, en me chargeant de toutes leurs amitiés pour vous. Messieurs...

(Il fait signe à ses amis de se retirer.)

BERTAUD.

Adieu, colonel.

LES AUTRES.

Adieu.

BERTAUD.

Adieu.

(Pendant tout ce temps, Victor fait des signes impératifs à ses amis, en leur montrant son père. Le Préfet, de son côté, fait signe aux Gendarmes de laisser passer.)

SCÈNE XIII

LES MÊMES, hors LES CONSPIRATEURS.

FRANCE.

Et maintenant, mon père, par grâce, remontez chez vous.

BERTAUD, inquiet.

Mais Victor ! où est Victor ?

VICTOR.

Me voilà, mon père. (Il demande par signes, au Préfet, de le laisser accompagner son père; d'un signe de tête, le Préfet y consent.) Je vous accompagne, soyez tranquille.

(Il sort, tenant son père d'un côté, tandis que France le tient de l'autre. Le Préfet et les Gendarmes les suivent des yeux. Silence; puis, au bout d'un instant, Victor rentre vivement.)

VICTOR.

Merci, monsieur le préfet; et maintenant, je suis à votre discrétion.

LE PRÉFET.

Suivez-moi, monsieur.

SCÈNE XIV

FORTUNÉ, seul.

Je lui avais cependant bien recommandé de ne pas se laisser prendre !

ONZIÈME TABLEAU

Une chambrée dans une caserne, à Porto-Ferraio.

SCÈNE PREMIÈRE

LORRAIN, UN GROGNARD, raccommodant ses souliers; puis UN AUTRE.

LORRAIN, tirant une raie noire sur un immense calendrier qui tient tout le fond du mur.

Enfoncé, le 26 février !

LE GROGNARD.

Veux-tu dire pourquoi tu nous détériores comme ça notre calendrier impérial, toi?

LORRAIN.

C'est pour ne pas me tromper sur les dates. En faisant tous les jours une barre, je me tiens au courant. D'ailleurs, j'ai fait un pari avec le tambour-major.

LE GROGNARD.

Lequel ?

LORRAIN.

J'ai parié une demi-livre de caporal, la blague avec, que nous ne moisirions pas un an ici.

LE GROGNARD.

C'est donc ça que ce grand flegmatique de tambour-major s'adonne à la culture du tabac; il a peur de perdre.

LORRAIN.

Ça n'empêche pas que, si quelqu'un veut être de moitié avec moi dans mon pari, je lui donne ma demi-livre de caporal pour une livre. Ah ! c'est une affaire, ça.

DEUXIÈME GROGNARD.

Que fais-tu donc là, toi ?

PREMIER GROGNARD.

Je mets une oreille à mon soulier. C'est une distribution de Leipzig: on a marché depuis ce temps-là, et en arrière... ça use beaucoup. (Il lève le pan de la redingote de son voisin.) Tu devrais bien mettre un becquet à la culotte, toi.

DEUXIÈME GROGNARD.

J'y ai bien pensé, mais quand on n'en a qu'une !

PREMIER GROGNARD.

Oui, ça te gêne de l'ôter, je comprends; mais qu'y a-t-il sur cette chaise ?

DEUXIÈME GROGNARD.

Il y a le tablier du sapeur, et, comme il est en train de faire la cuisine avec Catherine, il a peur de le tâcher... Tiens, une idée !... voilà mon affaire... Je reviens.

PREMIER GROGNARD.

Allons donc ! a-t-il la tête dure !

SCÈNE II

Les Mêmes, CATHERINE, suivie d'un Sapeur et d'un Tambour, apportant la soupe dans un grand chaudron.

CATHERINE.

Alerte, vous autres !... La soupe !

LE SAPEUR, avec une grande gamelle.

Voilà le potage. Pâtes d'Italie, rien que ça ! nourris comme des sénateurs, quoi !

(Il emplit les gamelles en finissant par la sienne.)

CATHERINE, au Sapeur.

Pourquoi donc remplis-tu celle-ci jusqu'au bord ?

LE SAPEUR.

Parce que c'est la mienne.

CATHERINE.

Tu ne refuses rien à ton estomac, peste !

LE SAPEUR.

Que voulez-vous ! je ne suis pas égoïste, moi.

CATHERINE.

Bon ! maintenant, le rappel. (On bat la rappel sur le chaudron avec deux cuillers.) Ramplanplan ! ramplanplan ! ramplanplan !

SCÈNE III

Les Mêmes, toute la Chambrée.

TOUS.

Présents, madame veuve Leroux !

CATHERINE.

Vous savez bien que je ne veux pas qu'on m'appelle veuve

Leroux ; ça lui porterait malheur, à ce garçon, si par hasard il n'était pas mort. Eh bien, toi, Lorrain?

LORRAIN.

Moi, je n'ai pas faim.

CATHERINE.

Ah ! si tu boudes le potage, décidément, c'est que tu es bien malade.

LORRAIN.

Sans comparaison, voyez-vous, la France, c'était ma maîtresse... comme Jean Leroux, il était votre amant. Eh bien, vous regrettez toujours Jean Leroux. Moi, je regrette toujours la France... Et puis, et puis...

CATHERINE.

Et puis tu es mécontent de l'empereur, voilà la vérité.

LORRAIN.

C'est-à-dire qu'il se conduit de pire en pire !

CATHERINE.

Tiens, moi, Lorrain, à ta place, parole d'honneur, je n'irais pas par quatre chemins : un beau matin, je lui dirais son fait.

LORRAIN.

C'est ce qui lui pend à l'oreille... il s'accoquine à son île d'Elbe, il s'entête à me faire perdre mon pari. C'est puéril de sa part.

CATHERINE, au Sapeur, qui cherche son tablier.

Eh bien, quoi ? que cherchez-vous donc, sapeur, mon ami ?

LE SAPEUR.

Je cherche mon tablier.

LORRAIN.

Ton tablier, regarde ! le voilà qui vient.

LE SAPEUR, au deuxième Grognard.

Eh bien, dis donc ! dis donc !

DEUXIÈME GROGNARD.

Ne touche pas, je suis en train de réparer... une brèche. La soupe mangée, on te rendra ton tablier sain et sauf.

CATHERINE.

Décidément, Lorrain, vous pratiquez vigile et jeûne... Allons ! allons ! venez donc.

LORRAIN.

C'est bien pour t'être agréable, Catherine.

(Il prend une gamelle et mange très-vite.)

CATHERINE :

Allons ! il me semble que vous n'allez pas mal sur la pâte d'Italie, pour un homme qui n'avait pas faim ?

LORRAIN.

J'étouffe la douleur.

(Il emplit sa bouche.)

CATHERINE.

Sais-tu pourquoi tu es mélancolique, Lorrain ?

LORRAIN.

Non, je ne le sais pas.

CATHERINE.

Eh bien, c'est qu'au lieu de travailler comme les uns aux fortifications, comme les autres aux mines, tu te promènes du matin au soir, les bras croisés, rêvant au temps qui est passé et qui ne peut plus revenir.

LORRAIN.

Eh bien, oui, je me promène les bras croisés du matin au soir ; eh bien, oui, je rêvasse du matin au soir. C'est que, vois-tu, je pense aux Pyramides, à Marengo, à Austerlitz, à tout le bataclan... Allons ! n'allez-vous pas me faire accroire tout cela, vous autres ! Prenez garde ; quand vous me direz oui, je vous dirai non. Est-ce que c'est une patrie, je vous le demande, que ce bout d'île où nous sommes entassés comme des huîtres sur un rocher ? Eh ! non, nous sommes de pauvres naufragés, pas autre chose. Nous attendons de minute en minute un vaisseau qui nous ramène dans notre pays. Et, en attendant, nous tendons les mains à la France en lui criant : « Nous sommes ici, nous desséchons, nous mourons, nous nous mangeons l'âme. Ce n'est pas notre faute, va, la mère à tous, si nous ne revenons pas. C'est l'autre qui ne veut pas dire : « Marche ! » Ah ! voilà ce qui fait que je pense, ce qui fait que je rêvasse, ce qui fait...

(Pendant ce temps, l'Empereur a paru, suivi de son État-major. Il s'approche tout doucement de Lorrain et lui prend la moustache.)

SCÈNE IV

Les Mêmes, L'EMPEREUR.

L'EMPEREUR.

Ce qui fait que tu t'ennuies ?

LORRAIN.

Fastidieusement, sire !

TOUS, se levant.

L'empereur !

(A la vue de l'Empereur, l'homme à la culotte se dérobe ; le Sapeur le suit pour rattraper son tablier.)

L'EMPEREUR.

Eh bien, que faudrait-il faire, voyons, pour te distraire ?

LORRAIN.

Je vous le dirais bien, mais vous ne m'écouteriez pas.

L'EMPEREUR.

N'importe, dis toujours.

LORRAIN.

Vous le voulez absolument ?

L'EMPEREUR.

Je le veux.

LORRAIN.

Eh bien, si j'étais l'empereur seulement pendant cinq minutes, je ferais battre le rappel, que toute l'île en tremblerait.

(L'Empereur fait un signe. Un aide de camp transmet ce signe, vingt tambours partent à la fois, battant le rappel.)

LORRAIN.

Hein ?... Qu'est-ce c'est que ça ?

L'EMPEREUR.

Tu vois bien que tu n'as qu'à ordonner. Continue.

LORRAIN,

Ah ! il n'y a que cela à faire ? Eh bien, je dirais : « A vos rangs, grenadiers ! portez armes ! »

(L'Empereur fait un signe ; on entend derrière le théâtre : « A vos rangs, grenadiers !... portez armes !... » Plus loin : « Portez armes !... »)

L'EMPEREUR.

Continue.

LORRAIN.

Alors, je dirais bonsoir à la cocarde de l'île d'Elbe, et en avant la cocarde tricolore, c'est la cocarde française.

(L'Empereur fait un signe ; un Officier de sa suite vide sur la table un schako plein de cocardes tricolores.)

LORRAIN.

Cré coquin ! ça y est.

L'EMPEREUR.

Continue.

LORRAIN.

Puis je dirais à ma musique : « Enfants, un de ces beaux airs d'autrefois, qui nous conduisaient, en huit jours, de Paris à Berlin. »
(Sur un signe de l'Empereur, une musique militaire exécute l'air *Veillons au salut de l'Empire.*)

L'EMPEREUR.

Enfin?...

LORRAIN.

Enfin, de cette voix qui nous faisait passer à travers le feu, à travers la neige, je crierais : « En France, soldats! en France!... »

L'EMPEREUR.

Eh bien, oui, mes amis, en France!... en France!...

LORRAIN.

Comment, mon empereur, c'est possible?

L'EMPEREUR.

Si possible, qu'on n'attend plus que toi et tes camarades. Vous êtes en retard.

TOUS.

Aux armes !
(On jette les tabliers, les vestes de travail. En un instant tout est transformé; la musique militaire continue.)

L'EMPEREUR.

Eh bien, oui, mes enfants, moi aussi, j'étais comme vous; moi aussi, je regardais la France; moi aussi, j'attendais. L'heure est venue... Soldats, je compte comme toujours sur votre courage et votre dévouement. Le brick et les embarcations vous attendent; êtes-vous prêts?

TOUS.

Oui, oui.

L'EMPEREUR.

Eh bien, qui m'aime me suive!

TOUS.

Vive l'empereur !

LORRAIN.

Dis donc, Catherine, pour la première fois que j'ai fait l'empereur, j'espère que je ne m'en suis pas mal tiré?

CATHERINE.

Oh! mon pauvre Jean Leroux, si tu étais là !...

L'EMPEREUR.

En France !... en France !...

ACTE CINQUIÈME

DOUZIÈME TABLEAU

La route de Lamure à Vizille. Des Paysans amènent un pauvre diable vêtu d'habits déchirés, et qui semble écrasé de fatigue.

SCÈNE PREMIÈRE

BASTIEN, JEAN LEROUX, Paysans et Paysannes.

BASTIEN, à Jean Leroux.

Appuyez-vous sur moi. Voyons, vous autres, donnez-lui donc une chaise. Eh bien, voyons, qu'avez-vous, mon ami?

JEAN LEROUX.

J'ai que j'ai marché une partie de la nuit, et que je n'en puis plus.

BASTIEN.

D'où venez-vous donc? de Lyon?

JEAN LEROUX.

Je viens du fond de la Russie.

UNE VIEILLE FEMME.

Du fond de la Russie? Pauvre cher homme! Entendez-vous, Mathieu? il vient du fond de la Russie!

BASTIEN.

Vous étiez donc prisonnier?

JEAN LEROUX.

Oui, blessé à Leipzig, j'ai été laissé pour mort sur le champ de bataille, et conduit avec les autres prisonniers du côté de Kiev; puis la paix est venue, puis on nous a dit que nous étions libres, et que nous pouvions retourner en France; nous nous sommes mis en route, à deux ou trois cents de notre troupe, et nous sommes arrivés à dix. La fatigue et la misère avaient pris les autres.

BASTIEN.

Vous êtes donc du Midi, que vous vous en revenez par ici?

JEAN LEROUX.

Non, je suis de Saint-Dizier.

BASTIEN.

On n'a donc pas voulu de vous dans votre pays, que vous voilà?

JEAN LEROUX.

Ça n'est pas ça; mais, dans mon pays, il y avait une jeune fille nommée Catherine; nous nous aimions, et, ma foi, quand je suis parti, elle était mère; je lui ai dit : « Sois tranquille, Catherine, après la campagne, la noce! » Mais, après la campagne, bonsoir, j'étais prisonnier. Aussi, mon premier soin, en arrivant, a été de m'occuper d'elle, de demander de ses nouvelles; j'ai appris alors qu'elle s'était faite vivandière, qu'elle était partie avec son frère, qu'elle avait suivi l'empereur à l'île d'Elbe. Alors, je me suis reposé vingt-quatre heures en route, et me voilà. Je viens dire à ma fiancée : « Veux-tu de moi comme mari, Catherine? »

LA VIEILLE.

Eh bien, à la bonne heure, voilà un brave garçon!

BASTIEN.

Hein! grand'mère, qu'est-ce que vous en dites? ça se pratiquait-il comme ça du temps de Fontenoy?

LA VIEILLE.

Allons, allons, mes enfants, ne dites pas de mal du temps passé, il y a eu de braves gens à toutes les époques. Alors, mon ami, vous allez bien boire, bien manger et bien dormir, n'est-ce pas?

JEAN LEROUX.

Je vais bien boire, bien manger, et me remettre en route.

BASTIEN.

Vous êtes donc bien pressé?

JEAN LEROUX.

Tiens, quand il y a trois ans qu'on n'a vu sa maîtresse et deux ans qu'on n'a vu son empereur!

BASTIEN.

Vous allez donc le voir, l'empereur?

JEAN LEROUX.

Je l'espère bien, à moins qu'on ne me crève les yeux.

BASTIEN.

Eh bien, vous lui direz bonjour de la part de Bastien, de la ferme des Grenaux, ousqu'il a couché le soir de la bataille de Montmirail... Il y était mal couché tout de même, mais il y a bien dormi. En v'la un qui n'a pas peur des revenants ! Et puis vous l'y direz encore, comme la ferme a été brûlée le soir de la petite affaire, que je suis venu m'établir ici à Lamure, sur sa route; c'est cause que, si y lui prenait l'idée de revenir...

UN PAYSAN.

Chut donc, Bastien !

BASTIEN.

Chut ! Et pourquoi ça ? Est-ce qu'il y a des mouchards ici ? Eh bien, que, s'il lui prenait l'idée de revenir, il serait le bienvenu, quoi !

JEAN LEROUX.

Je lui dirai, soyez tranquille. Allons, mes amis, merci.

LA VIEILLE.

Eh bien, vous vous en allez?

JEAN LEROUX.

Que voulez-vous ! il faut se remettre en route... Allons, adieu, les enfants ! adieu, grand'mère ! (On entend le tambour.) Qu'est-ce que c'est que cela ? (Paraît une avant-garde de Grenadiers.) Tiens, les grenadiers de la garde ! Je croyais qu'on leur avait changé leurs uniformes, à ces vieux braves.

BASTIEN.

Eh bien oui, ils leur avaient changé.

SCÈNE II

Les Mêmes, les Grenadiers.

LES GRENADIERS.

Bonjour, les amis, bonjour!

BASTIEN.

Regardez donc, ils ont la cocarde tricolore.

LORRAIN.

Eh bien, oui, nous avons la cocarde tricolore. Est-ce que

ce n'est pas la cocarde nationale, cré nom? Oui, nous avons le drapeau tricolore. Est-ce que ce n'est pas le drapeau de l'empereur?

BASTIEN.

De l'empereur!

LORRAIN.

Oui, et, comme nous sommes l'avant-garde de l'empereur, vive l'empereur!

JEAN LEROUX.

L'empereur! l'empereur!

BASTIEN.

Mais il vient donc, l'empereur?

LORRAIN.

Il nous suit... Tenez, voilà d'abord le tambour-major, qui me doit toujours ma demi-once de caporal, et puis les tambours, et puis les lanciers polonais, et puis l'empereur, et puis les vieux de la vieille, et puis tout le tremblement!

JEAN LEROUX.

Alors, mon ami, vous venez de l'île d'Elbe?

LORRAIN.

Droit comme un boulet de canon.

JEAN LEROUX.

Connaissez-vous Catherine?

LORRAIN.

Catherine la vivandière? Catherine Michelin, veuve Jean Leroux? Un peu que je la connais.

JEAN LEROUX.

Hein?

LORRAIN.

Oh! pour le bon motif. C'est la Jeanne d'Arc des vivandières.

JEAN LEROUX.

Où est-elle?

LORRAIN.

A cent pas d'ici.

JEAN LEROUX.

Oh! Catherine! Catherine!

TOUS LES PAYSANS.

L'empereur! l'empereur!

SCÈNE III

Les Mêmes, L'EMPEREUR, État-Major, Soldats.

L'EMPEREUR.

Oui, mes amis, l'empereur, l'empereur qui, sachant que vous le regrettez, vient avec une poignée de braves, parce qu'il compte sur vous. Vous êtes menacés des dîmes, des priviléges, des droits féodaux, de tous les abus dont nos succès vous avaient délivrés. Eh bien, je viens vous enlever toutes ces craintes, moi, le soldat de fortune, moi, l'empereur du peuple.

LES PAYSANS.

C'est vrai, sire, c'est vrai ; vous venez comme l'ange du bon Dieu pour nous sauver. Vive l'empereur!

CATHERINE, reconnaissant Jean Leroux.

Jean Leroux ! Jean Leroux ! je te revois.

JEAN LEROUX.

Catherine!

L'EMPEREUR.

Qu'y a-t-il?

LORRAIN.

Mon empereur, c'est Catherine qui a retrouvé son défunt.

L'EMPEREUR.

C'est bien, c'est bien, laisse-la parler.

CATHERINE.

Ah ! sire, c'est lui, c'est Jean Leroux, il n'était pas mort, il n'était que prisonnier, il revient de Kiev, de Moscou, je ne sais pas d'où ! Oh ! je suis folle de joie !

L'EMPEREUR.

Et où allais-tu comme cela?

JEAN LEROUX.

J'allais vous rejoindre, mon empereur ; je ne savais pas vivre sans vous, et un petit peu sans elle.

L'EMPEREUR.

Allons, messieurs, voilà du renfort. Un habit à ce brave homme-là, et qu'il reprenne son rang dans ma garde. (A un Officier ; il lui parle bas.) Vous entendez?

L'OFFICIER.

Oui, sire.

LA VIEILLE.

Est-ce que mon empereur me ferait l'amitié de se rafraîchir?

BASTIEN.

Eh bien, grand'mère?

LA VIEILLE.

Eh bien, quoi! si l'empereur a soif, il faut bien qu'il boive.

L'EMPEREUR.

Eh bien, oui, grand'mère, j'ai soif, donnez-moi à boire.

LA VIEILLE.

La, vous voyez bien.

(Elle prépare à boire.)

L'OFFICIER, donnant un habit à Jean Leroux.

Tenez, mon ami.

JEAN LEROUX.

Merci. Oh! mon brave uniforme, j'avais bien peur de ne jamais te revoir, va!

CATHERINE.

Oh! comme te voilà beau, Jean Leroux! (Lui montrant une croix qui est à l'habit.) Eh bien, qu'est-ce que c'est que cela?

JEAN LEROUX.

Ah! oui, qu'est-ce que c'est que ça?

L'EMPEREUR.

Eh bien, il ne te va pas, l'habit?

JEAN LEROUX.

Si fait, mon empereur; mais c'est que...

L'EMPEREUR.

Quoi?

JEAN LEROUX.

C'est que... Voyez donc... C'est le petit brimborion...

L'EMPEREUR.

Eh bien, est-ce qu'elle te gêne, cette croix?

JEAN LEROUX.

Oh! mon empereur, je donnerais ma vie...

L'EMPEREUR.

Alors, garde-la, mon ami.

LA VIEILLE, présentant à l'Empereur un verre sur une assiette.

Tenez, mon empereur.

L'EMPEREUR, buvant, puis lui rendant le verre.

Merci, grand'mère.

LA VIEILLE.

Personne ne boira plus dans ce verre-là, mon empereur, et il restera dans la famille jusqu'à la centième génération

L'EMPEREUR.

Bonnes gens, va!

UN AIDE DE CAMP, arrivant au galop.

Sire! sire!

L'EMPEREUR.

Qu'y a-t-il?

L'AIDE DE CAMP.

Une colonne de troupes venant de Vizille barre le chemin et s'oppose à notre passage.

L'EMPEREUR.

De quels régiments se compose-t-elle?

L'AIDE DE CAMP.

Sire, du 5ᵉ de ligne.

L'EMPEREUR.

Le 5ᵉ de ligne? C'est un vieil ami d'Italie. Allez voir cela, Cambronne, et dites-leur que c'est moi, moi, l'empereur.

CAMBRONNE.

Sire, je n'aurai pas cette peine, car les voilà!

L'EMPEREUR.

Et au pas de charge, encore.

TOUS.

Aux armes! aux armes!

L'EMPEREUR.

A vos rangs! C'est bien, désarmez les fusils et renversez les canons.

LES OFFICIERS.

Sire, sire!

L'EMPEREUR.

Laissez-moi faire, messieurs, cela me regarde. Soldats!

LE COMMANDANT DU 5ᵉ DE LIGNE.

Soldats, n'écoutez pas cet homme, qui nous apporte la guerre civile. (L'Empereur s'avance.) Soldats! feu, feu!...

L'EMPEREUR, ouvrant son uniforme.

Soldats du 5ᵉ de ligne, s'il en est un seul parmi vous qui veuille tuer son général, son empereur, il le peut, me voilà!

TOUS LES SOLDATS, jetant leurs fusils.

Vive l'empereur! vive l'empereur!

L'EMPEREUR.

Venez, mes enfants, venez! Ah! vous êtes de dignes, de nobles Français; venez, venez... Des cocardes tricolores pour ces braves gens-là.

LES SOLDATS, enfonçant une caisse de tambour.

Eh! nous en avions, sire.

L'EMPEREUR.

Allons, c'est bien. Soldats du 5e de ligne, je suis content de vous; vous aussi, vous êtes mes enfants.

(Il leur donne un drapeau tricolore.)

UN VIEUX SOLDAT, tirant un aigle de son sac.

Voilà le coucou!... Eh bien, si vous êtes content de nous, si nous sommes vos enfants, laissez-nous faire votre avant-garde.

L'EMPEREUR.

Accordé!

TOUS.

Bravo! bravo! vive l'empereur!

L'EMPEREUR.

En marche, mes amis, en marche! Adieu, grand'mère.

LA VIEILLE.

Adieu, mon empereur. (Aux Paysans.) Eh bien, vous ne lui dites pas adieu, vous autres?

BASTIEN, aux Paysans.

Inutile, nous allons avec lui.

(Les tambours battent, on se met en marche.)

TREIZIÈME TABLEAU

La chambre du colonel Bertaud.

SCÈNE PREMIÈRE

BERTAUD, FRANCE.

BERTAUD.

Tu as beau dire, ma chère France, il se passait, l'autre soir, quelque chose d'étrange ici. J'ai entendu du bruit, des menaces, quelque chose comme un cliquetis d'armes ; pourquoi m'as-tu quitté précipitamment pour me précéder au lieu de me conduire ? Comment se faisait-il que le général Michel, un de mes vieux amis, le colonel Gérard, mon compagnon d'armes, fussent ici, chez moi, sans que j'en eusse été prévenu ?

FRANCE.

Mais, mon père, Victor vous l'a dit : ils ne faisaient que passer, ils allaient s'embarquer à Toulon pour rejoindre l'armée d'Italie, où Victor espère les rejoindre un jour ou l'autre.

BERTAUD.

Mais, lui-même, Victor, où-est-il ? Comment, depuis cette soirée-là, ne l'ai-je point revu ?

FRANCE.

Mon père, je vous l'ai dit, parce qu'il est allé lui-même à Paris, solliciter au ministère de la guerre sa mise en activité.

BERTAUD.

Écoute, France, on me trompe ici.

FRANCE.

Mon père !

BERTAUD.

Depuis huit jours, tu souffres ou tu crains.

FRANCE.

Moi ?

BERTAUD.

Toi... Ta voix n'est plus la même, ta main est froide et tremblante, tu tressailles tout à coup, comme quelqu'un qui, d'un moment à l'autre, s'attend à une mauvaise nouvelle. Voyons, France, dis-moi tout ; tiens, tiens, dans ce moment-ci, à ta respiration, je sens que tu es prête à pleurer.

FRANCE.

Mon père !... (A part.) Mon Dieu, mon Dieu ! que dire ? que faire ?

SCÈNE II

LES MÊMES, FORTUNÉ.

FORTUNÉ.

Pardon, excuse, si je vous dérange, mon colonel, mais c'est M. Victor.

BERTAUD et FRANCE.

Victor !

FORTUNÉ.

Oui, il arrive de Paris, il a obtenu ce qu'il désirait, à ce qu'il a dit, et il voudrait vous dire adieu avant... avant que de partir.

BERTAUD.

Et où est-il ?

FORTUNÉ.

Il monte l'escalier... Venez, venez, monsieur Victor ! le colonel vous attend.

FRANCE, bas.

Fortuné...

FORTUNÉ, de même.

Condamné, mademoiselle, condamné ! seulement, il a eu la permission... Oh ! tenez, j'étouffe.

BERTAUD, les bras étendus du côté de la porte.

Victor ! Victor ! où es-tu donc ?

SCÈNE III

LES MÊMES, VICTOR, escorté d'une douzaine de Soldats qui s'arrêtent dans l'antichambre.

La porte reste ouverte de manière qu'on voit les Soldats tout le temps que dure la scène.

VICTOR, après avoir fait signe aux Soldats.

Me voilà, mon père, me voilà !

BERTAUD.

Oh ! que cela me fait de bien de te retrouver, mon pauvre Victor ! de te sentir là près de moi, de te serrer dans mes bras !

VICTOR.

Mon père !

FRANCE, à part.

Oh ! oh ! mon Dieu !

FORTUNÉ, de même.

Sacré nom !

BERTAUD.

Tu n'as point idée des étranges pensées qui me passaient

par l'esprit; c'était une sombre et vague inquiétude que rien ne pouvait combattre. Ta sœur avait beau me dire que tu étais à Paris, que tu y étais allé pour solliciter de l'activité, il me semblait qu'une voix intérieure démentait cette voix consolatrice et me disait : « Ne l'écoute pas, ne l'écoute pas... Pour la première fois, elle ment. » (Se retournant vers France.) Excuse-moi, France; j'aurais dû savoir que les anges ne mentent pas.

FRANCE.

Mon père!

BERTAUD.

Et tu disais donc, Victor?

VICTOR.

Eh bien, je disais, mon père, que tous mes vœux sont exaucés. Vous vous étonniez quelquefois qu'à mon âge, ayant devant les yeux l'exemple de votre carrière militaire, si pure, si glorieuse, je demeurasse près de vous, oisif, inutile; eh bien, mon père, il n'en sera pas ainsi désormais; l'empereur m'appelle à lui, la grande armée est campée autour d'Alexandrie, et je vais l'y rejoindre.

BERTAUD.

Va, mon enfant; c'est un beau pays que l'Italie; à chaque pas, on marche sur un souvenir; à chaque étape, on campe sur un champ de victoire... Et quand pars-tu?

VICTOR.

J'ai ordre de ne pas m'arrêter, mon père; aussi, le temps de vous serrer sur mon cœur, le temps de vous dire adieu, voilà tout ce qui m'est accordé.

BERTAUD.

Va, mon ami! tu as de nobles et beaux exemples là-bas, et tu seras près d'un maître qui sait récompenser... Un jour, tu porteras sur ta poitrine une croix sur laquelle sont écrits deux mots sacrés : *Honneur et Patrie*; qu'ils soient à toute heure, à tout instant le guide de tes pensées et de tes actions. Quant à être brave, je n'ai, je le sais heureusement, aucune recommandation à te faire sous ce rapport.

VICTOR.

Merci, mon père.

BERTAUD.

Attends!

VICTOR.

Quoi, mon père?

BERTAUD.

Je veux te faire un cadeau.

VICTOR.

Votre épée!

BERTAUD.

Tu sais que c'est un cadeau que l'empereur m'a fait à la Moskova; la lame de mon épée fut brisée par une balle, et il me donna celle-ci.

VICTOR.

Mon père, une pareille arme est trop précieuse pour quitter jamais celui à qui elle a été donnée; c'est un héritage de famille qui doit rester ici, près de vous, sur un autel, s'il y avait un autel dans cette maison; moi, cette arme peut m'être volée, peut m'être prise si je suis fait prisonnier.

BERTAUD.

Elle te rappellerait que tu ne dois pas te rendre.

VICTOR.

Eh bien, je me ferais tuer, oui, sans doute; mais, moi mort, elle appartiendrait au premier venu qui me l'arracherait des mains; non, mon père, non, gardez cette épée. Maintenant, voulez-vous permettre que je dise adieu à ma sœur?

BERTAUD.

France, tu entends?

FRANCE, dans les bras de Victor.

Oui, mon père, oui.

VICTOR, bas, à sa sœur.

Tiens, France, voici des lettres datées de différentes villes d'Italie; tu les liras successivement à mon père, afin qu'il ignore le plus longtemps possible... Enfin une dernière lui annonce que je suis blessé, blessé mortellement. Il faut lui donner cette suprême joie de croire que son fils est mort sur le champ de bataille.

BERTAUD.

Eh bien, où es-tu donc?

VICTOR.

Me voilà.

BERTAUD.

Que disais-tu à France? Elle pleure.

VICTOR.

Je lui disais ce que je vais vous dire, à vous, mon père ; ce sont de terribles guerres que nos guerres, de sanglantes batailles que nos batailles ; peut-être cet adieu que je vous dis est-il un dernier adieu.

BERTAUD.

Eh bien, qu'est-ce que ces idées-là?

VICTOR.

Oui, elles sont fausses, exagérées, je le sais; mais faites comme si elles étaient vraies, mon père; embrassez-moi comme si nous ne devions plus nous revoir, bénissez-moi comme si j'allais mourir.

BERTAUD.

Voilà de sombres présages, mon enfant, et, s'ils venaient à la veille d'une bataille, ils m'effrayeraient ; mais, avec l'aide de Dieu, Victor, il n'en sera pas ainsi; au contraire, je ne sais pourquoi je suis plein de joie et d'espérance, je te vois revenir capitaine, colonel, que sais-je, moi ! Viens, viens, mon enfant, viens que je t'embrasse, viens que je te bénisse !

VICTOR.

Mon père !

BERTAUD.

Eh bien qu'y a-t-il ?

FORTUNÉ.

Il y a, mon colonel, voyez ! il y a...

VICTOR.

Tais-toi, Fortuné !

FORTUNÉ.

« Tais-toi, Fortuné, tais-toi... » Eh bien, non, je ne veux pas me taire, moi ; je me révolte.

VICTOR.

Fortuné !

FRANCE.

Que va-t-il dire ?

FORTUNÉ.

Je vous dis, moi, que c'est fâcher Dieu que de tromper ainsi son père, et que de lui dire au revoir quand il faut lui dire adieu.

VICTOR.

Fortuné !

FORTUNÉ.

Je vous dis que c'est un sacrifice que vous allez faire, je vous dis que vous ne le ferez pas.

VICTOR.

Mon père! mon père! ne le croyez pas.

BERTAUD, écartant Victor de la main.

Viens, Fortuné, viens, et parle, mon vieil ami ; je sais que tu n'as jamais menti ; j'écoute ; que dis-tu ?

FORTUNÉ.

Je dis que nous sommes de vieux soldats, mon colonel, et que nous savons ce que c'est que la douleur.

BERTAUD.

Oui ; eh bien ?

FORTUNÉ.

Je dis que vous êtes père, je dis que, si je l'étais, il me semble que je ne pardonnerais pas à ceux qui permettraient que je quittasse mon enfant sans savoir où il va ; il me semble que je maudirais ceux qui me feraient accroire que mon enfant vit quand mon enfant serait mort.

FRANCE et VICTOR.

Ah! mon Dieu !

BERTAUD.

Fortuné! Fortuné ! que dis-tu ! Explique-toi.

FORTUNÉ.

Oh! l'explication est bien simple. L'empereur n'est plus sur le trône, l'empereur est prisonnier à l'île d'Elbe. M. Victor a conspiré contre l'empereur, il est condamné à mort, et il vient vous dire adieu, parce qu'on va le fusiller. Tenez, les soldats sont là.

VICTOR et FRANCE, éclatant en sanglots.

Oh !...

FORTUNÉ.

Ma foi, tant pis ! la vérité avant tout. C'est ma façon de penser.

BERTAUD.

Fortuné, ta main. Merci, mon ami ! O mes enfants ! c'est bien mal, de m'avoir trompé ainsi.

VICTOR.

Mon père, n'en veuillez pas à ma sœur ; ma sœur est innocente, et l'idée vient de moi. C'est moi qui, redoutant votre désespoir, qui, sachant l'histoire de cette bague et du poison qu'elle renferme ; c'est moi qui, connaissant le serment que vous aviez fait à l'empereur ; c'est moi qui ai inventé et soutenu ce long mensonge, qu'il serait trop cruel à vous de me reprocher maintenant, maintenant que je vais mourir.

BERTAUD.

Oui, et que c'est moi qui te tue... Car, je me le rappelle, c'est moi qui ai dit au préfet... Victor, mon enfant, pardonne à ton père. (Il le prend dans ses bras.) Ah ! mon fils ! mon Victor !

FORTUNÉ.

Mon colonel !

BERTAUD.

Oui, tu as raison, oui, nous sommes des hommes, et non des enfants ou des femmes. Aux femmes et aux enfants les plaintes et les larmes ; à nous le courage, à nous la force. Viens, mon enfant ! c'est un instant à passer, c'est un pas à franchir. Tu le franchiras, n'est-ce pas, mon fils, la tête haute ?

VICTOR.

Oh ! oui, mon père.

BERTAUD.

D'ailleurs, c'est la mort, mais la mort d'un soldat. Suppose qu'on te dise : « Allez mourir sur la brèche d'une redoute. » Tu irais, n'est-ce pas ?

VICTOR.

Oh ! oui, mon père.

BERTAUD.

Tu irais sans broncher, sans sourciller, sans faiblir, et tu recevrais la mort la tête haute et l'œil fier ?

VICTOR.

Je la recevrai ainsi, soyez tranquille.

BERTAUD.

Voyons...

(Il cherche le cœur de Victor.)

VICTOR.

Tenez, là, mon père, vous voyez ; il bat comme d'habitude, et, s'il donne quelques pulsations de plus, il les donne, non pas à la crainte de mourir, mais à la douleur de vous quitter.

BERTAUD.

Bien, mon enfant, je suis content de toi. (Bas.) D'ailleurs, sois tranquille, nous ne nous quitterons pas pour longtemps.

VICTOR.

Mon père !

BERTAUD.

Silence! (Se tournant vers les Soldats.) Sergent!

LE SERGENT.

Me voilà, mon colonel.

BERTAUD.

Vous êtes un vieux soldat.

LE SERGENT.

Je date des Pyramides; nous étions là ensemble, mon colonel.

BERTAUD.

Mon brave, ta main?

LE SERGENT.

La voilà, mon colonel.

BERTAUD.

S'il demande à ne pas avoir les yeux bandés?...

LE SERGENT.

Il ne les aura pas.

BERTAUD.

S'il demande à commander le feu?...

LE SERGENT.

Il le commandera.

BERTAUD.

Et tu recommanderas bien à tes hommes de viser là. (Il montre le cœur.) C'est un enfant, vois-tu, il ne faut pas le faire souffrir.

LE SERGENT.

Soyez tranquille.

FORTUNÉ.

Mordieu! est-ce que je me serais trompé? Il me semble que j'ai des remords.

BERTAUD.

Victor...

VICTOR.

Mon père?

BERTAUD.

Est-ce que tu as dit adieu à ta sœur?

VICTOR.

Oui, mon père.

BERTAUD.

Eh bien, alors...

VICTOR.

Oui, on attend, et il ne faut pas que je fasse attendre. Adieu ! adieu, mon père !

BERTAUD, le rappelant.

Victor, encore un... le dernier... Va (il le pousse), va, mon fils... va !...

FRANCE.

Ah ! mon père ! mon père !

(Victor sort avec les Soldats.)

SCÈNE IV

Les Mêmes, hors VICTOR.

BERTAUD.

Eh bien, quoi ? c'est un soldat qui va mourir, voilà tout. Et pour qui va-t-il mourir ? Pour l'empereur, c'est-à-dire pour le bienfaiteur de sa famille, pour celui à qui j'avais juré de mourir moi-même s'il était renversé du trône ; le père a manqué à son serment, le fils s'acquitte ; c'est bien.

FRANCE.

Mon père ! mon père !

BERTAUD.

Eh bien, oui, embrasse-moi, ma fille... D'ailleurs, ne me restes-tu pas, toi ? crois-tu que tous les pères soient encore aussi heureux que moi ? Oh ! je n'ai pas à me plaindre, Dieu merci : Victor pouvait être fils unique, et alors, je restais seul. Mais tu es là, France ; tu ne me quitteras pas, toi, si ce n'est pour aller rejoindre Emmanuel ; car je comprends, n'est-ce pas, Emmanuel est à l'île d'Elbe, exilé avec l'empereur ; et moi, égoïste, qui vous séparais, deux enfants qui s'aiment, deux cœurs qui battent à l'unisson. Dame, il faut me pardonner, mon enfant, moi, je ne savais pas...

FRANCE.

Oh ! mon père ! mon père !

BERTAUD.

Là, maintenant, je voudrais être seul quelques instants ; tu comprends, j'ai besoin de me remettre. Tant que je t'ai là, vois-tu, je pense trop à ton frère. Ta voix me rappelle la sienne ; laisse-moi seul un instant, et toi aussi, Fortuné.

FORTUNÉ.

Vous ne m'en voulez pas, colonel?

BERTAUD.

Non! oh! non! tu sentais que c'était un crime de me tromper, toi.

FRANCE.

Un crime!

BERTAUD.

Eh bien, puisque ce n'était pas toi qui me trompais, puisque c'était ton frère... Voyons, France, vas-tu me désobéir?

FRANCE.

Oh!

BERTAUD.

Écoute, tu prieras pendant ce temps-là, et, dans dix minutes, oui, tu m'enverras Fortuné... Va, va, emmène France, Fortuné.

FORTUNÉ.

Venez, mademoiselle.

(Arrivée à la porte, France s'arrête.)

FRANCE, bas, à Fortuné.

Malheureux! tu ne vois pas qu'il veut rester seul pour se tuer!

FORTUNÉ.

Oh! alors, vous avez raison, mademoiselle; ne le quittez pas, ne le quittez pas... Adieu, colonel! nous nous en allons; adieu!

(Fortuné sort, mais France se jette de côté.)

SCÈNE V

BERTAUD, FRANCE, immobile et retenant son haleine.

BERTAUD va à la porte et la ferme.

Ah! me voilà seul enfin! J'ai promis à Victor, pauvre martyr, que nous ne serions pas séparés pour longtemps. J'accomplirai deux serments en tenant celui-là. Mais, avant de tout quitter, avant de rejoindre l'enfant dont je cause la mort, quelques mots à cette autre enfant que je laisse orpheline... Un adieu à France.

FRANCE, à part.

Oh! je le savais bien.

BERTAUD.

Un dernier... Il doit y avoir sur cette table un crayon. (Tirant la bague de son doigt.) Oh! sainte relique de cet autre martyr que l'on condamne à vivre, que je suis heureux maintenant de ne pas t'avoir quittée! (Il baise la bague et la pose près de lui.) Écrivons. (Il prend un crayon et, à tâtons, écrit sur le papier.) « Adieu, France! adieu, ma fille chérie! pardonne à ton père de te quitter; mais tu savais bien qu'il avait fait un serment, et que ce serment, rien ne l'empêcherait de l'accomplir lorsqu'il connaîtrait la vérité. Puisque tu n'as prolongé sa vie que par un pieux mensonge, écoute, France : Les derniers devoirs rendus à ton père, tu partiras avec Fortuné, tu iras rejoindre Emmanuel à l'île d'Elbe. Tu diras à l'empereur : « Sire, me voici; mon frère a été fusillé pour » vous, mon père s'est empoisonné pour vous; touchez-moi » de votre main puissante et souveraine, afin qu'ils voient » là-haut que j'ai retrouvé en vous plus que je n'avais perdu » en eux. » Adieu, France! adieu, ma fille chérie, adieu! » (Pendant ce temps, France s'est approchée doucement, a pris la bague, et a substitué à la bague le médaillon de sa mère que le colonel lui a donné; le Colonel, après avoir écrit le mot *Adieu!* cherche la bague de la main, ne la trouve pas, et à la place trouve le médaillon.) Le médaillon de France! Comment a-t-elle oublié là ce médaillon? Sans doute, c'est une permission du Seigneur pour que je me rappelle, au moment de mourir, cet autre ange que j'oubliais. Oui, oui, tout aveugle que je suis, je te vois là-haut. Tu me fais signe que tu m'attends; me voilà! me voilà! (Il cherche de nouveau.) Mais où est donc cette bague? Je l'avais posée là cependant; elle sera tombée; et moi qui ai dit à Fortuné de revenir dans dix minutes; heureusement, j'ai mes pistolets sur la cheminée.

FRANCE, à part.

Oh! mon Dieu!

(Elle regarde autour d'elle, aperçoit le crucifix pendu à la tête du lit, elle le détache et le substitue aux pistolets. Le Colonel s'approche à tâtons de la cheminée, et, à la place où étaient les pistolets, trouve le crucifix.)

BERTAUD.

Qu'est-ce que cela? Un crucifix! Mon Dieu! vous m'êtes témoin que je meurs sans avoir jamais douté de vous, quoique, à cette heure, mon Dieu! vous me mettiez à une rude épreuve. (Il baise le crucifix et le repose sur la cheminée.) Mais où sont donc mes pistolets? Fortuné les aura changés de place. Je les ai touchés ce matin encore cependant. N'importe! il me reste mon épée, cette épée que je voulais donner à Victor, et qu'il refusait; elle lui était bien inutile en effet, tandis qu'à moi, à moi, elle va me servir. (Il s'avance vers son épée; mais, là, France, ne trouvant rien à mettre à la place, se met elle-même devant la muraille, de sorte qu'elle se trouve dans les bras de son père au moment où son père étend les bras pour prendre son épée.) France!

FRANCE.
Mon père, mon père, pitié pour votre fille!

BERTAUD.
Oh! oh! mon Dieu! ayez pitié de moi! (On entend des cris dans la rue. Tumulte, rumeurs.) Entends-tu, entends-tu? C'est lui, lui qu'on va fusiller! Oh! Victor! oh! mon enfant! mon enfant!

FORTUNÉ, en dehors.
Colonel! colonel! Ouvrez! ouvrez!

SCÈNE VI
Les Mêmes, FORTUNÉ.

FRANCE.
Qu'y a-t-il?

FORTUNÉ.
Joie! miracle! bonheur! L'empereur débarque, l'empereur à Vizille, l'empereur!

BERTAUD.
L'empereur débarque, dis-tu? Tu es fou!

FORTUNÉ.
Écoutez!

VOIX, dans la rue.
L'empereur! l'empereur! Vive l'empereur!

BERTAUD.
Mon Dieu! mon Dieu! s'il arrivait à temps!... Conduisez-moi au-devant de lui.

FRANCE.
Mon frère! mon frère!... (A Fortuné.) Ah! tu le disais bien: joie et miracle!... Venez, mon père, venez!

BERTAUD.
L'empereur! l'empereur! Ah! viens, France! viens, Fortuné!

(Ils sortent enlacés.)

QUATORZIÈME TABLEAU

La porte de Vizille, à Grenoble. La ville illuminée dans le lointain.

SCÈNE PREMIÈRE

L'OFFICIER, qui a commandé le feu à Lamure; SOLDATS, PEUPLE. — Les Soldats silencieux sous les armes, le Peuple bruyant.

LE PEUPLE.
L'empereur! l'empereur! l'empereur qui vient! l'empereur qui arrive!

UN HOMME.
On avait envoyé le 5ᵉ de ligne contre lui, et il est passé avec lui.

L'OFFICIER.
Eh bien, oui, c'est l'empereur; mais, soyez tranquille, il n'entrera pas à Grenoble comme à Vizille; Grenoble est une ville fortifiée, Grenoble a de bonnes murailles, des portes solides, une garnison fidèle.

LE PEUPLE.
L'empereur! ouvrez les portes à l'empereur! les clefs des portes! les clefs! les clefs!

L'OFFICIER.
Les clefs des portes? Tenez. (Il les jette au fond d'un puits.) Allez les chercher où elles sont, maintenant. (Rumeurs, murmures.) Soldats, faites votre devoir!

(Les Soldats chassent le Peuple.)

SCÈNE II

L'OFFICIER, UN SERGENT, VICTOR et L'ESCORTE qui l'accompagne.

LE SERGENT.
Pardon, pardon, camarades, on est de service, et de triste service même. Laissez passer. (Il passe avec l'Escorte et va à l'Officier.) Mon officier!

L'OFFICIER.

Qu'y a-t-il?

LE SERGENT.

C'est le jeune homme qui a conspiré pour l'empereur, vous savez, le fils du colonel Bertaud... Faut-il le fusiller toujours?

L'OFFICIER.

Il est condamné?

LE SERGENT.

Oui.

L'OFFICIER.

L'heure de l'exécution est-elle arrivée?

LE SERGENT.

Oui.

L'OFFICIER.

Avez-vous reçu contre-ordre?

LE SERGENT.

Non.

L'OFFICIER.

Eh bien, que justice se fasse.

LE SERGENT.

C'est que, comme l'autre approche, et sera probablement ici ce soir...

L'OFFICIER.

Raison de plus, monsieur; un grand exemple aura été donné!

LE SERGENT.

Alors, ouvrez les portes.

L'OFFICIER.

Les portes sont fermées, et je suis là pour empêcher qu'elles ne s'ouvrent.

LE SERGENT.

Je ne puis cependant pas le fusiller ici.

L'OFFICIER.

Vous avez les fossés de la ville; qu'on ouvre la poterne.

LE SERGENT.

C'est l'ordre?

L'OFFICIER.

C'est l'ordre, allez.

LE SERGENT.

Allons, monsieur Victor, il faut me suivre.

VICTOR.

Mais il me semble que je ne m'y refuse pas?

LE SERGENT, descendant par la poterne.

Par ici, venez.

(Rumeurs parmi le Peuple.)

VICTOR.

Mes amis, je ne regrette pas la vie, puisque je meurs pour l'empereur. Vive l'empereur!...

(Ils disparaissent. Les rumeurs du Peuple redoublent.)

UN HOMME DU PEUPLE.

Est-ce qu'on va le fusiller tout de même, pauvre jeune homme, quand l'empereur arrive?

UNE VOIX.

Entendez-vous le tambour? entendez-vous?

(On entend, en effet, le tambour dans le lointain.)

SCÈNE III

Les Mêmes, BERTAUD, FRANCE, FORTUNÉ.

BERTAUD, entrant, conduit par France et par Fortuné.

Mes amis, mes amis, vous ne l'avez pas vu?

L'HOMME DU PEUPLE.

Ah! c'est le colonel Bertaud, c'est le père... Pauvre père!

BERTAUD.

Mon fils, mon Victor!... On m'a dit qu'on l'avait conduit par ici. Vous le sauverez, n'est-ce pas, mes amis? vous ne le laisserez pas fusiller? Il a conspiré pour l'empereur; mais est-ce que c'est un crime, cela? Si je n'avais pas été aveugle, j'aurais conspiré avec lui. Qu'on me fusille donc avec lui! qu'on me fusille!

FRANCE.

Mon père!

BERTAUD.

Fortuné, où est-il? Mais demande donc où il est, informe-toi donc, toi qui n'es pas aveugle!

L'HOMME DU PEUPLE, à Fortuné.

Tenez, tenez, par là, on l'a emmené par là, par la poterne.

(Fortuné descend par la poterne. Une détonation se fait entendre; il reparaît, pâle et chancelant.)

BERTAUD.

Victor! Victor!

(Il tombe à genoux.)

FRANCE.

Mon père! mon frère!... Au secours! au secours!

SCÈNE IV

Les Mêmes, VICTOR, s'élançant hors de la poterne, sans habit et sans gilet.

VICTOR.

Vive l'empereur!

BERTAUD.

La voix de Victor! la voix de mon enfant!

FRANCE.

Mon frère!

BERTAUD.

Victor? Victor vivant?... Impossible!... C'est bien lui, cependant... Laisse-moi te toucher... Mais cette détonation?...

VICTOR.

Ces braves gens, voyant arriver l'empereur, ont tiré en l'air, au lieu de tirer sur moi.

BERTAUD.

Ah! mon Dieu! mon Dieu! quelle grâce! quel miracle! quelle joie!

VICTOR, mettant la main du Sergent dans celle de son père.

Notre sauveur, mon père, notre sauveur.

FORTUNÉ, à la poterne.

Par ici, sapeurs, par ici!... Brisez, enfoncez les portes!

(Les Sapeurs du 5º enfoncent la porte; l'Empereur paraît.)

SCÈNE V

Les Mêmes, L'EMPEREUR, L'ÉTAT-MAJOR, LA GARDE, LORRAIN, CATHERINE, JEAN LEROUX, etc.

TOUS.

Vive l'empereur!

L'EMPEREUR.

Merci, mes enfants, merci!

BERTAUD.

La voix de l'empereur!

VICTOR et FRANCE.

Oui, mon père, lui, c'est lui!

L'EMPEREUR, entrant, à cheval.

Français, c'est à vous seuls et aux braves de l'armée que je me glorifierai toujours de devoir ma couronne et ma puissance.

TOUS.

Vive l'empereur!

BERTAUD, à genoux.

Sire! sire!

L'EMPEREUR, descendant de cheval.

Ah! c'est toi, mon vieux Bertaud! Dans mes bras, dans mes bras!

BERTAUD.

Mon fils!... mon empereur!... Ah! je puis mourir maintenant.

LE MAIRE, à la tête du Corps municipal.

Sire, le logement de Votre Majesté est préparé à l'hôtel de ville.

L'EMPEREUR.

Merci, messieurs... Je descends chez mon ami, le colonel Bertaud. Nous avons un mariage à y faire, n'est-ce pas, Emmanuel?

EMMANUEL et FRANCE.

Sire!

L'EMPEREUR.

Soldats! demain, au point du jour, nous marchons sur Paris.

(Acclamations, fanfares, cris de « Vive l'Empereur! »)

POST-SCRIPTUM

Quelques critiques qui ont rendu compte de *la Barrière de Clichy* sans l'avoir vue, ou qui l'ont vue sans l'écouter, prétendent que la pièce est faite « au point de vue de l'Élysée. »

Je nie avoir jamais fait une pièce politique à un autre point de vue que les idées républicaines.

Richard Darlington, les Girondins, Catilina, voilà pour le passé.

La Barrière de Clichy, voilà pour le présent.

Si Bonaparte eût eu dans le cœur les pensées que je lui mets dans la bouche, Dieu en eût fait, par ses victoires, l'instrument actif de notre liberté, au lieu d'en faire, par sa chute, l'instrument passif de notre émancipation.

Maintenant, peut-être demandera-t-on pourquoi j'ai mis dans la bouche de Napoléon des pensées de liberté qu'il n'avait pas dans le cœur.

A cela je répondrai que le théâtre n'est pas un cours d'histoire, mais une tribune par laquelle le poëte répand et propage ses propres idées ; — que mes idées, à moi, idées que je crois bonnes selon l'égalité démocratique comme je l'entends, acquièrent une nouvelle puissance dans la bouche de l'homme dont le peuple a fait un demi-dieu ; — et qu'à tout prendre, puisqu'on a mis Napoléon sur un piédestal, mieux vaut que le peuple croie qu'il y a été mis comme l'agent de la liberté en Europe, plutôt que comme la représentation du despotisme en France.

Je me promets d'écrire quelque jour une histoire de Napoléon, et j'espère être un des premiers à mesurer d'un œil philosophique ce géant à qui Dieu avait fait une tête de bronze et un pied d'argile.

ALEX. DUMAS.

FIN DE LA BARRIÈRE DE CLICHY.

LE VAMPIRE

DRAME FANTASTIQUE EN CINQ ACTES, EN DIX TABLEAUX

EN SOCIÉTÉ AVEC M. AUGUSTE MAQUET

Ambigu-Comique. — 20 décembre 1851.

DISTRIBUTION

LORD RUTHWEN............................. MM.	ARNAULT.
GILBERT DE TIFFAUGES...................	GOUJET.
JUAN ROZO, hôtelier................	COQUET.
LAZARE...................................	LAURENT.
LAHENNÉE.................................	THIERRY.
PREMIER VOYAGEUR........................	JULES.
DEUXIÈME VOYAGEUR.......................	FEBVRE.
TROISIÈME VOYAGEUR......................	DEBREUIL.
UN BOHÉMIEN.............................	BARD.
BOTARO..................................	CURCY.
UN VIEILLARD............................	DEPRELLE.
UN PAYSAN...............................	MONNET.
JARWICK.................................	LAVERGNE.
UN DOMESTIQUE...........................	LANGLOIS.
LA GOULE................................ Mme	LUCIE MABIRE.
JUANA................................... Mlles	MARIE CLARISSE.
ANTONIA.................................	DAROUX.
HÉLÈNE..................................	JANE ESSLER.
MÉLUSINE................................	ISABELLE CONSTANT.
PETRA...................................	HÉLOÏSE.
PREMIÈRE PAYSANNE.......................	FANNY.
DEUXIÈME PAYSANNE.......................	GARNIER.
PAYSANS, VOYAGEURS, PÊCHEURS, etc.	

ACTE PREMIER

PREMIER TABLEAU

La cour d'une venta espagnole. Bâtiment à gauche; à droite, grande porte grillée donnant sur la route. Fond de montagnes. — Au lever du rideau, la cour offre un aspect des plus animés. Des Hommes, des Femmes, des Enfants arrivent et sont accueillis par d'affectueuses salutations. Un Bohémien chante en s'accompagnant de la mandoline. On danse, sur le refrain, au son des castagnettes. Il y a du monde partout, aux fenêtres, sur les portes, sur la crête des murs.

SCÈNE PREMIÈRE

BOHÉMIENS et BOHÉMIENNES, PAYSANS et PAYSANNES.

CHOEUR

Auprès des charmilles,
Sur les verts gazons,
Dansez, jeunes filles
Et jeunes garçons!

UN BOHÉMIEN.

I

J'étais sur la route
Qui vient d'Huescas,
Le cœur plein de doute
Et pressant le pas;
Sur le dos ma mandoline,
Mais muette, car
Tout se tait près la ruine
De Tormenar!

(Reprise du chœur.)

II

Un voyageur passe.
« Quel est ce château,
Géant de l'espace
Et roi du côteau?
Hé! l'homme à la mandoline,
Est-ce l'alcazar?
— Non, seigneur; c'est la ruine
De Tormenar! »

(Reprise du chœur.)

III

« Quelle âme vivante
Habite ce fort?

— Le jour, l'Épouvante,
Et, la nuit, la Mort!
— Hé! l'homme à la mandoline,
Je suis en retard.
Viens coucher à la ruine
De Tormenar! »

(Reprise du chœur.)

SCÈNE II

Les Mêmes, JUAN ROZO, PETRA, BOTARO, LAZARE.

ROZO.

Allons, allons, assez de danses et de chants comme cela! Dehors, les vagabonds, les mendiants et les bohémiens! Nous n'aurons pas trop de place ici, même quand vous n'y serez plus.

(La cour se vide peu à peu.)

LAZARE.

Le fait est que je ne sais pas comment le père Rozo logera tout son monde.

ROZO.

Allons, mes enfants, alignez vos mules dans l'écurie, faites porter vos effets dans les chambres, et venez embrasser la mariée.

BOTARO.

Dites donc, beau-père, il me semble que jamais nos deux familles ne tiendront dans votre maison.

ROZO.

Bah! nous avons logé ici jusqu'à cinquante chrétiens à la fois, et qui tous ont mangé, couché et dormi sous mon toit

LAZARE.

Oui; mais, le lendemain, il fallait les entendre! Les cinquante chrétiens juraient comme cent païens!

BOTARO.

Ah! oui, on a mangé, couché et dormi chez vous à cinquante?... Bon, alors! mais, dites donc, beau-père, c'est que nous sommes soixante-sept!... Après cela, une nuit est bientôt passée, n'est-ce pas? et, pourvu que la mariée soit bien couchée...

LAZARE, à part.

Égoïste!

BOTARO.

Mais, à propos, beau-père...

ROZO.

Quoi ?

BOTARO.

S'il vous arrivait des voyageurs ?

ROZO.

Eh bien ?

BOTARO.

Qu'en feriez-vous ?

ROZO.

Je leur dirais qu'il n'y a plus de place, et ils s'en iraient.

BOTARO.

Cependant, un aubergiste...

ROZO.

Le jour où je marie ma fille, il n'y a plus d'auberge. Ce jour-là, la maison est à moi ; tant pis pour les voyageurs ! ils étaient libres de venir hier, et ils seront libres de venir demain. Ceux qui se trouvent déjà ici, il va sans dire que je ne les mettrai pas à la porte !... Ainsi, nous avons une dame, moresque : eh bien, je la garderai, quoiqu'elle ne fasse pas grande dépense... Elle ne mange que quelques grains de riz et si drôlement encore ! comme cela, avec deux petits morr eaux d'ivoire.

LAZARE.

Moi, je suis bien sûr qu'elle se relève la nuit pour mange de l'olla podrida et des garbachos, attendu qu'il est impossible qu'une créature humaine vive avec trois ou quatre grains de riz par jour.

BOTARO.

Beau-père, nous comptions tout à l'heure soixante-sept personnes dans la maison...

ROZO.

Oui, tout le monde compris.

BOTARO.

Jusqu'aux marmitons ?

ROZO.

Jusqu'aux marmitons.

BOTARO.

Eh bien, nous nous trompions, nous ne sommes que soixante-six.

ROZO.

Ah! ah! qui donc s'en va?

BOTARO.

Vous oubliez que nous sommes convenus...

ROZO.

De quoi?

BOTARO, bas, montrant Lazare.

Que ce drôle-là...

ROZO.

Ah! oui, Lazare...

BOTARO.

Quitte la maison.

ROZO.

C'est vrai.

LAZARE, à part.

Qu'a-t-il donc à me regarder comme cela, le marié?

ROZO.

Pauvre garçon!

BOTARO.

C'est cela, pauvre garçon! pauvre garçon! qui faisait les yeux doux à Petra!

LAZARE, à part.

Décidément, il est question de moi. Je crois que le marié demande à M. Rozo de me prendre à son service. Ça ne m'irait pas du côté du mari; mais cela m'irait assez du côté de la femme.

BOTARO, à Rozo.

Amoureux et gourmand!

ROZO.

Gourmand, je ne dis pas; mais amoureux, êtes-vous bien sûr?

BOTARO.

Écoutez, beau-père; vous savez qu'il a été arrêté qu'il partirait le jour de ma noce. J'ai votre parole, il faut qu'il parte.

ROZO.

Eh bien, puisque tu le veux absolument...

BOTARO.

Absolument!

ROZO.

Je vais l'inviter à faire ses paquets... Avance ici, Lazare.

LAZARE.

Moi ?

ROZO.

Oui, toi.

BOTARO, à Petra.

Tournez la tête d'un autre côté, ma femme.

ROZO, cherchant Lazare.

Eh bien, où es tu donc?

LAZARE, qui est allé vers la grande porte.

Par ici... Est-ce que vous ne voyez pas ?

ROZO.

Des voyageurs! Il n'y a plus de place.

SCÈNE III

Les Mêmes, un Homme et une Femme, suivis de trois Enfants.

LAZARE.

Vous entendez : le patron dit qu'il n'y a plus de place ; vous pouvez vous en aller... Hein ? Plaît-il ?... Ah ! dame, c'est vrai.

ROZO.

Que disent-ils donc ?

LAZARE.

Ils disent qu'ils sont l'homme, la femme et trois petits enfants, qu'ils ont déjà fait beaucoup de chemin aujourd'hui, et que, s'il faut continuer leur route, ils mourront de fatigue.

ROZO.

C'est possible ; mais il n'y a pas de place.

LAZARE.

Ils disent encore qu'ils se contenteront du moindre coin.

BOTARO.

Dites donc, beau-père, donnez-leur le grenier dans lequel couchait ce mauvais garnement de Lazare, puisqu'il s'en va.

ROZO.

Au fait, c'est une idée. — Lazare conduis-les à ta chambre ; ils y coucheront cette nuit.

LAZARE.

Eh bien, et moi ?

ROZO.

Toi ?

LAZARE.

Oui ; où coucherai-je ?

ROZO.

Toi, Lazare, tu coucheras où tu voudras.

LAZARE.

Ah bien, dans l'étable.

ROZO.

Non.

LAZARE.

Dans la cuisine, alors.

ROZO.

Non.

LAZARE.

Oui, je comprends, à la cave... Diable ! c'est qu'à la cave, je n'aurai pas chaud. Heureusement qu'il y a un certain petit vin de Montilla...

ROZO.

Non.

LAZARE.

Pas à la cave non plus ?

ROZO.

Lazare, tu ne coucheras pas cette nuit dans la maison ; fais ton paquet et va-t'en.

LAZARE.

Vous me chassez ?

ROZO.

C'est mon gendre qui l'exige.

LAZARE.

Et pourquoi donc cela ?

ROZO.

Il paraît que tu as fait la cour à ma fille.

LAZARE.

Moi ? Oh ! peut-on dire !

ROZO.

C'est Botaro qui prétend cela, et il doit le savoir.

LAZARE.

Quoi ! señor Botaro, vous prétendez... ?

BOTARO.

C'est bien, on sait ce qu'on sait, on a vu ce qu'on a vu.

LAZARE.

Ah! parce qu'un soir que je vannais de l'orge, et que la señora Petra me regardait, il lui a volé une paille dans le visage, et que je lui ai soufflé dans l'œil?

BOTARO.

C'est bon, c'est bon, assez!

LAZARE.

Mais demandez-le-lui donc, à votre femme, si elle dit que je l'ai embrassée... Je parie qu'elle ne le dira pas.

ROZO.

Allons, allons, ton compte est fait, en route!

LAZARE.

Et où voulez-vous que j'aille?

BOTARO.

Qu'est-ce que ça me fait, à moi? En route!

LAZARE.

En route sans souper? Mais vous me devez le souper pour aujourd'hui!

BOTARO.

Du pain, du fromage et une poignée d'olives, et en route!

LAZARE.

Oh! parce qu'aujourd'hui justement il y a un souper de noces, des ragoûts, des rôtis, des pâtisseries et des confitures; parce qu'aujourd'hui, pour la première fois, il y a un souper un peu propre à la maison, on me renvoie, on me chasse! Fi! maître Rozo, c'est bien petit, ce que vous faites là! je n'eusse jamais cru cela de vous.

ROZO.

Écoute, Botaro, il a un peu raison... C'est fête aujourd'hui, et lui faire manger son pain sec quand les broches tournent... Tiens, cela me fait penser! et moi qui oublie de remonter le tournebroche... Bon! l'oie sera brûlée!

(Il sort précipitamment.)

BOTARO.

C'est bien; nous consentons à attendre que tu aies soupé. Bois, mange, arrondis-toi comme une futaille, emplis-toi comme une outre; mais, quand on fermera les portes, tu comprends, tu tâcheras de te trouver de ce côté-là au lieu d'être de ce côté-ci.

LAZARE.

Soit! on s'en ira, señor Botaro.

BOTARO, aux Voyageurs.

Venez par ici, mes amis, que je vous conduise à votre chambre. (A Lazare.) Adieu, señor goulu !

LAZARE.

Adieu, señor... marié !

PETRA, en s'en allant.

Pauvre Lazare !

(Ils sortent.)

SCÈNE IV

LAZARE, seul.

Si ce n'est pas honteux, de mettre un pauvre jeune homme à la porte, le soir, dans un désert, au milieu de ces montagnes, quand tous les êtres malfaisants prennent leurs ébats dans les chemins et dans les rochers, quand ce noir château de Tormenar laisse échapper, à minuit, de ses ruines, les chauves-souris, les vautours, les hiboux, les serpents ! Et tout cela parce que j'ai soufflé dans l'œil d'une jeune fille... Oh ! quand je pense que je serai tout seul, la nuit, par les routes et qu'en me retournant, j'apercevrai ce même château de Tormenar, qui regarde d'en haut les voyageurs avec ses grandes fenêtres comme avec des yeux affamés... (Apercevant la Moresque, qui passe au fond.) Tiens, la Moresque qui ne mange que du riz... Elle a un mauvais regard, elle me fait peur. (Bruit.) Qu'est-ce que c'est encore ? (On appelle Lazare.) Oui, appelez Lazare ! comme je ne suis plus de la maison, je ne réponds pas. (On appelle de nouveau.) Allez au diable !... Voyons, qu'y a-t-il ? Un mulet, un muletier... Encore des voyageurs ? Non, une voyageuse. Elle arrive bien !

SCÈNE V

Les Mêmes, JUANA.

JUANA.

Au milieu de tout ce monde, ne trouverai-je personne à qui parler ?

LAZARE.

Si fait ; à moi, señora, si vous voulez.

JUANA.

Je suis bien ici dans une hôtellerie, n'est-ce pas, mon ami?

LAZARE.

Dans une hôtellerie où on ne loge pas, oui, señora.

JUANA.

On ne loge pas! Pourquoi?

LAZARE.

Parce que l'hôte marie sa fille, la señorita Petra, une charmante demoiselle... à laquelle il est défendu de souffler dans l'œil.

JUANA.

J'ai un service à demander à quelqu'un, et je paye généreusement quand on m'oblige.

LAZARE.

Parlez, señora! Vous tombez bien : je suis libre comme l'air! Caraï! une idée! Vous n'avez qu'un muletier, señora ; vous devez avoir besoin d'un cuisinier ou d'un valet de chambre... J'ai bien des qualités, allez!

JUANA.

J'ai besoin pour le moment d'un guide, et voilà tout.

LAZARE.

Quelle chance vous avez, señora! c'est moi qui faisais les courses de l'hôtellerie ; il n'y a pas, d'ici à Huescas, un caillou, une bruyère que je ne connaisse.

JUANA.

C'est bon. Venez, alors.

LAZARE.

Tout de suite! Pour combien de temps me prenez-vous, señora?

JUANA.

Mais pour le temps que je mettrai à me rendre à ma destination.

LAZARE.

La señora va-t-elle loin? Pardon, je ne suis pas curieux ; c'est un affreux défaut! mais, pour vous conduire, je crois qu'il est nécessaire que je sache où vous allez.

JUANA.

Mon ami, je vais au château de Tormenar.

LAZARE.

Hein?

JUANA.

Eh bien, est-ce que vous ne m'avez pas entendue?

LAZARE.

Caraï! si j'ai entendu! je crois bien!

JUANA.

Alors, venez.

LAZARE.

Oh! non, non, señora, je ne vais pas.

JUANA.

Et pourquoi?

LAZARE.

Parce que l'on ne va pas au château de Tornemar, señora! parce que les honnêtes chrétiens ne prononcent pas ce nom-là comme un autre.

JUANA.

Cependant, si j'ai affaire au château, moi...

LAZARE.

Au château qui n'est pas habité, au château qui est en ruine, au château qui ne loge que des reptiles et qui n'héberge que des fantômes! vous avez affaire là dedans, señora?

JUANA.

Mon cher ami, je voulais donner une piastre pour le guide; mais, d'après ce que vous me dites, j'en donnerai dix.

LAZARE.

Vous en donneriez cent, vous en donneriez mille, que je n'irais pas au château de Tornemar. (A part.) Qu'est-ce que c'est que cette femme-là? Brrr!...

JUANA.

Bien; je trouverai des serviteurs moins désintéressés que vous et plus braves.

LAZARE.

Essayez! Voulez-vous que je vous aide à en trouver?. Vous allez voir!... Hé! señores et señoras! hé! chrétiens! hé! païens! hé! tout le monde! (On accourt de divers côtés.) Voilà madame qui a besoin d'un guide pour faire une petite course et qui offre dix piastres. Qui en veut?

TOUS.

Moi! moi! moi!

LAZARE.

Attendez ! Seulement, la petite course aboutit au château de Tormenar.

TOUS.

Oh !...

LAZARE.

Voyons, ne vous disputez pas comme cela à qui ira, c'est embarrassant pour madame... (A Juana.) Qu'est-ce que je vous ai dit, hein ?

JUANA, à part.

Mon Dieu ! mais il m'attendra, il m'accusera, il croira que j'ai manqué à ma parole.

LAZARE.

Il faut que ce soit joliment impossible pour que je n'y aille pas, pour que je reste une heure de plus dans cette baraque !

SCÈNE VI

Les Mêmes, ROZO, PETRA, BOTARO.

ROZO.

Qu'est-ce que tu dis, Lazare ?

LAZARE.

Le maître !

JUANA.

Vous êtes le maître de cette hôtellerie, señor ?... Vous ne partagez probablement pas les superstitions de tout le monde ? Vous me donnerez bien un guide pour aller à Tormenar.

ROZO.

A Tormenar ! sainte Vierge !

BOTARO.

A Tormenar ! Jésus !

JUANA.

J'irai seule, alors.

ROZO.

Señora, ne faites pas cela ! Et, d'ailleurs, vous ne le feriez pas : les mules elles-mêmes refusent de monter au château maudit.

JUANA.

J'irai à pied.

ROZO.

Vos petits pieds, señora, seraient déchirés avant que vous eussiez fait la moitié du chemin.

JUANA.

Hélas! ne passera-t-il pas sur cette route un homme qui puisse obliger une pauvre femme?

LAZARE.

Écoutez, señora! prenez-moi toujours à votre service, et, demain matin, au jour, je vous aiderai à chercher un homme très-brave qui vous mène à Tormenar... (A part.) Il y en aura au moins pour un an à chercher.

SCÈNE VII

Les Mêmes, GILBERT, Voyageurs et Voyageuses, puis LA MORESQUE.

VOIX, au dehors.

Holà! hé!

BOTARO.

Ah çà! beau-père, on ne nous laissera donc pas tranquilles?

ROZO.

Va voir, Lazare, va leur expliquer...

LAZARE.

Maître Rozo, si j'avais encore le droit de faire vos commissions, je m'empresserais de vous obéir...

GILBERT, en dehors.

Hé! là! ouvrira-t-on?

ROZO.

Qui êtes-vous?

GILBERT.

Vous le voyez bien, pardieu! nous n'avons pas l'air de voleurs, je suppose?

ROZO.

Mon gentilhomme, si vous étiez des voleurs, vous voyez que nous sommes ici en nombre pour vous recevoir.

GILBERT.

Eh bien, puisque nous sommes d'honnêtes voyageurs, et que vous êtes là tant de fainéants occupés à ne rien faire, ouvrez-nous la porte.

LAZARE.

Il s'exprime très-bien, ce gentilhomme, n'est-ce pas, señora?... Un peu d'accent...

ROZO.

Inutile de vous ouvrir, señor voyageur; il n'y a plus de place dans l'hôtellerie.

GILBERT.

Quelle plaisanterie! nous sommes ici à peu près une douzaine, huit cavaliers et quatre dames, qui avons formé une petite caravane pour faire plus d'effet sur les chemins. Douze personnes à loger, voilà grand'chose pour votre hôtellerie qui ressemble à une caserne!

BOTARO.

Oui, seigneur, douze personnes, c'est peu; mais nous sommes déjà soixante-sept ici.

LAZARE.

Dont un marié.

GILBERT.

Oui, mesdames, oui, ils ouvriront, ne vous inquiétez pas... Monsieur l'hôte! hé! le petit gros, là-bas, approchez un peu... Ces dames me font observer que le ciel se couvre, que l'orage menace, et qu'elles n'ont pas la moindre envie de passer cette nuit dehors.

LAZARE, regardant le ciel.

Pas même la ressource de dire : « A la belle étoile! »

ROZO.

Ces dames feront comme elles pourront, mon gentilhomme; mais elles n'entreront pas ici : nous y étouffons déjà... Et puis je marie ma fille, et nous désirons rester en famille. Ainsi, bonne chance! et allez avec Dieu, señor voyageur!

GILBERT.

Ah! c'est comme cela? vous ne voulez pas nous ouvrir la porte?

ROZO.

Mais non; c'est mon droit.

GILBERT.

Il faut, alors, ôter votre enseigne, qui se balance là, au bout d'une corde. Attendez, je vais la décrocher pour vous.

(Il tire un coup de pistolet.)

ROZO.

Señor cavalier!

BOTARO.

Vous violez la propriété!

LAZARE.

Je parie que c'est un Français. Dites-donc, seigneur Botaro, voilà un beau coup de pistolet, hein! Si ce monsieur tirait dans un homme, c'est bien plus gros qu'une ficelle.

ROZO.

Voulez-vous vous retirer, seigneur? Je suis alcade, en même temps qu'hôtelier, savez-vous cela?

GILBERT.

Oui; mais vous êtes hôtelier en même temps qu'alcade. Ouvrez-nous la porte! une fois, deux fois, trois fois!... Non? Eh bien, messieurs, faisons le siége de la maison, et enfonçons ces mauvaises planches.

ROZO.

Mais c'est affreux!

BOTARO.

Au meurtre!

LAZARE, à Botaro.

Dites donc, seigneur, en voici un qui va joliment souffler dans l'œil de votre femme!

BOTARO.

Tais-toi, serpent!

ROZO.

Mais défendons-nous! mais chassons-les!

BOTARO.

Sans armes? Ces brigands-là ont des mousquetons, des pistolets...

LAZARE.

Et la manière de s'en servir! Je gage qu'à eux huit, ils vous tuent quinze hommes à la première décharge.

ROZO.

Miséricorde!

GILBERT.

Vous n'ouvrez pas?... A l'ouvrage!

ROZO.

Nous sommes perdus!

LAZARE.

Comme c'est amusant de ne pas être de la maison!

GILBERT, enfonçant la porte.

Ah! la brèche est faite!... Mesdames, prenez donc la peine

d'entrer... Venez, messieurs!... Bonjour, cher hôte ! Eh bien, vous voyez, soixante-sept et douze, cela ne fait que soixante-dix-neuf.

LAZARE.

C'est incroyable comme il me plaît, ce voyageur-là!... Oh! encore une idée!

ROZO.

Je vous jure, seigneur, que nous n'avons pas un coin, pas un trou, pas une niche qui soit libre; comptez-nous, seigneur : voilà ma fille et mon gendre, que j'ai l'honneur de vous présenter; voici mes frères, mes sœurs, mes oncles, mes tantes...

GILBERT.

Vos cousins, vos cousines et leur famille... (Apercevant la Moresque.) Oh! oh! voilà une étrange figure ! Est-elle aussi de votre famille ?

ROZO.

Non, seigneur; c'est une dame moresque qui loge ici depuis hier et que nous n'avons pas dérangée, comme vous pensez bien.

GILBERT, à part.

Sombre visage !

LA MORESQUE, à part, les yeux fixés sur Gilbert.

Il est beau !

GILBERT.

Pas de place! Enfin, comme vous vous y prenez poliment, on vous écoute... Pas de place, mesdames! Comment faire? Voyons, est-ce qu'il n'y a pas, dans les environs, une maison quelconque, une autre posada, un château, enfin un abri?

BOTARO.

Il y a bien un château, seigneur; mais...

GILBERT.

Mais quoi ?

ROZO.

Vos bons pistolets, señor voyageur, ne vous suffiraient pas pour en sortir sain et sauf, même si vous les changiez en deux gros canons.

GILBERT.

Bah! qu'est-ce qu'il y a donc dans ce château? un ogre?

ROZO.

Je ne sais pas ce qu'il y a, señor; mais je sais que, lorsqu'on y va, on n'en revient plus.

GILBERT.

Allons donc !

ROZO.

Il y a trois ans, un homme a voulu y passer la nuit ; on l'a trouvé, le lendemain, sur les rochers, la tête fracassée, le cœur ouvert, mort, quoi !

GILBERT.

Ah !

ROZO.

L'an dernier, deux capitaines de la garnison d'Huescas sont montés par bravade à Tormenar ; c'est le nom du château, séñor ; ils se sont endormis côte à côte : un jeune homme et un vieillard. Le vieillard est revenu, le lendemain, tout pâle, tout échevelé, fou ! Il avait, à son réveil, trouvé son compagnon mort et froid dans ses bras, avec une blessure béante à la gorge... Dame ! c'est vrai, tout le monde ici l'a vu.

JUANA.

Mon Dieu !

LAZARE.

Je l'ai vu enterrer... Brrr !

GILBERT.

Eh bien, il y a, dans ce château, des voleurs, pardieu ! comme dans toute votre belle Espagne.

ROZO.

Seigneur cavalier, l'homme d'il y a trois ans avait ses bagues aux doigts quand on a relevé son cadavre : et, sur le jeune capitaine de l'an dernier, on a retrouvé sa bourse pleine et un médaillon d'une grande valeur.

GILBERT.

Dites donc, messieurs, vous autres qui n'êtes pas du pays, est-ce que cela vous effraye beaucoup ?

UN VOYAGEUR.

Pourquoi cela, comte ?

GILBERT.

C'est que, si vous n'aviez pas plus peur que moi, nous irions voir à Tormenar... c'est Tormenar que vous dites ?... si l'on nous fracassera la tête à tous les huit, ou si l'on nous ouvrira les veines du cou... Voyons, qu'en pense notre armée ? Nous avons seize pistolets, huit carabines, huit épées, des munitions pour cent coups à tirer ; allons-nous à Tourmenar ?

LES VOYAGEURS.

Allons à Tormenar !

LAZARE.

Les imprudents ! (A Juana.) Dites donc, señora, il me semble que vous avez joliment trouvé votre affaire, et que voilà une belle occasion !

JUANA.

Oui. (A Gilbert.) Seigneur cavalier...

GILBERT.

Madame.

JUANA.

Un mot, je vous prie.

GILBERT.

Dix, s'il vous convient, señora.

JUANA.

Vous plaît-il de m'écouter un moment à l'écart ?

GILBERT.

Au fond de la terre, madame, si cela peut vous être gréable.

JUANA.

Seigneur cavalier, vous êtes Français et gentilhomme ?

GILBERT.

Je m'appelle Gilbert de Tiffauges, je suis Breton et honnête homme, madame.

JUANA.

Monsieur, j'ai un service à vous demander. Vous allez au château de Tormenar ?

GILBERT.

Oui, madame, de ce pas.

JUANA.

Je vous supplie de vouloir bien m'emmener avec vous.

GILBERT.

Quoi ! vous ne craignez pas...?

JUANA.

Avec de braves gens, seigneur ?

GILBERT.

Mais vous avez entendu tout ce qu'a dit l'hôte.

JUANA.

J'ai entendu ; je n'ai pas peur.

GILBERT.

Vous êtes vaillante, madame, et nous serons bien heureux

d'avoir une associée telle que vous; les charmes de votre compagnie suffiraient, croyez-le bien... Que disait donc l'hôtelier, des mauvaises rencontres qu'on fait à Tormenar? Il me semble que, pour moi, la rencontre n'est pas mauvaise.

JUANA.

Ah! seigneur, voilà l'esprit de votre nation qui prend le dessus. Vous m'avez parlé tout à l'heure un langage que je comprenais mieux, et, pour que vous continuiez à me traiter de même, je n'ai qu'un mot à vous dire, j'en suis sûre.

GILBERT.

Parlez, madame.

JUANA.

Monsieur le comte, je suis Juana, la fille unique du marquis de Torillas. Mon père m'a mise au couvent des Annonciades d'Huescas, pour m'empêcher d'épouser don Luis de Figuerroa, que j'aime et à qui je suis fiancée devant Dieu. J'ai reçu de don Luis une lettre qui me donnait rendez-vous dans la montagne, à Tormenar, où il doit se rendre de son côté par des chemins détournés. J'ai écrit à don Luis que, partout où il irait, j'irais... Hier donc, je me suis enfuie du couvent avec l'aide de la supérieure, qui est mon amie, et je veux rejoindre à Tormenar, où il m'attend, mon fiancé, le plus noble et le plus beau des gentilshommes de la Catalogne; puis nous gagnerons le port le plus voisin. C'est pour aller en sûreté trouver don Luis, qui vous remerciera, monsieur, que je vous supplie de me conduire avec vous à Tormenar. Pure devant Dieu, je veux être respectée devant les hommes; j'ai parlé à un cavalier courageux et loyal; m'a-t-il comprise? puis-je espérer qu'il exaucera ma prière?

GILBERT.

Mademoiselle, j'ai, en Bretagne, une sœur que j'aime tendrement et qui m'aime de toutes les forces de son cœur, une compagne de mon enfance, une amie à toute épreuve, et je la crois heureuse, près de s'unir à un brave gentilhomme de notre pays; mais, si elle court quelque danger, si elle se trouve dans quelque embarras, je prie Dieu pour qu'elle rencontre un dévouement aussi sincère, une protection aussi désintéressée, une amitié aussi respectueuse que celle que je vous conjure en ce moment de mettre à l'épreuve. Daignez accepter mon bras, mademoiselle; s'il ne s'agit, pour mériter la reconnaissance de don Luis, que d'être pour vous un frère tendre et un appui solide, ce soir même, mademoiselle, don Luis me remerciera, je vous en donne ma parole!... Allons, messieurs, en route pour Tormenar !

JUANA.

Soyez béni, monsieur ! je vous devrai mon bonheur.

LAZARE.

Mon gentilhomme, vous êtes donc bien décidé à partir pour le château ?

GILBERT.

Sans doute. Pourquoi cette demande?

LAZARE.

Monsieur, c'est que je cherche un maître et que vous me plaisez infiniment. J'entrerais donc volontiers à votre service ; mais voilà, si vous allez à Tormenar, et que vous n'en reveniez pas, j'aurai perdu ma place sans avoir été placé je serai veuf de mon maître, je veux m'épargner ce chagrin-là, et j'attendrai à demain que vous soyez revenu de Tormenar. Mais regardez-moi dès à présent comme votre serviteur; vous aurez fait là une fameuse acquisition !

GILBERT.

Mon ami, je n'ai pas besoin de domestique; mais, si tu veux absolument me servir, viens ! Tu recules ? tu es poltron?

LAZARE.

Poltron! moi? Allons donc ! j'ai peur des fantômes, voilà tout.

GILBERT.

Tu n'es pas mon fait; cherche une autre condition. Je veux, quand on m'aime, qu'on me suive partout, fût-ce en enfer !

LAZARE.

Vous ne savez pas ce que vous perdez.

(Coup de tonnerre.)

GILBERT.

Ah! ah! l'orage s'étend, il envahit le ciel. Hâtons-nous, messieurs ! En route pour le terrible château ! Mais, pour avoir l'esprit solide, il faut fortifier l'estomac... Maître hôtelier! seigneur alcade!

ROZO.

Mon gentilhomme ?

GILBERT.

Vous n'avez pas assez de chambres ; mais vous avez trop

de poulets, de perdrix et de lièvres, trop de longes de veau et de poissons farcis; emplissez-nous une manne de toutes ces bonnes choses; chargez une mule de vins vieux; nous payons, nous qui n'avons pas le malheur d'être des spectres.

ROZO.

Mais c'est notre souper, señor.

BOTARO.

Beau-père, mangeons moins, mais débarrassons-nous de ces hôtes bruyants.

ROZO, à ses Domestiques.

Obéissez à ce gentilhomme.

GILBERT.

Marquis d'Hecquerey, chevalier Marini, et vous, messieurs, à l'avant-garde! Vous autres, au centre avec ces dames. Nous à l'arrière-garde... Voulez-vous, señora?

JUANA.

Ordonnez, monsieur.

LAZARE.

Quel dommage! ils vont à la mort; mais quel souper ils feront auparavant!

GILBERT.

Vous êtes sûre, mademoiselle, que don Luis de Figuerroa est arrivé le premier et qu'il vous attend?

JUANA.

Ma lettre lui donnait rendez-vous à huit heures, il en est neuf.

GILBERT, à l'Hôtelier.

Combien de temps faut-il pour arriver au château?

ROZO.

Une heure et demie ou deux heures, quand on marche derrière les mulets.

GILBERT.

C'est une promenade, et nous arriverons avant la pluie. Allons, señora, dans une heure et demie, je rendrai mes comptes à votre beau fiancé... Adieu, seigneur alcade! adieu, tous!

TOUS.

Adieu! adieu!

LAZARE.

Dire que, dans deux heures, tous ces gens-là peut-être auront le cou tordu!

ROZO.

Allons souper!

TOUS.

Allons souper!

LA MORESQUE, à part, regardant Juana.

Il te faut deux heures pour aller retrouver ton beau fiancé... Je l'aurai joint dans trois minutes !

(Elle disparaît.)

ACTE DEUXIÈME

DEUXIÈME TABLEAU

Au château de Tormenar. — Une vaste salle composée de colonnes encore solides, de grandes fenêtres ruinées, par lesquelles on peut apercevoir l'orage qui commence à gronder. Portes au fond et portes latérales. Vieux portraits avec cadres vermoulus. Ameublement gothique. Immense cheminée, que surmontent des armoiries sculptées.

SCÈNE PREMIÈRE

LA MORESQUE, puis GILBERT, en dehors.

Au lever du rideau, la Moresque sort précipitamment d'une chambre à droite, et dont elle referme la porte, après avoir promené un long regard à l'intérieur. Onze heures sonnent à une horloge éloignée.

LA MORESQUE.

Il était jeune! il était beau!... Me voilà redevenue jeune et belle!

(On entend la voix des Voyageurs, qui, pendant la fin de l'orage, gravissent les rochers de Tormenar.)

GILBERT, en dehors.

Par ici, señora! par ici!... Là! bien... Encore deux marches.

LA MORESQUE.

A l'an prochain, Gilbert!

(Elle s'envole par la fenêtre.)

SCÈNE II

GILBERT, JUANA, Voyageurs et Voyageuses, Domestiques.

GILBERT.

Eh bien, mais voilà une salle à manger magnifique!... Entrez, señora... Venez, messieurs! Entrez, mesdames!

PREMIER VOYAGEUR.

Ah! superbe, en effet.

DEUXIÈME VOYAGEUR.

Oh! la belle cheminée! Voyez donc, rien n'y manque.

TROISIÈME VOYAGEUR.

Excepté du feu!

PREMIER VOYAGEUR.

Oui, c'est vrai, nous sommes un peu mouillés; nous aurions besoin de nous sécher.

GILBERT.

Du feu? Nous allons en avoir dans un instant. Le bois n'est pas rare ici, et nos domestiques doivent avoir des briquets... Arrivez ici, vous autres!... Les vieilles portes et les vieux meubles serviront de fagots et d'allumettes... Allons, ici, au milieu, les provisions de bouche... Ah ça! mais que disaient donc ces imbéciles, que nous ne trouverions rien dans le château? On y trouve de tout, au contraire, même des tables! (Les Domestiques apportent les provisions. Les uns mettent le couvert et allument des bougies, les autres font du feu.) Fameuse table, ma foi! les douze pairs pouvaient en avoir une plus longue, mais ils n'en avaient pas une plus solide... (A Juana.) Ah! pardon, mademoiselle, j'oublie toujours votre tristesse, ou plutôt je m'en souviens, et je voudrais la dissiper.

JUANA.

Vous avez entendu sonner onze heures comme nous entrions dans ce château?

GILBERT.

Oui.

JUANA.

Eh bien, don Luis n'est pas encore arrivé!

GILBERT.

Oh! quant à cela, il ne faut pas vous inquiéter : les chemins sont atroces! l'orage en a fait des ravins et des fondrières. A douze que nous sommes, c'est tout au plus si nous avons réussi à les franchir; songez combien un seul voyageur aura de peine.

JUANA.

Oh! c'est aussi à cela que je songe, avec terreur même.

GILBERT.

Rassurez-vous! D'ailleurs, don Luis ne viendra probablement pas seul; il se sera fait accompagner de quelque domestique.

JUANA.

Notre secret n'est point de ceux que l'on confie à des étrangers; non, don Luis n'aura rien dit à personne, don Luis viendra seul.

GILBERT.

Tant mieux! cela prouve que don Luis est un cavalier résolu, robuste et adroit. D'ailleurs, celui que vous avez choisi, señora, ne peut être un homme ordinaire.

JUANA.

Don Luis est brave et porte une vaillante épée; mais il y a des périls qui ne peuvent être combattus par l'épée.

GILBERT.

Comment! vous, mademoiselle, vous, si courageuse tout à l'heure contre le vent, contre l'éclair, contre la foudre, contre les dangers réels enfin, voilà que vous vous laissez aller à de chimériques terreurs?

JUANA.

Seigneur Gilbert, ce que je vais vous dire, pardonnez-le-moi : peut-être mon cœur n'avait-il qu'une somme de forces que la fatigue et l'orage ont épuisées; peut-être cédai-je en ce moment à l'influence invincible d'un pressentiment qui m'obsède; mais autant j'étais résolue, ardente, joyeuse quand nous nous sommes mis en marche, et que j'ai cru que j'allais revoir don Luis, autant je suis abattue, inerte, triste à l'heure qu'il est.

GILBERT.

Mais, il n'y a qu'un instant, vous riiez encore à mon bras, dans la montagne, quand la mule qui portait nos vivres, entraînée par le courant, a menacé, au rebours du miracle de Cana, de changer notre vin en eau !

JUANA.

Oui, c'est vrai; mais, depuis quelques minutes, tenez, au

moment même où j'ai mis le pied sur le seuil de ce château, j'ai senti le froid de la peur envahir tout mon être; je n'ose avancer, je n'ose regarder autour de moi, je n'ose m'asseoir, je n'ose ou plutôt je ne puis respirer. Je suis pareille à ces malheureux oiseaux qui, en becquetant un grain, font tomber sur eux la trappe d'une cage; il me semble, enfin, que si je prononce une parole, que si je fais un pas, que si je risque un geste, je vais faire choir sur ma tête quelque épouvantable malheur.

GILBERT.

Oh! señora, je maudis ces murailles noires, puisqu'elles vous inspirent de pareilles idées. Allons, voyons, du courage! Regardez-les bien en face!... Un peu humides, c'est vrai; tapissées d'un grand nombre de toiles d'araignée, je le confesse; mais d'honnêtes murailles au fond, et qui tout à l'heure, aux clartés des bougies, à la chaleur d'un bon feu, au parfum d'un excellent souper, au bruit des assiettes et des verres, bruit dont elles sont désaccoutumées depuis longtemps, vont se dégourdir, s'égayer, revivre, et ne vous renverront plus que de gais échos et des présages hospitaliers. Allons, allons, asseyez-vous, et chassez toutes ces sombre idées.

JUANA.

Vous êtes bon, monsieur le comte, et vous me traitez en sœur, comme vous me l'aviez promis. Oh! que n'est-il déjà ici, mon cher don Luis, pour m'aider à vous payer ma dette!

(Les Domestiques posent les bougies sur la table.)

GILBERT.

La! voyez, grande illumination! Ces reflets d'or vont s'échapper par les fenêtres et servir de guide aux voyageurs égarés dans la montagne.

PREMIER VOYAGEUR.

Au moins, s'il y a ici des fantômes, on les verra.

GILBERT.

Je crois peu aux fantômes, bien que Breton, enfant du manoir de Tiffauges et presque filleul de la fée Mélusine; mais je crois beaucoup aux voleurs, aux bandits, aux assassins des sierras espagnoles, mais je crois beaucoup à l'audace, à la ruse de ces messieurs. Je les soupçonne capables d'avoir assassiné ici des voyageurs et de ne leur avoir pas volé leur bourse, afin d'accréditer dans le canton la présence de créatures surnaturelles.

PREMIER VOYAGEUR.

Et dans quel but, comte Gilbert? Dites-nous cela, voyons.

GILBERT.

Parbleu! dans le but de s'établir commodément au vieux château de Tormenar, qui règne sur des gorges presque inaccessibles ; dans le but d'en éloigner archers et alguazils, qui pourraient avoir l'idée de les troubler dans leurs opérations. Mais, avec nous, ces messieurs perdront leur peine; nous allons mettre auprès de nous nos armes ; nous placerons une sentinelle à la porte, une autre à la fenêtre, et malheur à quiconque essayera de nous faire peur! Soyez donc bien rassurées, mesdames ; vous avez séché vos mantes à ce bon feu, le souper est prêt; prenez place à la table, qui n'a pas trop mauvaise mine.

JUANA.

Mon Dieu! si, par un signal quelconque, on pouvait lui indiquer que nous sommes ici ?

GILBERT.

Oh ! c'est bien facile ! (A un Domestique.) Donne-moi ce cor.

(Il sonne une fanfare.)

DEUXIÈME VOYAGEUR.

Allons, à table, mesdames! à table, messieurs !

GILBERT.

Amis, veuillez laisser une place vide auprès de la señora... Vous savez pour qui, chère petite sœur.

JUANA.

Merci !

GILBERT.

Vous allez voir une chose, messieurs : c'est que les poulets de notre hôte vont nous sembler bien meilleurs ici que dans son hôtellerie.

PREMIER VOYAGEUR.

Et le vin donc, comme il a gagné au trajet!...

GILBERT.

Messieurs, nous sommes dans le pays de Sancho, dans le royaume des proverbes, et, vous le savez, les voyages forment la jeunesse. Señora, je vous en supplie, deux gouttes de ce vin... un morceau de ce pâté de lièvre...

JUANA.

Impossible! j'ai le cœur serré malgré moi. Ne vous occupez donc plus, je vous en prie, de ma sotte personne. Oh! si vous saviez combien je m'en veux de jeter ainsi de la tristesse sur votre charmante collation!

DEUXIÈME VOYAGEUR.

La señora est triste?

JUANA.

Non, monsieur, non!

PREMIER VOYAGEUR.

Ce ne serait pas étonnant : l'aspect de Tormenar n'est pas précisément joyeux.

GILBERT.

Le fait est que ce n'est ni Versailles ni Trianon; mais enfin on est à couvert.

TROISIÈME VOYAGEUR.

Eh! dites donc, il pleut là-haut.

GILBERT.

En vérité, le châtelain n'a pas d'ordre; il devrait faire recrépir les plafonds.

PREMIER VOYAGEUR.

Dites donc, comte, est-ce qu'il est dans ce genre-là, votre château de Tiffauges?

GILBERT.

Un peu mieux clos, mais un peu plus sombre.

DEUXIÈME VOYAGEUR.

Il me semble que, pour un Breton, pour un filleul de Mélusine, comme vous disiez tout à l'heure, vous êtes bien incrédule à l'endroit des apparitions!

GILBERT.

Oh! non pas, au contraire; peste! je ne serais pas de mon pays. Seulement, je dis qu'il y a longtemps que je n'en ai vu.

PREMIER VOYAGEUR.

Comment! il y a longtemps?

DEUXIÈME VOYAGEUR.

Depuis combien d'années, comte?

GILBERT.

Hélas! depuis que je suis homme, depuis que j'ai écarté de moi, à l'aide de cette froide et triste lumière qu'on appelle la raison, ces naïves et mystérieuses croyances de la première jeunesse.

TROISIÈME VOYAGEUR.

Alors, vous croyez aux créatures surnaturelles, aux ondins, aux farfadets, aux sylphes, aux fées?

GILBERT.

Mais oui, sans doute. Pourquoi voulez-vous que la chaîne des êtres s'arrête justement à l'homme?

TROISIÈME VOYAGEUR.

Dame, je crois à ce que je vois et à ce que je sens : je crois à ce verre de vin parce que je tiens ce verre et que je bois ce vin; mais je ne puis croire à ce que je ne sens pas, à ce que je ne vois pas.

GILBERT.

Et vous avez tort, marquis... Il y a des animaux tellement imperceptibles, qu'on ne peut les voir qu'à l'aide d'un microscope inventé l'an passé, je crois; eh bien, de ce que, depuis six mille ans, on ne voyait pas ces animaux faute d'un microscope, s'ensuit-il que ces animaux n'existent pas depuis six mille ans? S'il y a des êtres infiniment petits, invisibles à cause de leur petitesse, ne peut-il pas exister des créatures invisibles à cause de leur transparence, et à qui Dieu, dont ils sont les messagers, permet quelquefois de revêtir la forme humaine pour nous révéler une joie ou nous avertir d'un malheur? Oh! marquis, n'allez pas rire de ces énormités-là. Chez nous, nous n'avons pas un paysan qui ne possède son lutin, qui mêle le crin de ses chevaux ou la quenouille de lin de sa fille; nous n'avons pas un meunier qui ne possède ses follets, dansant sur les marais et sur les étangs, pas un pêcheur qui n'ait sa dame des eaux, lui prédisant l'orage et le beau temps, lui disant quand il peut s'aventurer sur la mer ou quand il doit rentrer dans le port.

PREMIER VOYAGEUR.

Et vous, qu'avez-vous au château de Tiffauges? lutin, follet ou dame des eaux?

GILBERT.

Moi, j'ai la tapisserie de la fée.

TOUS.

Qu'est-ce que c'est que cela?

GILBERT.

Oh! c'est un de ces rêves de jeunesse dont je vous parlais tout à l'heure. Les châtelaines de Tiffauges ont l'habitude de mettre leur premier-né au jour dans ce qu'on appelle au château *la chambre de la Tapisserie.* Sur cette tapisserie sont représentées la fée Mélusine et toute sa cour. Eh bien, est-ce un rêve, comme je le disais tout à l'heure, est-ce une réalité : quand j'étais enfant, couché dans mon berceau, et que les rayons de la lune entraient par l'immense fenêtre, à minuit, je me réveillais, et alors, à mon grand plaisir, je voyais descendre tous les personnages de la tapisserie : le joueur de musette faisait danser, au son de son instrument muet, de silencieux quadrilles, dont on n'entendait pas les pieds résonner sur le parquet; un chasseur poursuivait un cerf avec sa meute tout autour de la chambre; les oiseaux s'envolaient et venaient me rafraîchir le visage aux battements de leurs ailes; enfin, la fée elle-même venait à moi, toute blanche, toute pâle, toute souriante, et elle m'agitait doucement dans mon berceau en murmurant une chanson que j'ai bien certainement sue dans mon enfance, mais dont l'air et les paroles se sont perdus depuis dans le bruit et l'agitation de ce monde, tout de matérialisme et de réalité.

JUANA.

Oh! comme je crois à tout cela, moi!

PREMIER VOYAGEUR.

En effet, chaque pays a sa superstition. Tenez, par exemple, j'ai voyagé en Épire, moi; eh bien, les légendes changent avec le caractère des habitants, avec l'aspect du pays. Là, ce n'est plus la fée bienveillante, le follet inoffensif, le lutin railleur, non! C'est la goule terrible, malfaisante, mortelle; la femme spectre, revêtant l'apparence de la beauté, les formes de la jeunesse, pour mieux dresser ses piéges, et s'attaquant surtout aux jeunes hommes les plus beaux, les plus frais, dont elles boivent le sang avec délices!

JUANA.

Horreur!

GILBERT.

Si vous étiez Française, mademoiselle, vous connaîtriez, du moins par la traduction de notre ingénieux compatriote Galland, l'histoire d'une goule, laquelle avait épousé un beau jeune homme, qui, ne lui voyant manger pour toute nourriture que quelques grains de riz avec de petites baguettes d'ivoire, la suivit une nuit et la vit, à sa grande terreur, faire un de ces sanglants festins dont parlait tout à l'heure le marquis.

JUANA.

Et vous avez vu une de ces créatures?

PREMIER VOYAGEUR.

C'est-à-dire, señora, que j'ai vu une femme qui passait pour telle.

DEUXIÈME VOYAGEUR.

Et c'était?...

PREMIER VOYAGEUR.

Une femme comme toutes les femmes, à peu près; seulement, peut-être un peu plus grande, un peu plus pâle, un peu plus maigre que les femmes ordinaires, avec des yeux fixes et chatoyants comme ceux des hiboux.

GILBERT.

Était-elle belle, au moins, avec tout cela?

PREMIER VOYAGEUR.

Oui, plutôt belle que laide, mais d'une beauté singulière cependant.

JUANA.

Belle! un pareil monstre!

PREMIER VOYAGEUR.

Oh! señora, détrompez-vous: ces dames sont fort coquettes; elles ne prennent point au hasard l'homme à qui elles réservent le funeste présent de leur infernal amour... Celui qu'elles ne trouvent pas digne d'elles, elles le laissent vivre; mais qu'un homme soit beau, soit aimé d'une autre femme, jeune et belle, elles tressaillent de joie, car elles ont à la fois un homme à tuer et une rivale à désespérer. Alors, elles s'embusquent dans quelque solitude, elles guettent le passage de leur victime, l'endorment au murmure de leurs grandes ailes, et, quand il est endormi, dans un baiser mortel, elles aspirent son sang et sa vie; puis, invisibles, elles assistent à la douleur de la fiancée, dont elles boivent les larmes avec une volupté égale à celle qu'elles ont eue à boire le sang.

JUANA.

Seigneur! seigneur! par pitié, ne dites pas cela.

GILBERT.

En effet, nous avons une lugubre conversation pour des gens venus ici dans l'intention de se réjouir.

JUANA, prenant Gilbert à part.

Seigneur Gilbert, je vous en supplie, allons au-devant de don Luis, ne fût-ce que jusqu'à la porte extérieure; allons!

je meurs d'inquiétude et d'effroi. Je sais bien que vous allez me dire : « Contes d'enfants, rêves chimériques ! » Je vous le répète, j'ai peur pour don Luis; j'ai peur pour mon fiancé, j'ai peur !...

GILBERT.

Voyons, rassurez-vous, señora, et, croyez-moi, chassez l'inquiétude qui emplit de larmes vos beaux yeux. Certains voyageurs attendus n'arrivent pas à cause de l'orage qui a ravagé les chemins ; nous les verrons arriver demain à l'aurore, bien secs et bien roses, au souffle frais de la brise matinale. Ne trouvez-vous pas quelque chose de doux, d'ailleurs, à entendre ces histoires effrayantes auprès d'un bon feu qui rassure, en compagnie d'une troupe d'amis déterminés? Au dehors, le vent siffle, les branches craquent, les oiseaux de nuit, effarés, s'entre-choquent dans les airs; nous, ici, nous savourons le festin de noces de l'hôtelier, nous buvons à la santé de ceux qui nous sont chers, et, nous tenant par la main, nous défions lutins, voleurs, goules et vampires !

JUANA.

Comte, je vous prie, allons au-devant de don Luis?

GILBERT.

Faisons mieux : cette fenêtre donne sur la rampe qui conduit au château; montons sur le balcon avec une torche. Appelons même, si vous voulez ; si don Luis est dans les environs, il faudra qu'il nous voie et nous entende

JUANA.

Oui, vous avez raison; venez !

PREMIER VOYAGEUR.

Souffririez-vous, madame?

GILBERT.

Non, marquis ; mais votre récit a impressionné la señora, et je la conduis jusqu'à cette fenêtre, pour lui faire respirer l'air frais de la nuit.

TROISIÈME VOYAGEUR.

Diable ! il me semble qu'il n'y a pas besoin d'aller jusqu'à la fenêtre pour cela.

GILBERT, appelant par la fenêtre.

Don Luis ! don Luis !

JUANA.

Luis ! Luis !

TROISIÈME VOYAGEUR.

La pauvre enfant a eu peur! Dites donc, chevalier, qu'eût-ce donc été si vous lui aviez raconté l'histoire du vampire.

PREMIER VOYAGEUR.

Comment! vous avez vu un vampire?

DEUXIÈME VOYAGEUR.

Non, pas précisément; mais...

TROISIÈME VOYAGEUR.

Oh! ne craignez rien, elle est sur la fenêtre et ne peut vous entendre; vos dames sont braves comme des Bradamante ou des Clorinde.

GILBERT, appelant de nouveau.

Don Luis! don Luis!

JUANA.

Luis! Luis!

PREMIER VOYAGEUR.

Vous n'avez pas vu un vampire? Mais j'y tiens beaucoup, à votre vampire, moi: je voudrais le marier avec ma goule.

DEUXIÈME VOYAGEUR.

Je disais donc que je n'avais pas vu un vampire; mais je logeais à Pern, dans une maison habitée par des juifs auxquels un vampire rendait visite; ces juifs, banquiers et fort riches, avaient plusieurs filles et, entre autres, une adorable créature de seize à dix-sept ans: j'ai vu son portrait, et, en vérité, c'était merveilleux!

GILBERT.

Don Luis! don Luis!

JUANA.

Luis!... Ah!...

PREMIER VOYAGEUR.

Qu'y a-t-il?

TROISIÈME VOYAGEUR.

Rien, continuez; c'est leur torche qui s'est éteinte.

JUANA.

Ah! mon Dieu, je me meurs!

TOUS.

Continuez, continuez!

(Gilbert referme la fenêtre.)

DEUXIÈME VOYAGEUR.

La nuit, quand tout dormait dans la maison, quand les

lumières mouraient une à une, dès qu'on avait entendu sonner douze coups à l'horloge...

TROISIÈME VOYAGEUR.

Tiens, voilà justement minuit qui sonne !

GILBERT.

N'ayez pas peur, señora, je suis là.

DEUXIÈME VOYAGEUR.

Alors, un bruit pareil au bruissement du vent retentissait dans les escaliers, des feux sinistres et blafards couraient dans les corridors, et soudain, au dernier coup de l'horloge, la porte s'ouvrait lentement, et, pâle, livide, apparaissait le vampire... Ah ?...

SCÈNE III

Les Mêmes, LORD RUTHWEN.

TOUS.

Qui êtes-vous ?

GILBERT.

Que voulez-vous ?

RUTHWEN.

Oh ! pardon, cent fois pardon, mesdames !... Excusez-moi, messieurs !... Vous me demandez qui je suis ?... Je suis un voyageur renvoyé, comme vous, de l'hôtellerie du señor Rozo, qui marie sa fille. On m'a appris là qu'une joyeuse compagnie avait monté bravement au château de Tormenar ; et, en effet, d'en bas, j'ai vu les fenêtres qui semblaient jeter des flammes. Ce que je veux ? Mais, puisque vous avez trouvé ici un bon gîte, je désire tout simplement que vous daigniez m'admettre parmi vous. J'apporte mes provisions et mes armes. Je suis lord Ruthwen, pair d'Angleterre, votre bien dévoué serviteur. Remettez votre épée au fourreau, messieurs ; et vous, mesdames, pardonnez-moi de ne point m'être fait annoncer ; mais je n'ai trouvé personne dans l'antichambre.

GILBERT.

C'est à nous de vous demander pardon, milord ; mais votre arrivée ici, au milieu de ces ruines, était si inattendue... Rassurez-vous, Juana.

RUTHWEN.

Oh ! mais je m'en veux effroyablement. Comment ! madame, c'est mon apparition qui vous fait ainsi pâle et tremblante?

JUANA.

C'est qu'en vérité, milord, votre arrivée coïncidait si étrangement avec l'histoire que l'on racontait ici...

RUTHWEN.

Et quelle histoire racontait-on ?

GILBERT.

Mais on parlait...

RUTHWEN.

De quoi ?

TROISIÈME VOYAGEUR.

D'un vampire, milord.

RUTHWEN.

Ah ! ah ! d'un...?

DEUXIÈME VOYAGEUR.

Je disais qu'en Hongrie, il n'est pas rare d'entendre raconter les histoires les plus terribles.

RUTHWEN.

Oui, certes ; mais il y a une chose plus rare, c'est de voir les héros de ces histoires. Moi aussi, mesdames, j'ai voyagé en Hongrie, et je n'ai jamais rien vu.

DEUXIÈME VOYAGEUR.

Mais, enfin, ne vous a-t-on pas dit...?

RUTHWEN.

Vous plaît-il, mesdames, que nous parlions de choses plus gaies?

JUANA.

Oh ! quant à moi, je vous supplie.

GILBERT.

Milord, permettez-moi d'abord de vous apprendre avec qui vous vous trouvez. M. le marquis d'Hecquerey, avec sa femme et ses deux filles ; M. le chevalier Marini ; et, quant à moi, milord, je suis le comte Gilbert de Tiffauges. Maintenant, milord, soyez le bienvenu. Vous avez, dites-vous, des armes ?

RUTHWEN.

Voici.

GILBERT.

Des provisions ?

RUTHWEN.

Mon valet amène ici une mule qui les porte.

GILBERT.

Mais je ne le vois pas!

RUTHWEN.

Oh! je l'ai laissé en arrière, se débattant avec l'animal; c'est fort entêté, une mule, et celle-là sans doute connaissait la légende du château de Tormenar; si bien qu'à toute force, elle ne voulait pas monter.

GILBERT.

Mais votre domestique va se perdre, peut-être?

RUTHWEN.

Oh! il n'y a pas de danger : c'est un garçon du pays, que j'ai pris là-bas, à l'hôtellerie de maître Rozo. Il cherchait un maître, je l'ai engagé. Eh! je l'entends!... Arrive, garçon! arrive!

SCÈNE IV

Les Mêmes, LAZARE.

LAZARE.

C'est égal, m'y voici! Eh bien, ma parole d'honneur, je ne savais pas qu'un homme pût être assez brave pour avoir tant peur sans en mourir!

GILBERT.

Mais c'est ce poltron de Lazare.

LAZARE.

Poltron! et c'est ici que vous me dites cela!

GILBERT.

Comment diable t'es-tu décidé à monter à Tormenar?

LAZARE.

Écoutez donc! j'avais déjà manqué deux occasions : madame et vous. Qui ne risque rien n'a rien, je me suis juré de ne pas laisser échapper la troisième. C'est monsieur qui s'est présenté; ce n'est pas celui qui me plaît le plus, non, je dois le dire; mais c'est lui qui est venu le dernier... (Regardant autour de lui.) Ils y sont encore tous en bon état!

JUANA.

Mon ami...

LAZARE.

Ah! c'est vous, señora?

JUANA.

Oui... Tu n'as vu que milord à l'hôtellerie?

LAZARE.

Je n'ai vu que milord à l'hôtellerie, oui, señora ; s'il en était venu un autre, je vous assure que je l'eusse choisi.

TROISIÈME VOYAGEUR.

Mais vous ne buvez ni ne mangez, milord?

RUTHWEN.

Le froid m'a ôté l'appétit.

LAZARE.

Tiens, que c'est drôle, que le froid lui fasse cet effet-là! il me fait l'effet contraire, à moi. Bon! voilà que je n'ai pas le même caractère que mon maître... Oh! celui qui m'aurait dit que je souperais au château de Tormenar...

TROISIÈME VOYAGEUR.

Mais enfin qu'a-t-il donc, ce fameux château de Tormenar?

PREMIER VOYAGEUR.

Quant à moi, il me semble que c'est un château comme les autres.

LAZARE.

Oui, comme tous les autres!... Il est gentil, le voyageur!

DEUXIÈME VOYAGEUR.

Absolument pareil ; un peu moins délabré peut-être, voilà tout.

LAZARE.

Voilà tout! Mais vous ne savez donc pas ce qui s'est passé, au château de Tormenar?

GILBERT.

Ici?

LAZARE.

Oui, ici, dans la chambre même où nous sommes.

PREMIER VOYAGEUR.

Ah! messieurs, chacun de vous a raconté son histoire; il faut que ce brave garçon nous raconte la sienne. Je parie tout ce qu'on voudra qu'elle ne sera pas si lugubre que la nôtre.

LAZARE.

Moi raconter l'histoire du comte de Tormenar, ici, dans le château de Tormenar même? Allons donc, jamais!

PREMIER VOYAGEUR.

Pourquoi donc cela ?

LAZARE.

Mais parce que je me sentais déjà presque mourir de peur quand je la racontais à deux lieues d'ici... et qu'en la racontant dans ce château, je craindrais de mourir tout à fait!

PREMIER VOYAGEUR.

Allons, approche, et bois ce verre de vin.

LAZARE.

Oh! pour cela, oui, je ne demande pas mieux; mais, pour l'histoire, non, non! je ne me fais pas de ces tours-là, à moi-même... Ah! je ne dis pas si j'avais deux ou trois verres de vin comme celui-là dans la tête.

DEUXIÈME VOYAGEUR.

Un second, mon ami, et à votre santé!

LAZARE.

Vous me faites honneur!... Ah! il n'y a pas à dire, voilà de joli vin ! Ça n'est pas de chez maître Rozo.

PREMIER VOYAGEUR.

Si fait.

LAZARE.

C'est de chez maître Rozo ?

TROISIÈME VOYAGEUR.

Assure-t'en.

LAZARE.

Il faut que je me sois trompé de pièce.

DEUXIÈME VOYAGEUR.

Eh bien, voilà que tu as bu tes trois verres de vin.

LAZARE.

Vous croyez ?

GILBERT.

Tu disais donc qu'il y a un comte de Tormenar.

LAZARE.

Non, non, ce n'était pas un comte de Tormenar... Il y en avait trois.

PREMIER VOYAGEUR.

Trois ?

LAZARE.

Oui... Il y avait donc trois comtes de Tormenar... Voyez-vous, il y en a qui disent qu'il y a cinquante ans que cela s'est passé, d'autres qui disent qu'il y a mille ans, et puis d'autres qui disent que cela ne s'est pas passé du tout

DEUXIÈME VOYAGEUR.

Mais enfin, à l'heure qu'il est, n'existe-t-il donc plus de comte de Tormenar?

LAZARE.

Mais qu'est-ce que cela vous fait, je vous le demande?

PREMIER VOYAGEUR.

Dame, quand on a été bien reçu chez les gens, on désire savoir si on les rencontrera un jour pour leur faire ses remerciments.

LAZARE.

Ah! vous n'en rencontrerez pas, soyez tranquille; ou, si vous en rencontrez un, c'est un arrière-petit-cousin, un collatéral qui ne porte pas même le nom de la famille.

DEUXIÈME VOYAGEUR.

Enfin, pour en revenir à ces trois comtes?...

LAZARE.

Eh bien, je disais donc que chacun d'eux avait un château en Catalogne; l'un des châtelains, le plus jeune et le plus scélérat, invita ses deux frères à souper chez lui; c'était justement celui qui habitait le château...

TROISIÈME VOYAGEUR.

Ah! diable!

LAZARE.

Tenez-vous beaucoup à savoir la fin de l'histoire?

TOUS.

Mais certainement, pardieu!

LAZARE.

C'est que j'aimerais autant ne pas la dire.

TOUS.

La fin de l'histoire! la fin de l'histoire!

LAZARE.

Le plus jeune et le plus scélérat des trois invita ses deux frères à souper; il illumina le château comme pour un jour de fête, il prépara tout comme s'ils devaient venir...

GILBERT.

Comme s'ils devaient venir?

LAZARE.

Oui; mais il savait bien qu'ils ne viendraient pas, le gueux! puisqu'il les avait fait assassiner sur la route!

RUTHWEN.

Ah! ah!... Mais savez-vous que votre histoire est charmante, mon ami? Je suis bien aise de vous avoir pris à mon service; quand vous n'aurez rien à faire, vous me raconterez de ces histoires-là.

LAZARE.

Milord est bien bon!... Il les avait donc fait assassiner dans la montagne, et, comme il était tout naturellement leur héritier, puisqu'il les avait fait assassiner, et leurs enfants avec eux, il hérita.

TROISIÈME VOYAGEUR.

Vous aviez oublié la circonstance des enfants, qui était très-importante.

LAZARE.

Je l'avais oubliée, c'est vrai! Mais ça ne fait rien, puisque je m'en suis souvenu. Il hérita donc de trois châteaux.

PREMIER VOYAGEUR.

De deux, mon ami, puisque le troisième était à lui.

LAZARE.

C'est juste; mais voilà qu'il lui arriva une chose...

TROISIÈME VOYAGEUR.

Laquelle?

LAZARE.

Oh! une mauvaise affaire tout à fait.

GILBERT.

Voyons!

LAZARE.

Voilà que, toutes les fois qu'il voulait se mettre à table, il trouvait un de ses frères qui était déjà à table avant lui; voilà que, toutes les fois qu'il voulait se mettre au lit, il trouvait un de ses frères couché dans la ruelle.

RUTHWEN.

Mon cher Lazare, je double vos gages.

LAZARE.

Je remercie bien milord. Je sais encore beaucoup d'histoires comme celle-là, et, s'il veut, j'en puis apprendre d'autres.

RUTHWEN.

Ah! celle-là suffit, pourvu que vous l'acheviez.

PREMIER VOYAGEUR.

Mais elle est finie, sans doute?

LAZARE.

Ah bien, oui! le scélérat avait trois enfants, trois fils beaux et forts; l'un étudiait à l'université de Salamanque, l'autre à l'université de Valladolid, et le troisième à celle de Coïmbre; il les fit venir tous trois et résolut d'aller avec eux visiter les châteaux de ses frères, qu'il n'osait visiter seul.

TROISIÈME VOYAGEUR.

C'est concevable.

LAZARE.

Au premier voyage qu'il fit dans l'un des châteaux, son fils aîné mourut. Du premier, il passa dans le second, et il y perdit son fils cadet. Il s'obstina alors à retourner dans le premier, il y laissa son troisième fils.

PREMIER VOYAGEUR.

Mais, puisqu'il était averti, que diable allait-il y faire dans cette galère?

LAZARE.

Oui, voilà, qu'allait-il faire dans ce château?... Il paraît que c'est ce qu'il dit aussi; de sorte que, n'osant retourner dans les autres, n'osant revenir dans le sien, il entra dans un couvent, où il avoua son crime, fit pénitence et mourut en odeur de sainteté. Depuis ce temps, les trois châteaux sont abandonnés, et, quand, par hasard, des voyageurs s'y arrêtent pour passer la nuit, le lendemain, on en trouve toujours un ou deux de morts. C'est immanquable, cela!

RUTHWEN.

En ce cas, messieurs, la mauvaise chance sera pour moi.

GILBERT.

Pourquoi cela?

RUTHWEN.

Parce que je suis arrivé le dernier et que, d'habitude, c'est sur le dernier que cela retombe.

LAZARE.

Mais non, mais non; c'est moi qui suis arrivé... Un instant! un instant! Mon Dieu! que je suis donc bête de me raconter à moi-même des histoires qui me font des peurs pareilles.

GILBERT.

Bravo! bravo, Lazare! tu as raconté à merveille. N'est-ce pas, messieurs? n'est-ce pas, mesdames?

TOUS, riant.

A merveille ! à merveille, Lazare !

LAZARE.

Ces messieurs sont trop bons ; ces dames sont trop bonnes.

GILBERT.

Cependant tu as oublié une chose...

LAZARE.

Vous croyez ?

GILBERT.

Tu as oublié de nous dire pourquoi le collatéral, tu sais, l'arrière-cousin...

LAZARE.

Oui, l'héritier.

GILBERT.

Eh bien, pourquoi n'habite-t-il pas l'un ou l'autre de ces trois châteaux ?

LAZARE.

Bon ! il n'a garde ! il sait qu'on a le cou tordu dès qu'on y met le pied, et préférablement les gens de la famille ; or, comme il est de la famille...

PREMIER VOYAGEUR.

Il vit donc toujours ?

LAZARE.

Dame, on le dit.

TROISIÈME VOYAGEUR.

Et sait-on son nom ?

LAZARE.

Attendez donc, je le savais ; il s'appelait, il s'appelait... J'y suis ; il s'appelait don Luis de Figuerroa.

JUANA.

Don Luis de Figuerroa !... mon Dieu ! mon Dieu !

GILBERT.

Malheureux !

LAZARE.

Quoi donc ? Ah ! m'avez-vous fait peur, vous !

JUANA, à Gilbert.

Vous l'avez entendu ! toutes les fois qu'un héritier de Tormenar touche le seuil d'un de ces châteaux, il meurt !

RUTHWEN.

Monsieur le comte, je crois qu'il serait temps de s'occuper de chercher un endroit où ces dames pussent passer la nuit.

(Les Voyageurs se lèvent. — Les Domestiques desservent et emportent la table.)

GILBERT.

Lazare !

LAZARE.

Seigneur comte ?

GILBERT.

Il y a des mantes et des couvertures sur les mules, n'est-ce pas ?

LAZARE.

Oui, seigneur comte.

GILBERT.

Eh bien, fais une distribution. — Chevalier, installez-vous avec ces messieurs dans la pièce voisine.

TROISIÈME VOYAGEUR.

Très-bien.

GILBERT.

Marquis !

PREMIER VOYAGEUR.

Oh ! ne vous inquiétez pas de moi, ni de ces dames : nos gens nous ont trouvé et chauffé une espèce de petit salon.

GILBERT.

A merveille ! Vous, señora...

JUANA.

Moi, monsieur, je passerai la nuit là, sur une chaise.

GILBERT.

Oh ! non, impossible ! cette salle est ouverte à tous les vents (allant ouvrir une chambre à gauche), tandis que, tenez, là, en vérité, vous serez aussi bien que dans votre cellule d'Huescas ; vous reposerez jusqu'au jour, qui viendra dans deux heures.

JUANA.

Que cette chambre est sombre ! on dirait un gouffre !...

GILBERT.

Si vous le désirez, doña Juana, je resterai près de vous.

JUANA.

Non, non, c'est de la folie... Je prendrai cette chambre, monsieur le comte.

RUTHWEN, saluant.

Señora...

JUANA, tressaillant.

Oh !...

GILBERT.

C'est milord qui prend congé de vous, Juana.

JUANA.

Milord !

GILBERT, à Ruthwen.

Mais, vous, où vous logerez-vous ?

RUTHWEN.

Oh ! ne vous inquiétez pas de moi ; je chercherai, je trouverai.

GILBERT.

Eh bien, mes amis, voilà que nous avons passé l'heure des aventures fatales ; le sombre minuit a tinté sans amener d'autre catastrophe que l'arrivée d'un nouveau compagnon, le bienvenu parmi nous. Les voleurs semblent s'être résignés à nous laisser en possession du château, les goules ne se montrent pas, les vampires se cachent...

RUTHWEN.

Adieu, mesdames ! Bonne nuit, messieurs !

GILBERT.

A demain, mes amis ! à demain !

TOUS.

Bonsoir ! adieu !

(Il sortent.)

SCÈNE V

GILBERT, LAZARE, JUANA, RUTHWEN.

GILBERT.

Bien, c'est cela ! dormons sur les deux oreilles, mais veillons des deux yeux.

LAZARE.

Comme c'est amusant !

GILBERT.

Eh bien, garçon, tu ne suis pas ton maître ?

RUTHWEN.

Je le lui défends.

(Il sort.)

SCÈNE VI

JUANA, GILBERT, LAZARE.

LAZARE.

Comme il fait bien de me le défendre! s'il me l'avait ordonné, je n'y serais pas allé.

GILBERT.

Et pourquoi cela?

LAZARE.

Tiens! je suis presque accoutumé à cette salle, il y fait clair, ou à peu près; voulez-vous que j'aille me fourrer dans ces corridors sombres, pleins de chats-huants ou de chauves-souris?

GILBERT.

C'est bien, fais comme tu voudras... Voyons, ma chère Juana, voyons, ma petite sœur, vous rassurez-vous un peu?

JUANA.

Il le faut bien.

GILBERT.

Vous savez bien que je suis là... Je vais me coucher sur mon manteau près de la cheminée; un soupir de vous, je l'entendrai.

JUANA.

Merci, mon loyal, merci, mon généreux frère!

GILBERT.

Priez pour moi ce soir, et, comme je suis sûr que mon autre sœur de Tiffauges, Hélène, en a fait autant, deux anges auront parlé de moi cette nuit au Seigneur... Suis-je heureux!

JUANA.

Comme vous le méritez... Bonsoir, cher frère.

(Elle va à la fenêtre.)

GILBERT.

Où allez-vous?

JUANA.

Le temps s'éclaircit, la nuit est belle, la lune va se lever bientôt.

GILBERT.

Elle éclairera les voyageurs perdus dans la montagne et les remettra dans le bon chemin.

JUANA, regardant en dehors.

Rien ! personne !

GILBERT.

Du courage, Juana !

JUANA.

Don Luis, mon amour !

GILBERT.

Allons, ma sœur, voulez-vous rester avec moi près de ce feu ? Cela vous rassurera-t-il ? Ou bien aimez-vous mieux passer tranquillement la nuit dans cette chambre en songeant à don Luis ?

JUANA.

En songeant à don Luis ?... Oui, vous avez raison, Gilbert. Adieu, mon ami !

GILBERT.

Au revoir, voulez-vous dire ?

JUANA.

Adieu ! Si vous voyez don Luis avant moi, dites-lui combien je l'aimais, n'est-ce pas ?...

GILBERT.

Oh !

JUANA.

Combien je l'aime !

(Elle sort.)

SCÈNE VII

GILBERT, LAZARE.

GILBERT.

Pauvre enfant ! son esprit est frappé. Il est vrai que cette absence est étrange... Il me semble qu'elle pleure.

LAZARE.

Oui, monsieur ; je crois, en effet, que la señora pleure un peu ; cela lui fera du bien. Ah ! c'est comme moi, si je pouvais...

GILBERT.

Pleurer ?

LAZARE.

Non, rire.

GILBERT.

Mais rien ne t'en empêche, parbleu ! ris tant que tu voudras.

LAZARE, essayant.

Au fait, c'est impossible... Je crois qu'il me sera encore plus facile de dormir.

GILBERT.

Eh bien, cherche un gîte, alors... Tiens, ce cabinet.

LAZARE.

Ma foi, oui ! près de vous, comme cela, je le veux bien ; car vous m'allez beaucoup, vous. Je ne sais pas pourquoi vous me rassurez, vous, tandis que mon maître, — je n'en dis pas de mal, pauvre cher homme ! — mais il ne m'inspire rien, ou plutôt, si ! il m'inspire quelque chose : il me fait peur. Que c'est bête de juger comme cela les gens ; c'est peut-être la crème... Vous dites donc qu'il faut se coucher ?

GILBERT.

Dame, je crois qu'il est l'heure.

LAZARE.

C'est juste, il est plus que l'heure... Il faut se coucher, oui, monsieur... dans ce cabinet...

GILBERT.

Est-ce que tu as quelque chose contre ce cabinet ?

LAZARE.

Non... D'ailleurs, moi, je m'accommode de tout... On dit que je suis poltron : dehors, oui, peut-être ; mais dans les maisons... (Chantant.) Jamais ! jamais ! jamais !

GILBERT.

Allons, te décideras-tu ?

LAZARE.

Monsieur, une bonne nuit je vous souhaite ! une bonne nuit, monsieur !

GILBERT.

Merci ! Mais tu aurais aussi bien fait de ne pas me réveiller.

LAZARE.

Allons dans ma petite chambre à coucher !... Dans ma jolie petite chambre à coucher... (Il entre. On l'entend pousser un cri.) Ah !...

####### GILBERT.

Imbécile! que diable fais-tu donc?

####### LAZARE, reparaissant, très-pâle.

Monsieur! monsieur!...

####### GILBERT.

Que veux-tu encore?

####### LAZARE.

Monsieur, il y a quelqu'un dans ma chambre!

####### GILBERT.

Allons donc!

####### LAZARE.

Monsieur, je vous assure...

####### GILBERT.

Tu te seras vu dans quelque vieille glace, niais!

####### LAZARE.

Je me serais vu debout, en ce cas, monsieur; mais c'est quelqu'un qui est couché, quelqu'un qui ne remue pas... Oh la la!

####### GILBERT.

Prends ce flambeau.

####### LAZARE.

Monsieur!...

####### GILBERT.

Allons, éclaire-moi.

####### LAZARE.

Ah! Seigneur Dieu!

(Gilbert entre dans le cabinet, Lazare reste sur le seuil.)

####### GILBERT.

Un cadavre!...

####### LAZARE.

Ah!...

####### GILBERT.

Te tairas-tu, malheureux!... Froid!... Il est bien mort!... Éclaire, te dis-je!

####### LAZARE.

Jamais! jamais!

####### GILBERT, prenant le flambeau et éclairant le cadavre.

Un jeune homme!... souriant encore!... Une blessure à la gorge... Comme il est pâle!

####### LAZARE.

Jésus Dieu!

GILBERT.

Il faut cependant savoir qui ce peut-être... Un portefeuille... une lettre... (Lisant.) « Je serai en même temps que toi à Tormenar. Ménage ta vie, mon fiancé : c'est celle de ta Juana... » Don Luis de Figuerroa, le dernier des Tormenar ! Il était venu le premier au rendez-vous... Et cette pauvre enfant qui dort là, à côté de ce cadavre ! Comment lui apprendre la fatale nouvelle ? Je la tuerai en parlant !

JUANA, dans sa chambre.

Ah !...

GILBERT.

J'ai entendu un cri... On dirait sa voix.

JUANA.

Ah !...

GILBERT.

Juana ! ma sœur !...

JUANA paraît, se soutenant à peine.

A moi, Gilbert !... à... à moi !... je meurs !

SCÈNE VIII

Les Mêmes, JUANA, RUTHWEN, puis tous les Voyageurs.

GILBERT.

Elle meurt !... Assassinée !.... (S'élançant vers la chambre.) Oh ! malheur à celui...

(Il frappe de son épée Ruthwen, qui sort de la chambre.)

RUTHWEN.

Ah !...

GILBERT.

Lord Ruthwen, chez Juana !

RUTHWEN.

Oui... au cri de la jeune fille, j'étais accouru... Je l'ai vue s'élancer hors de sa chambre ; je l'ai suivie pour la secourir ou la venger... Vous m'avez frappé, comte Gilbert... Je meurs !...

(Tous les Voyageurs sont accourus successivement, et s'empressent autour de Juana.)

GILBERT.

Mais l'assassin ?

RUTHWEN.
Enfui !... par cette fenêtre sans doute.
GILBERT.
O Juana !... O milord !
RUTHWEN.
Gilbert !...
GILBERT.
Et c'est moi qui vous ai tué ! Oh ! mais non ! nous vous sauverons, n'est-ce pas ?
RUTHWEN.
Tout serait inutile, je le sens.
GILBERT.
Mon Dieu !
RUTHWEN.
Écoutez !
GILBERT.
Me voilà ! me voilà !
RUTHWEN.
Éloignez tout le monde... Les moments sont précieux... il faut que je vous confie mes dernières volontés. (Gilbert fait signe qu'on s'éloigne.) Comte, dans la religion que je professe, il est d'usage que les morts soient déposés librement sur la terre, et non ensevelis dans des tombes... Jurez-moi qu'après ma mort, vous me porterez au penchant d'une montagne, exposé aux rayons de la lune naissante ; jurez-moi cela, comte, et je vous pardonne ma mort, et vous aurez fait pour moi tout ce que vous pouviez faire !
GILBERT.
Je vous le jure !... Mais, en attendant, du secours ! du secours !
RUTHWEN.
Inutile, la mort approche... Vous jurez ?
GILBERT.
Je le jure !
RUTHWEN.
Vous-même... la montagne... adieu !...
(Il meurt.)
GILBERT.
Ah !...

LAZARE, à part.

Déjà sans place !

TROISIÈME TABLEAU

Le penchant d'une colline hérissée de roches nues. — Nuit profonde. Vaste horizon sombre.

SCÈNE UNIQUE

GILBERT, RUTHWEN.

Gilbert arrive lentement, avec le cadavre de Ruthwen sur ses épaules. Il le dépose sur une roche saillante, le visage tourné à l'occident ; puis il s'agenouille un instant auprès du corps, et redescend le sentier. — Dès qu'il a disparu, la lune transparaît derrière les nuages ; un coin de son disque argente les saillies des rocs et les pitons de la montagne ; la clarté grandit et envahit peu à peu le cadavre et finit par monter jusqu'à son visage. — A peine la face est-elle baignée de cette lumière, que les yeux du cadavre s'ouvrent tout grands ; sa bouche sourit lugubrement. Lord Ruthwen se met sur son séant, puis se lève tout à fait, et, après avoir secoué ses cheveux au vent, il déploie de grandes ailes et s'envole.

RUTHWEN.

Tu as tenu parole... Merci, Gilbert !

ACTE TROISIÈME

QUATRIÈME TABLEAU

A Tiffauges, en Bretagne. — La place du château.

SCÈNE PREMIÈRE

HÉLÈNE, JARWICK, puis LAHENNÉE.

HÉLÈNE.

Bonne nouvelle, grande nouvelle, Jarwick !

JARWICK.

Oh! je parie que mademoiselle aura reçu une lettre de M. Gilbert.

HÉLÈNE.

Justement! ainsi, tu comprends, Jarwick, sans perdre une minute...

JARWICK.

Oui, il faut que tout le monde le sache!... Quelle fête cela va être dans le village, mon Dieu!... Et, sans être trop curieux, quand arrive-t-il, mademoiselle?

HÉLÈNE.

Aujourd'hui, mon ami!

LAHENNÉE, entrant.

Aujourd'hui? M. Gilbert arrive aujourd'hui?

HÉLÈNE.

Aujourd'hui! ce matin! Il m'annonce qu'il sera ici presque en même temps que sa lettre... Oh! cher frère!

JARWICK.

En ce cas, comme vous dites, il n'y a pas un instant à perdre! (A la cantonade.) Hé! les gars!... M. Gilbert qui arrive! M. Gilbert qui arrive!...

(Il sort en courant.)

SCÈNE II

HÉLÈNE, LAHENNÉE.

LAHENNÉE.

Eh bien, mademoiselle, dites donc que vous n'êtes pas bénie du bon Dieu! Vous attendez M. Gilbert depuis six mois, vous n'aviez pas de ses nouvelles; lasse d'attendre, vous deviez vous marier demain, et voilà qu'il arrive aujourd'hui!

HÉLÈNE.

Oui, tu as raison, c'était la seule chose qui manquât à mon bonheur... Il revient, et je vais être tout à fait heureuse!

LAHENNÉE.

Mademoiselle a-t-elle quelques ordres à me donner?

HÉLÈNE.

Quels ordres veux-tu que je donne?... Aussitôt que je l'apercevrai, je me jetterai dans ses bras... Quant à nos bons paysans, oh! je suis bien tranquille! dès que l'arrivée de mon frère va se répandre, nous les verrons accourir... Eh! tiens, les voilà déjà! entends-tu?...

LAHENNÉE.

Vous ne faites rien dire à M. le baron de Marsden?

HÉLÈNE.

Si fait, mon ami, et tu préviens mon désir. Envoie quelqu'un lui annoncer que mon frère arrive; qu'il vienne donc, puisque, demain, mon frère sera son frère. Je n'ai pas besoin de te recommander de choisir ton meilleur messager.

(Entrent des Paysans et des Paysannes qui se groupent au fond.)

LAHENNÉE.

Oh! soyez tranquille, mademoiselle!

SCÈNE III

HÉLÈNE, Paysans et Paysannes.

HÉLÈNE.

Venez, mes amis! (Les Paysans et les Paysannes descendent la scène.) Eh bien, vous savez? Oui, puisque vous avez des fleurs plein les mains.

UNE PAYSANNE.

Et des fleurs des champs, encore! Nous savons que c'est surtout celles-là que vous aimez.

HÉLÈNE.

Oh! les charmants bluets, et comme je vais m'en faire une belle couronne!

UN PAYSAN.

Dame, mademoiselle, je n'ose pas vous offrir ces marguerites et ces boutons d'or : vous avez de si belles fleurs dans votre jardin!

HÉLÈNE.

Donne, Yves! donne! Les fleurs qui poussent dans les jardins sont les fleurs des hommes; celles qui poussent dans les champs sont les fleurs du bon Dieu!

TOUS, lui donnant des fleurs.

Tenez, mademoiselle, tenez!

HÉLÈNE.

Oh! gardez-en pour mon frère.

TOUS.

Oui, oui, pour monseigneur, à pleines jonchées!

HÉLÈNE.

Oh! c'est que c'est le vrai seigneur, lui! le seigneur de nos cœurs, n'est-ce pas? et il passe avant tous les autres... excepté toutefois avant le Seigneur Dieu... Vous savez, mes amis, les jours de retour sont des jours de fête ; non-seulement on ne travaille pas, mais encore on met ses plus beaux habits, et l'on danse... Eh bien, tantôt, nous danserons ici. Amenez tout ce qu'il y a de musiciens dans le village; Lahennée se chargera des rafraîchissements.

UNE JEUNE FILLE, poussant un soupir.

Ah! mademoiselle!...

HÉLÈNE.

Oui, je sais ce que tu veux dire, ma pauvre enfant... En rentrant chez toi, tu trouveras une robe neuve.

LA JEUNE FILLE.

Oh! que Notre-Dame de Clisson veille sur vous, mademoiselle!

HÉLÈNE, à une autre jeune fille.

Toi, Marguett, prends cette croix d'or, et dis à ton fiancé de te l'attacher au cou... Toi, garçon, des rubans neufs au biniou, tu entends? et voilà une médaille d'argent pour ton chapeau.

TOUS.

Quel bonheur! Vive notre bonne comtesse! vive notre chère comtesse! vive la comtesse de Tiffauges!

HÉLÈNE.

Oui, mes enfants; merci, merci!

(Sortent les Paysans et les Paysannes.)

SCÈNE IV

HÉLÈNE, seule.

C'est bon, d'être aimée ainsi! Chaque matin, quand je descends au parterre et que je vois Dieu me sourire dans un rayon de soleil ou dans le parfum des prairies, quand j'aperçois ces bonnes créatures qui s'inclinent devant moi comme ces fleurs, non pour me rendre hommage, Dieu merci, mais pour me dire de plus près qu'elles m'aiment, alors, si heureuse que je sois, je pense que tout mon bonheur n'est pas là; je me dis que je suis bien plus riche encore de la joie que

Dieu me promet que de celle qu'il me donne ; je me dis que mon frère va revenir, que je vais le revoir, qu'une longue suite de jours tranquilles m'est réservée auprès du cher compagnon de mon enfance, et que, si je désirais encore davantage... O mon Dieu ! vous avez été assez bon pour me donner, à côté de toutes ces félicités, la plus précieuse, l'amour !... O Georges ! Georges ! toi qui devines toutes mes pensées, toi qui vas au-devant de tous mes désirs, comment n'as-tu pas deviné que mon frère arrivait et que quelque chose manquerait à mon bonheur si tu n'étais point là quand je l'embrasserais ! (Voyant entrer Lahennée.) Eh bien, mon ami, as-tu envoyé chez le baron?

SCÈNE V

HÉLÈNE, LAHENNÉE.

LAHENNÉE.

J'ai fait mieux : j'y ai été moi-même.

HÉLÈNE.

Bon Lahennée !... Eh bien ?...

LAHENNÉE.

Eh bien, mademoiselle, M. le baron n'est point au château.

HÉLÈNE.

Il n'est point au château ! et où est-il donc ?

LAHENNÉE.

Mademoiselle, un messager est arrivé cette nuit de Nantes, à ce que l'on croit ; il a exigé que l'on réveillât M. le baron, qui, aussitôt réveillé, s'est levé, a fait seller son cheval noir, et est parti.

HÉLÈNE.

Parti ! comment ! sans rien dire pour moi?

LAHENNÉE.

Si fait, mademoiselle : il a ordonné qu'on vous avertît qu'à midi sonnant, quelque chose qui arrivât, il serait au château. J'ai rencontré son domestique de confiance qui allait venir, afin de s'acquitter près de vous de la commission de son maître.

HÉLÈNE.

Ah ! voilà qui me rassure un peu... As-tu dit qu'aussitôt

qu'il sera de retour, on prévienne le baron de l'arrivée de mon frère?

LAHENNÉE.

Je l'ai expressément recommandé, mademoiselle.

HÉLÈNE.

Et le domestique a dit qu'il serait de retour dans la journée?

LAHENNÉE.

Il a dit qu'il serait ici à midi sonnant.

HÉLÈNE.

Allons, soit! — Du bruit?...

LAHENNÉE.

Où cela? Je n'ai rien entendu.

HÉLÈNE, remontant vers le château.

Oh! j'ai entendu, moi... — Serait-ce mon frère? Lahennée, courons!

LAHENNÉE.

Oh! c'est inutile, mademoiselle; j'ai placé sur les tours des sonneurs de trompe, et, si c'était M. Gilbert, vous entendriez de fameuses fanfares!

HÉLÈNE.

Qu'est-ce donc, alors?

SCÈNE VI

Les Mêmes, JARWICK.

JARWICK.

Mademoiselle! mademoiselle! un messager qui dit qu'il vient d'Espagne, de la part de M. Gilbert.

HÉLÈNE.

D'Espagne! de la part de Gilbert!... Gilbert n'arriverait-il pas?

LAHENNÉE.

D'Espagne? Mais je croyais que M. Gilbert avait quitté l'Espagne depuis longtemps?...

JARWICK.

Il a dit d'Espagne, d'abord, et ensuite d'autres pays; mais je ne me souviens plus des noms qu'il a dits.

HÉLÈNE.

Oh! n'importe! n'importe! qu'il vienne!

SCÈNE VII

Les Mêmes, LAZARE, suivi de Quelques Paysans.

LAZARE, au fond.

Oui, mes amis, d'Espagne, d'Égypte, de Grèce, de Dalmatie ; nous avons fait le tour du monde ! J'ai vu la mer Rouge, mes enfants, et je suis entré dans Jérusalem. Êtes-vous catholiques, dans ce pays ?

TOUS.

Sans doute ! certainement ! et bons catholiques même.

LAZARE.

Eh bien, j'ai de l'eau du Jourdain dans une bouteille... Apercevant Hélène.) Oh ! la belle demoiselle !

HÉLÈNE.

Mon ami, vous venez de la part du comte Gilbert de Tiffauges ?

LAZARE.

Et vous êtes mademoiselle Hélène, n'est-ce pas ?

HÉLÈNE.

Oui, mon ami... Eh bien, mon frère, où est-il ? que lui est-il arrivé ?

LAZARE.

Mademoiselle, M. le comte serait ici avec moi, si, de ce côté-ci de Clisson, il ne lui était arrivé un petit accident.

HÉLÈNE.

Un accident ! à mon frère ?

LAZARE.

Non. Rassurez-vous : à son cheval.

HÉLÈNE.

Mais mon frère ? il va bien ?...

LAZARE.

Oh ! quant à lui, il doit aller à merveille.

HÉLÈNE.

Et qu'est-il donc arrivé ?

LAZARE.

Oh ! mademoiselle, c'est bien simple, ou plutôt, ce n'est pas simple du tout, puisque, à l'heure qu'il est, je ne comprends pas encore comment cela s'est pu faire... Il faut qu'on ferre bien mal les chevaux en Bretagne.

HÉLÈNE.

Mais enfin, mon ami, voyons, que s'est-il passé?

LAZARE.

Mademoiselle, comme M. le comte était pressé d'arriver près de vous, et qu'à partir de Nantes, les chemins ne sont plus carrossables, à Nantes nous avons pris la poste; juste comme à Beyrout! seulement, à Beyrout, c'était sur des chameaux.

HÉLÈNE.

Et le cheval de mon frère?

LAZARE.

Mademoiselle, il n'avait pas fait un quart de lieue au delà de Clisson, qu'il était déferré des quatre pieds; comprenez-vous cela? Pas d'un, pas de deux : des quatre!... Alors, comme les fers du mien n'avaient pas bougé, il me dit: « Cours devant, et annonce mon arrivée à ma sœur, afin qu'elle ne soit pas inquiète; moi, je retournerai à Clisson, et, en pressant mon cheval une fois qu'il sera en état, je serai à Tiffauges aussitôt que toi. »

HÉLÈNE.

Ainsi, il va arriver?

LAZARE.

Oh! mon Dieu, oui! dans une demi-heure, dans un quart d'heure peut-être.

HÉLÈNE.

Tant mieux!... Mais tu as chaud, mon ami?

LAZARE.

Oh! c'est que j'ai rudement couru.

HÉLÈNE.

Et cependant tu es pâle.

LAZARE.

Pâle, vous croyez?

HÉLÈNE.

Mais oui! et même on dirait que tu trembles.

LAZARE.

Ah! je tremble?... Ma foi, oui! je ne m'en étais pas aperçu.

HÉLÈNE.

D'où vient, alors...?

LAZARE.

Ah! je vais vous dire, mademoiselle, c'est que, nous autres

Espagnols, nous sommes très-nerveux, et la moindre émotion que nous avons, ça nous prend sur les nerfs.
HÉLÈNE.
Mais quelle émotion as-tu pu avoir?
LAZARE.
Une émotion désagréable, mademoiselle.
HÉLÈNE.
Comment cela?...
LAZARE.
Oh! mon Dieu, mademoiselle, en voyage, il arrive toujours quelque chose. Ainsi, par exemple, sur la route de Constantine, eh bien, nous avons rencontré un lion : émotion, vous comprenez! Au bord du Nil, je jette des pierres à une espèce de tronc d'arbre qui gisait au soleil, le tronc d'arbre ouvre une large gueule; c'était un crocodile : émotion! En Circassie, nous sommes arrêtés par des bandits qui font feu sur nous : émotion! toujours émotion!
HÉLÈNE.
Ah! mon Dieu! vous serait-il arrivé quelque chose de pareil dans notre Bretagne, mon cher ami?
LAZARE.
Voilà! j'avais mis mon cheval au trot pour être ici le premier, selon l'ordre de M. le comte, lorsque, arrivé à une lieue du château, à peu près, je vois qu'il me faut absolument passer par un chemin creux entre deux collines couvertes de genêts et de bois. Ce chemin creux était fort creux; si creux, que je me dis : « Ça ne peut jamais être un chemin, je crains de me perdre et je vais m'arrêter. » Vous auriez fait comme moi, n'est-ce pas, vous autres?
JARWICK.
Non; moi, j'aurais passé.
LAZARE.
Ah! tu aurais passé, toi?
JARWICK.
Sans doute, puisque le maître avait dit d'aller en avant.
LAZARE.
Oui, je vais vous dire, et mademoiselle comprendra cela : la Bretagne n'est pas un pays gai; ces forêts noires, ces bruyères rouges, ces étangs verdâtres, ces gorges rocailleuses, et puis la solitude, ça étonne quand on n'y est pas habitué... J'étais donc un peu étonné... Et puis je ne suis pas

un malheureux, moi, madame : j'ai hérité de mon maître, de mon premier, c'est-à-dire de mon second. Le premier, c'était le père Rozo, qui ne veut pas qu'on souffle dans l'œil de sa fille... Le second était pair d'Angleterre, et il est mort, et bien malheureusement même, pour lui, bien entendu... pas pour moi, puisque je me suis trouvé son héritier... naturel...

HÉLÈNE.

Mais, mon ami, il me semble que vous embrouillez deux histoires, et que, si cela continue, vous n'en finirez jamais.

LAZARE.

Oh ! s'il n'y avait que deux histoires, mademoiselle, je m'en tirerais encore ; mais c'est qu'il y en a bien plus de deux !... J'en reviens donc au chemin creux. — J'avais ce diable d'argent, quand je dis de l'argent, c'est de l'or, qui sonnait dans ma valise : Dig ! dig !... dès que le cheval trottait. Je me dis : « Si des voleurs allaient l'entendre ! » Tout à coup, j'aperçois les branchages d'un buisson qui s'agitaient sur la colline à droite, et, au milieu des feuilles, je vois... je vois un visage couvert d'un masque, un masque affreux ! « Passe vite ! cria le masque, ou tu es mort. » Mademoiselle, on ne dira pas que je suis peureux, moi... Mais mon cheval l'était : j'ai eu beau le retenir, il m'a emporté, voyez-vous, beaucoup plus vite qu'au trot.

HÉLÈNE.

C'est étrange, ce que vous me dites là, mon ami ; il n'y a pas de voleurs dans le pays... Mais un ennemi de Gilbert, peut-être !... Ah ! Lahennée ! cela ne vous effraye-t-il pas ? Cet homme masqué placé sur le chemin que doit suivre mon frère !... Vite ! vite ! mes amis, montez à cheval, armez-vous, accompagnez-moi, courons à sa rencontre ! Tu nous guideras, mon ami, tu nous montreras à quel endroit tu as vu cet homme masqué.

LAZARE.

Mademoiselle, je ne demande pas mieux que de vous accompagner ; mais serait-il possible que, auparavant, je misse en sûreté ma valise et mes effets... c'est-à-dire ceux de mon défunt maître, le pair d'Angleterre ?

HÉLÈNE.

Oh ! pense-t-on à cela quand mon frère est en danger ?

(Fanfares en haut du château de Tiffauges.)

LAHENNÉE.

Le voilà, mademoiselle, le voilà !

HÉLÈNE.

Ah ! lui, mon Dieu !

(Les fanfares redoublent.)

LAHENNÉE.

Entendez-vous ? entendez-vous ?...

SCÈNE VIII

Les Mêmes, GILBERT, du fond.

GILBERT.

Hélène ! ma sœur chérie !...

HÉLÈNE.

Mon frère bien-aimé !... O mon Dieu, soyez béni !

GILBERT.

Dieu me pardonne, mais il me semble que tu pleurais, ma sœur.

HÉLÈNE.

Oui, d'inquiétude d'abord, et, maintenant, je pleure de joie.

GILBERT.

Tu étais inquiète? Aurais-tu donc entendu...? Mais non, la distance est trop grande... et tu ne peux savoir...

HÉLÈNE.

Nous avons reçu ton messager.

GILBERT.

Lazare, oui ; mais lui non plus ne peut savoir...

LAZARE.

Monsieur, il faut toujours s'attendre à quelque chose en ce monde.

HÉLÈNE.

Mon Dieu ! aurais-tu donc rencontré cet homme masqué ?...

GILBERT.

Comment sais-tu ...?

HÉLÈNE.

Le même qu'a aperçu Lazare?

LAZARE.

Oui, mon ennemi !

GILBERT.

Ton ennemi, mon pauvre Lazare? Je crois qu'il m'en voulai plus qu'à toi.

HÉLÈNE.

Il t'a attaqué?

GILBERT.

Tu vas voir... A une lieue d'ici, tu sais, dans ce chemin creux, coupé de rochers et de buissons...

LAZARE.

Hein! que vous disais-je?

GILBERT.

Malgré mon impatience, j'avais été obligé de mettre mon cheval au pas. Tout à coup, j'aperçois une femme, une de nos Bretonnes, pauvre, courbée, et qui semblait demander l'aumône... Je m'avance vers elle quelques pièces de monnaie dans la main, j'arrête mon cheval; alors, cette femme me saisit par mon manteau, m'attire vivement à elle, et je crois, Dieu me pardonne, qu'elle m'a embrassé!

HÉLÈNE.

C'est étrange!

GILBERT.

Oui; mais ce qu'il y a de plus étrange encore, c'est qu'au moment même où elle me courbait si brusquement, un coup de feu se faisait entendre et une balle sifflait à mon oreille. Si cette femme ne m'avait pas fait faire ce mouvement, j'étais donc mort.

HÉLÈNE.

Mon Dieu!

LAZARE.

Voilà ce qui m'attendait si mon cheval ne m'eût pas emporté... Et pas de femme pour me faire baisser la tête, à moi.

GILBERT.

Mon premier mouvement fut de me redresser et de pousser vers le bois; mais la femme prononça ce seul mot: « Fuis! » et elle frappa la croupe de mon cheval d'une branche de bruyère... Aussitôt mon cheval s'emporta, franchissant roches, buissons, fossés. Un second coup de feu partit; mais, de celui-là, je n'entendis même pas la balle; il eût fallu être l'éclair pour me suivre, la foudre pour m'atteindre.

HÉLÈNE.

Et cette femme qui t'a sauvé, qu'est-elle devenue?

GILBERT.

Je ne sais. Je me suis retourné : mais elle avait disparu.

HÉLÈNE.

Oh! nous la ferons chercher, Gilbert, et, pour ce bienfait involontaire, nous la ferons heureuse et riche jusqu'à son dernier jour.

GILBERT.

Bonne sœur!

HÉLÈNE.

Mais je te trouve pâle, fatigué... As-tu donc souffert?

GILBERT.

Oh! dans un voyage d'une année, chère sœur, il arrive tant de choses!

HÉLÈNE.

Mais rien qui t'ait fait tort ou qui t'ait déplu, n'est-ce pas?

GILBERT.

Non, chère Hélène, non!

HÉLÈNE.

A la bonne heure!... Veux-tu rentrer? As-tu faim? Le déjeuner t'attend.

GILBERT.

Je n'ai pas faim, merci. Laisse-moi un peu respirer l'air natal, voir le ciel de la patrie. Devant ces prés silencieux, au murmure de ces bois odorants, sous la tiède caresse de notre pâle soleil, laisse-moi, chère sœur, laisse-moi oublier et me ressouvenir.

HÉLÈNE.

Oui, mon frère!... Lahennée, mon frère reste ici et demande à être seul un instant. Le garçon que tu m'as envoyé est à ton service, Gilbert?

GILBERT.

Oui et non. Il s'est attaché à moi par affection.

LAZARE.

Oh! oui, ça, par pure affection, on peut bien le dire.

HÉLÈNE.

En effet, si j'en crois ce qu'il a dit, il est riche?

GILBERT.

Un maître qu'il avait est mort.

HÉLÈNE.

Oui ; et mort malheureusement, m'a-t-il dit.

GILBERT.

Oui ; par accident, chère sœur.

HÉLÈNE.

Oh ! mon Dieu ! comment cela ?

GILBERT.

Chère sœur...

LAZARE.

Il s'est pris le cou dans une porte, et il en est mort ; voilà tout...

HÉLÈNE.

Que dit donc cet homme ?

GILBERT.

Rien !

LAZARE.

En sorte que sa vaisselle, ses habits, son linge et son argent, n'est-ce pas, monsieur le comte ? me sont revenus par héritage, quand il est tombé aux trois quarts mort au coin de cette porte fatale. « Hélas ! a-t-il dit, je n'ai pas le temps de faire un testament ; mais voilà mon valet Lazare, un digne garçon, un honnête garçon, la perle des domestiques, et qui m'a servi fidèlement pendant... pendant... qu'il m'a servi... Eh bien, à ce fidèle serviteur, je laisse tout ce que je possède, avec le regret de ne pas posséder davantage. » (Gilbert regarde Lazare.) Je n'entendais pas très-bien ce qu'il disait, mais je suis sûr qu'il doit avoir dit cela... ou à peu près, quand M. le comte le tenait dans ses bras.

HÉLÈNE.

Comment ! il est mort dans tes bras, Gilbert ?

GILBERT.

Oui, ma sœur, oui... Mais assez sur ce sujet, Lazare.

LAZARE.

Monsieur m'a dit que, si, au bout de six mois, il n'y avait pas de réclamation, l'héritage m'appartenait... Il y aura six mois cette nuit... A-t-on réclamé, monsieur le comte ?

GILBERT.

Non ! prends donc et laisse-moi.

LAZARE.

Oh ! monsieur, comme j'avais raison de vous aimer ! Me

voilà riche, monsieur ; je cesse d'être votre domestique, mais je serai toujours votre ami.

HÉLÈNE, aux Paysans.

Allez, mes enfants, allez !

LAHENNÉE.

Pardon, monsieur le comte, mais c'est que mademoiselle avait dit que le retour de M. le comte devait être un jour de fête, et si, cependant, M. le comte était triste...

GILBERT.

Non, mes enfants, non ! je suis joyeux, au contraire, on ne peut plus joyeux.

LAHENNÉE.

Oh bien, alors, tout ira à merveille ! Venez, mes amis, venez ! je vous emmène, mais pas pour longtemps.

(Il sort, avec les Paysans.)

SCÈNE IX

HÉLÈNE, GILBERT.

HÉLÈNE, regardant son frère, qui reconduit les Paysans en les saluant de la main.

Il est triste ! il est pâle !... Oh ! que je suis contente, à présent, que Georges ne soit point ici ! j'aime mieux l'annoncer à Gilbert.

GILBERT.

Viens t'asseoir, chère petite sœur ! ange gardien de Tiffauges !... toi dont les prières font fleurir les prairies et germer les moissons ! toi qui m'aimes !

HÉLÈNE.

Comme peut aimer une sœur unique.

GILBERT.

Pauvre Juana ! elle avait été ma seconde sœur pendant toute une soirée !

HÉLÈNE.

Plaît-il, Gilbert ?

GILBERT.

Moi ? Je n'ai rien dit !

HÉLÈNE.

Non, peut-être ; mais il y a une larme dans tes yeux !

GILBERT.

Ne sais-tu pas, Hélène, que l'on pleure de joie aussi bien que de douleur? Non, tu te trompes, ma sœur, je suis le plus heureux des hommes... N'ai-je pas tout ce qui constitue le bonheur? n'es-tu pas heureuse toi-même? et le reflet de ta félicité ne vient-il pas rayonner au plus profond de mon cœur?

HÉLÈNE.

Ma félicité, oui, tu dis vrai, Gilbert; même avant ton arrivée, j'étais heureuse! Dieu te ramène, et ma félicité est maintenant immense, infinie comme sa bonté.

GILBERT.

Oui, je comprends : tu es décidée à rendre enfin heureux ce cher Philippe, notre ami d'enfance, celui que ma plus douce espérance t'a toujours destiné.

HÉLÈNE.

Mon frère!

GILBERT.

En effet, il me semble que cette fête, dont parlent toutes ces bonnes gens, respire comme un parfum de fiançailles.

HÉLÈNE.

Tu ne te trompes pas; seulement...

GILBERT.

Seulement, Philippe est absent, en voyage, il va revenir, tu l'attends?...

HÉLÈNE.

Mon frère, je n'attends pas Philippe; Philippe n'est pas en Bretagne.

GILBERT.

Et où est-il donc?

HÉLÈNE.

Je ne sais...

GILBERT.

Pourquoi parti?...

HÉLÈNE.

Parce qu'il y a trois mois, mon frère, je lui ai avoué, en loyale Bretonne, que je ne l'aimais pas.

GILBERT.

Tu n'aimais pas Philippe?

HÉLÈNE.

Non, mon frère; je m'étais méprise au sentiment que j'appeldis amour : c'était de l'amitié, Gilbert, et rien de plus...

GILBERT.

Eh bien?...

HÉLÈNE.

Eh bien, Philippe m'a serré la main, s'est incliné en passant devant moi, et il est parti. Nous n'avons plus entendu parler de lui depuis ce jour.

GILBERT.

Oh! mon Dieu! Mais c'est toi qui te trompes, peut-être?... Pourquoi n'aurais-tu pas aimé Philippe, le plus charmant et le meilleur de tous les hommes? Chère sœur, tu ne sais pas ce que c'est que l'amour, et, dans ton ignorance, tu l'appelles amitié.

HÉLÈNE.

Non, mon frère, non!... Je sais aujourd'hui la différence qu'il y a entre l'amitié et l'amour.

GILBERT.

Toi?...

HÉLÈNE.

Oui; quelqu'un me l'a fait comprendre en me disant qu'il m'aimait.

GILBERT.

Oh! ma sœur! es-tu bien sûre?...

HÉLÈNE.

Ne t'irrite pas, mon Gilbert. Oh! j'ai bien lutté, va!... j'ai bien essayé de me soustraire à cette toute-puissante influence qui, depuis cinq mois, me domine et m'absorbe tout entière. Oh! si tu savais les efforts que j'ai faits pour aimer Philippe! Mais mon cœur ne m'appartenait plus, ma volonté était à un autre, mes paroles changeaient de sens en traversant mes lèvres, ma pensée elle-même me trahissait!... J'invoquais à mon aide l'image de Philippe : une autre image m'apparaissait, triomphante et exclusive!... Que te dirai-je, Gilbert? Mes jours se sont passés et mes nuits se sont consumées dans une contemplation unique; tout a disparu autour de moi, broyé, fondu, effacé dans cette passion dévorante! Enfin, écoute et juge! Moi qui avais tant pleuré ton absence, je ne pleurais plus en songeant à toi; moi qui avais passé tant de jours à regarder la route de Nantes, par laquelle tu devais revenir, j'ai passé ma vie à regarder les tourelles du château qu'habite Georges... C'est alors que je t'ai écrit de revenir, de revenir tout de suite, sans perdre un instant; car je ne me comprenais plus, je me sentais devenir folle, sans pouvoir me retenir sur la pente vertigineuse de la folie. Je t'ai écrit de revenir, je te fixais une époque : demain! Car, si tu n'étais pas revenu avant demain, tu m'eusses trouvée mariée! mariée, mon cher Gilbert, sans avoir eu ta main pour me conduire à l'autel! Et, maintenant, vois, mon frère, vois si jamais j'ai pu aimer ainsi Philippe! dis-moi si c'est bien là ce qu'on appelle de l'amour?

GILBERT.

Tu m'épouvantes! Et tu es aimée, au moins?

HÉLÈNE.

Je le crois!

GILBERT.

Et celui que tu aimes?

HÉLÈNE.

Oh! ne crains rien, Gilbert : digne de moi, digne de nous! C'est un bon gentilhomme, riche et honoré.

GILBERT.

Du pays?

HÉLÈNE.

Non; mais qui, depuis cinq mois, s'est établi dans le pays.

GILBERT.

Son nom?

HÉLÈNE.

Le baron Georges de Marsden. Je le crois d'origine écossaise.

GILBERT.

Jeune?

HÉLÈNE.

Il me serait difficile de dire son âge; je lui crois de trente à trente-cinq ans.

GILBERT.

Et de sa personne, comment est-il?

HÉLÈNE.

Oh! tu devines que je le trouve beau!

GILBERT.

Le baron de Marsden!...

HÉLÈNE.

Oh! ne te préviens pas d'avance contre lui. Je sais que tu lui en veux, au fond, d'avoir chassé de mon cœur ton ami d'enfance, le pauvre Philippe... Hélas ! ce n'est ni sa faute ni la mienne. Tu ne repousses pas cette douce croyance de la sympathie et de la recherche des âmes?... Sois donc généreux, Gilbert, et ne regarde pas avec colère celui que tu dois appeler ton frère... Et, si tu trouves son visage un peu pâle, son front un peu sombre, plains-le ; car il est triste, dit-il, et il ne souffre que d'un excès d'amour pour moi.

GILBERT.

Et Hélène me promet-elle, à son tour, d'aimer celle qu'elle doit appeler sa sœur?

HÉLÈNE.

Comment, frère?

GILBERT.

Écoute ! Je te pardonne d'autant mieux que j'ai moi-même besoin de pardon : j'ai commis le même crime que toi.

HÉLÈNE.

Tu aimes?

GILBERT.

Oui.

HÉLÈNE.

Ah !... Comment est-elle?... Dis-moi : jeune, blonde, brune, charmante?

GILBERT.

Dix-sept ans, blonde, charmante, oui.

HÉLÈNE.

Et on la nomme?

GILBERT.

Antonia.

HÉLÈNE.

Est-elle Italienne, Espagnole?

GILBERT.

Dalmate... Je suivais la route d'Almira à Spalatro, quand nous fûmes attaqués par des bandits. Blessé en me défendant contre eux, je fus transporté dans une villa voisine. Là demeuraient Antonia et sa mère ; Antonia, plus belle que tu ne peux l'imaginer, sous ses habits de deuil...

HÉLÈNE.

De deuil?...

GILBERT.

Oui, car elle venait de perdre son père, sinon tu m'eusses revu avec elle... Chère Hélène, tu m'eusses revu marié, j'eusse attendu la fin de ce deuil près d'elle, c'est-à-dire dans un paradis où il ne manquait que toi, Hélène, quand j'ai reçu ta lettre qui me disait de revenir sans perdre une minute...

HÉLÈNE.

Tu es revenu !

GILBERT.

Vois si je t'aime ! Pour toi, j'ai quitté Antonia ; mais j'ai promis de retourner près d'elle. Dans six mois, son deuil sera fini, et Antonia pourra devenir ma femme !

HÉLÈNE.

Eh bien, nous irons tous à Spalatro. C'est moi qui remplacerai les voiles noirs d'Antonia par la robe blanche de la fiancée. Oh ! c'est un grand voyageur que le baron de Marsden ! comme toi, il a parcouru l'Espagne, l'Égypte, la Syrie, et je crois, cher Gilbert, que ce fut un de ses moyens de séduction que de pouvoir me parler des lieux où tu étais.

GILBERT.

Et quand pourrais-je le voir, ce baron de Marsden tant aimé ?

HÉLÈNE.

A midi... Mais veux-tu que je l'envoie chercher ?

GILBERT.

Oh ! midi sonnera bientôt. Tu sais que je n'ai pas besoin de montre ici : je suis le soleil et je sais où il mène la journée à chaque pas qu'il fait. Vois-tu, il éclaire en ce moment le toit de la chapelle : quand il aura atteint l'extrémité du clocheton, midi sonnera. Et puis, regarde, voici nos paysans, garçons et filles, qui arrivent en grande pompe, ménétriers en tête... Attends ici, Hélène, et, pour quelques minutes, contente-toi d'avoir seul, à ton côté, celui qui a tout quitté pour revenir à toi.

HÉLÈNE.

Oh ! méchant frère !

SCÈNE X

Les Mêmes, LAZARE, LAHENNÉE, Paysans.

LAZARE.

Monsieur Gilbert !

GILBERT.

Ah ! c'est toi, Lazare ?

LAZARE.

Monsieur le comte, dites-moi, je vous prie, pendant que ces paysans vont danser, ne pourriez-vous pas me prêter quelque homme de plume qui puisse m'écrire un inventaire de tout mon héritage et dresser le contrat d'une acquisition que je veux faire?

GILBERT.

Une acquisition?

LAZARE.

Oui.

GILBERT.

En Bretagne?

LAZARE.

Décidément, le pays me plaît. Je suis dégoûté de l'Espagne. — Vous savez pourquoi, n'est-ce pas? — Ici, les filles sont jolies, les maisons ont des portes et des fenêtres; je veux acheter une maison et une femme.

GILBERT.

C'est bien. Va trouver mon intendant Lahennée, et il fera ce que tu demandes; mais, si tu veux me faire plaisir, Lazare, ne me parle ni de l'Espagne ni de ton héritage.

LAZARE.

Ah! oui, je comprends!... Tenez, c'est cette petite maison qui est là-bas au soleil, et cette grande fille qui est ici à l'ombre.

HÉLÈNE, à part.

Allons, le voilà retombé dans sa rêverie. Et Georges qui avait promis d'être ici à midi.

UN DOMESTIQUE, annonçant.

M. le baron de Marsden.

HÉLÈNE.

Le voilà!... Sois bon pour lui, Gilbert!

GILBERT.

Oh! ne crains rien, ma sœur! (Gilbert et Ruthwen vont au-devant l'un de l'autre, les Paysans qui les empêchaient de se voir s'écartent tout à coup, et ils se trouvent face à face.) Mon Dieu!

HÉLÈNE.

Qu'as-tu?

GILBERT, à part.

C'est lui!

RUTHWEN.
Bonjour, monsieur le comte.
HÉLÈNE.
Gilbert !
GILBERT.
Vous êtes le baron de Marsden ?
RUTHWEN.
Et votre bien dévoué serviteur, comte.
HÉLÈNE.
Qu'a donc Gilbert, Georges ?
RUTHWEN.
Le souvenir d'une aventure qui s'est passée entre nous, peut-être...
HÉLÈNE.
Vous connaissez donc mon frère ?
RUTHWEN.
Oui.
HÉLÈNE.
Tu connaissais le baron de Marsden, mon frère ?
GILBERT.
Hélène, Hélène, éloigne tout le monde, et permets que je dise deux mots à monsieur.
HÉLÈNE.
Tu sais ce que tu m'as promis, Gilbert !
GILBERT.
Oui, sois tranquille ! (Tout le monde s'éloigne de Ruthwen et de Gilbert, qui restent seuls sur le devant de la scène.) Vous m'excuserez, milord, car vous comprenez mon étonnement, n'est-ce pas ?
RUTHWEN.
Oui, certes ! je suis la dernière de vos connaissances que vous vous attendiez à revoir.
GILBERT.
Vivant ! vivant !
RUTHWEN.
Sans doute ! Le regrettez-vous, comte ?
GILBERT.
Vous que j'ai vu tomber tout sanglant ! vous que j'ai tenu expirant entre mes bras ! vous que j'ai couché mort sur le rocher !... Impossible ! impossible !
RUTHWEN.
Pourquoi cela ? Est-ce la première fois qu'on a pris pour

mortelle une blessure qui ne l'était pas? et n'a-t-on jamais vu un évanouissement simuler la mort?... Eh bien, j'étais blessé, j'étais évanoui, la fraîcheur du matin m'a tiré de ma léthargie; je me suis levé, j'ai appelé: personne!... Aux premières cabanes de berger où j'ai frappé, pour demander secours et m'informer de vous, on m'a dit que vous étiez parti précipitamment, en toute hâte. Où vous chercher? Aller au hasard, c'était chanceux: le monde est grand!... J'ai donc commencé par me guérir, et, comme j'étais sûr de vous retrouver chez vous, en Bretagne, quand vous y reviendriez; comme j'avais à vous remercier d'avoir suivi mes instructions, et, par conséquent, de m'avoir sauvé la vie; car, sans vous, on m'eût brutalement étouffé sous la terre; comme enfin mon bon génie me montrait sans doute ce chemin-là, je suis venu à Tiffauges, j'ai acheté une terre dans les environs, et j'ai attendu... Sur ces entrefaites, le bonheur... je suis trop reconnaissant à la Providence pour dire le hasard!... sur ces entrefaites, dis-je, le bonheur m'a fait rencontrer votre sœur; je l'ai aimée et j'ai réussi à lui inspirer quelque estime; je viens donc vous dire aujourd'hui : Comte Gilbert, est-ce qu'il vous gêne que je vive? Mon frère, est-ce que vous refusez de me tendre fraternellement la main?

GILBERT.

Milord, vous vous appeliez lord Ruthwen quand je vous ai connu à Tormenar : pourquoi avez-vous changé de nom?

RUTHWEN.

C'était le nom des cadets de notre famille; mon frère aîné, lord Marsden, est mort et m'a laissé l'héritier de son nom et de sa fortune.

GILBERT.

Vous avez raison, rien de plus naturel. Excusez-moi, milord; je sens tout ce que mes questions ont de fatigant pour vous; mais...

RUTHWEN.

Oh! achevez! achevez!

GILBERT.

Pourquoi avez-vous caché à Hélène que nous nous étions connus?

RUTHWEN.

D'abord, comte, notre connaissance a été courte; puis, si courte qu'elle ait été, vous avez eu quelques torts envers moi :

celui de me tuer par exemple. J'ignorais ce que vous vouliez raconter, ce que vous vouliez gardez pour vous de toute cette histoire, et, dans le doute, j'ai suivi le précepte du sage, je me suis abstenu.

GILBERT.

Étrange ! étrange !

HÉLÈNE, redescendant la scène.

Eh bien, mon frère ?

RUTHWEN.

Eh bien, mademoiselle, le comte, qui ne m'avait reconnu qu'un peu, m'a reconnu tout à fait, et il me permet de me prévaloir près de vous du titre de son ami.

GILBERT.

Ah !

HÉLÈNE.

Souffres-tu ? es-tu fatigué, Gilbert ?

GILBERT.

Oui.

HÉLÈNE, à un Domestique.

La chambre de M. le comte ?...

LE DOMESTIQUE.

Elle est préparée, mademoiselle.

GILBERT.

Oh ! j'étouffe !

LA MORESQUE, en paysanne, bas, à Gilbert.

Dors cette nuit dans la chambre de la Tapisserie !

GILBERT, à part.

La mendiante à qui je dois la vie !

LA MORESQUE.

Chut !

(Elle disparaît.)

RUTHWEN, à part.

Une femme lui a parlé.

HÉLÈNE.

Viens-tu, frère ?... Au revoir, Georges !

RUTHWEN.

Bon repos, comte !

GILBERT, à part.

Dans la chambre de la Tapisserie... Bien ! j'y passerai la nuit.

SCÈNE XI

RUTHWEN, LAZARE.

RUTHWEN, après avoir regardé du côté où a disparu la Moresque.

Disparue !

LAZARE, à lui-même.

C'est bien cela, c'est mon compte !... Un nécessaire tout en vermeil d'or, valant à peu près trois mille francs ; trois mille livres en argent et bijoux, et trente mille livres à peu près en pièces d'or et en billets de banque d'Angleterre ; en tout, trente-six ou trente-sept mille livres... Joli denier, ma foi !... Parole d'honneur ! je donnerais bien dix réaux pour revoir l'ombre du défunt en face, et lui dire : « Je te remercie, ombre de lord Ruthwen !... »

RUTHWEN, se retournant.

Hein ?...

LAZARE.

Ah !...

RUTHWEN.

Ah ! c'est toi, Lazare ? Nous couchons ce soir au château de Tiffauges, mon ami.

LAZARE.

Ah !

RUTHWEN.

Porte mon nécessaire et mes malles dans ma chambre.

LAZARE.

Ouf !

RUTHWEN.

Et donne-moi ma bourse, afin que, demain, je puisse payer à tes camarades ma bienvenue au château de Tiffauges.

LAZARE.

Miséricorde !..;

RUTHWEN, à part.

Je saurai quelle est cette femme et ce qu'elle lui a dit.

(Il sort.)

LAZARE.

Je suis ruiné !...

CINQUIÈME TABLEAU

Au château de Tiffauges. — Une vaste chambre tendue d'une tapisserie représentant la fée Mélusine, avec un joueur de musette, un chasseur, l'oiseau sur le poing, des sylphes, des ondins, dans un riant paysage. — Au milieu de l'un des panneaux du fond, un grand cadre dans lequel est peint un des vieux barons de Tiffauges, appuyé sur deux chevaliers.

SCÈNE PREMIÈRE

MÉLUSINE, GILBERT, endormi dans un fauteuil.

La fée Mélusine se détache de la tapisserie et s'approche lentement de Gilbert.

MÉLUSINE.

Il dort, et, comme lui, la moitié de la terre,
Celle qui vit le jour et sommeille la nuit,
Ferme ses yeux lassés, tandis qu'avec mystère
    L'autre moitié se réveille sans bruit.

Car de deux rois puissants, ô monde tu relèves :
L'un se nomme le jour, l'autre l'obscurité.
L'obscurité féconde est la mère des rêves ;
Le jour stérile est roi de la réalité.

(Se tournant vers la tapisserie et s'adressant aux personnages qui y sont représentés.)

Le jour est détrôné : nous régnons pour douze heures.
Le monde de la nuit, mes frères, est à nous !
Les mortels endormis nous livrent leurs demeures.
    Réveillez-vous, frères, réveillez-vous !

Réveille-toi, berger ! le jour, sous la charmille,
Avait de ta musette éteint le son joyeux ;
Mais, dans l'obscurité, ton champêtre quadrille
S'éveille pour danser à pas silencieux.

Réveille-toi, chasseur, qui, sur ta main gantée,
Portes le gerfaut blanc, fier nourrisson du Nord,
Et qu'au bois la chouette exhale, ensanglantée,
    Son dernier cri sous le bec qui la mord.

Sylphes emprisonnés dans la rose embaumée,

Ondins enveloppés dans la vapeur des eaux,
Salamandres roulant dans les flots de fumée,
Follets mystérieux glissant sur les roseaux,

De la tapisserie hâtez-vous de descendre !
La bruyère gémit et le roseau se plaint,
Et l'âtre le plus pauvre a gardé, sous sa cendre,
Du feu d'hier un reste mal éteint...

  Te voilà, ma sœur chérie !
  Va joindre nos autres sœurs,
  Qui, là-bas, sur la prairie,
  Dansent en rond sur les fleurs !

  Ondine à la tresse blonde,
  Aux bracelets de corail,
  Va chercher au fond de l'onde
  Ton beau palais de cristal !

  A travers l'humide voile
  Étendu devant tes yeux,
  Tu verras briller l'étoile,
  Cette perle d'or des cieux.

  Salut, rouge salamandre !
  N'as-tu donc aucun souci
  Du feu qui dort sous la cendre
  Au fond du foyer noirci ?

  Pars, ma sœur, et, sur son aile,
  La brise t'emportera,
  Et la dernière étincelle
  Sous ton souffle renaîtra.

  Tu rallumeras la flamme
  Dans le foyer consterné,
  Comme Dieu rallume une âme
  Dans un corps inanimé.

A vos jeux, compagnons ! la carrière est ouverte.
Sylphes, on vous attend sur la bruyère verte ;
Ondines, plongez-vous dans les eaux du lac bleu ;
Salamandres, jouez dans les replis du feu.

Hélas ! pour cette nuit, attristée et plaintive,
Loin de vous, mes amis, je resterai captive ;

Mais de mon abandon ne soyez point troublés ;
La terre, l'eau, le feu vous attendent ; allez !

(Les figures s'échappent de la tapisserie et disparaissent dans l'épaisseur des murailles. Mélusine se rapproche de Gilbert.)

Gilbert, te souvient-il de l'époque joyeuse
    Où, de son nourrisson,
Mélusine berçait la couche harmonieuse
    Avec une chanson ?

Cette chanson, Gilbert, était toujours la même ;
    Mais à l'enfant il plaît
D'entendre murmurer par la bouche qu'il aime
    Un éternel couplet.

Tu la savais, Gilbert, mais tu l'as oubliée,
    La chanson d'autrefois,
Ainsi qu'oublie un cor, la fanfare noyée
    Dans la brume des bois.

C'est qu'en effet, depuis ces notes entendues,
    Vingt ans sont écoulés ;
Depuis vingt ans, Gilbert, oh ! que d'heures perdues,
    Que de jours envolés !

Dans cette même chambre, enfant, où ton doux somme
    M'écoutait murmurer,
Aujourd'hui tu reviens, non plus enfant, mais homme,
    Et reviens pour pleurer.

Mais ne crains rien, mon fils ! je veille sur la flamme
    De ton printemps vermeil.
Écoute, écoute bien ce que va dire l'âme
    Qui parle à ton sommeil.

(Elle va évoquer les portraits des barons de Tiffauges.)

Maintenant, hauts barons de la châtellenie,
Chevaliers sans reproche, ancêtres de Gilbert,
Sous les plis du velours ou l'acier du haubert,
Vivez jusques à l'heure où la nuit est finie !

Nous sommes seuls, venez ! je vous appelle, vous !
Les secrets effrayants de ce monde où nous sommes,
Il nous est défendu de les apprendre aux hommes ;
Mais Dieu nous a permis d'en parler entre nous.

Venez! sur cet enfant, l'espoir de votre race,
Sur Hélène, sa sœur, plane un sombre danger.
Du malheur qu'en ces lieux apporte l'étranger,
Nos voix l'avertiront comme un rêve qui passe.

Et l'ange de la nuit, veilleur silencieux,
Qui ferme de son doigt les paupières lassées,
Laissera pénétrer nos vœux et nos pensées
Dans l'esprit de Gilbert, dont il a clos les yeux.

(Le tableau s'anime : le Vieillard s'avance entre les deux Chevaliers.)

SCÈNE II

Les Mêmes, le Vieillard, les deux Chevaliers.

LE VIEILLARD.
Oui, le malheur descend sur le donjon antique;
　　Tu nous préviens, merci!
Poussière réveillée, à ta voix prophétique,
　　Nous voici! nous voici!

MÉLUSINE.
Sachez quel est cet homme à la figure sombre,
　　Quelle trame il ourdit.
Cet homme, ainsi que nous, est un enfant de l'ombre,
　　Mais un enfant maudit.

Même pour nos regards, sa nuit est trop profonde.
　　Dans quel morne dessein
Le Seigneur permet-il qu'il demeure en ce monde,
　　Immortel assassin?

Nul ne le sait; Dieu met ses plus blanches colombes
　　Dans sa fatale main,
Et l'on retrouverait sa trace par les tombes
　　Qu'il sème en son chemin.

(Gilbert s'agite douloureusement.)

Nulle vierge n'échappe aux meurtres qu'il entasse;
　　Le hideux oppresseur
Brave les éléments et commande à l'espace...

GILBERT.
O ma sœur! ô ma sœur!

MÉLUSINE.

Juana, sa victime, à peine est expirée,
　　Le spectre ravisseur,
Envolé du tombeau, retourne à la curée...

GILBERT.

　　O ma sœur! ô ma sœur!

MÉLUSINE.

Hier, il voulut tuer notre fils dans la plaine;
　　Car de son défenseur
Le sanglant fiancé comptait priver Hélène...

GILBERT.

　　O ma sœur! ô ma sœur!

MÉLUSINE.

Prions, pour qu'à Gilbert Dieu tout-puissant inspire
　　Un généreux effort.
Ruthwen est un démon, Ruthwen est un vampire;
　　Son amour, c'est la mort!

Maintenant, hauts barons de la châtellenie,
Chevaliers sans reproche, ancêtres de Gilbert,
Vous m'avez entendue, et ma tâche est finie.
Dormez, sous le velours ou l'acier du haubert.

Quant à nous, avant peu l'aube va reparaître;
Vite, sylphes, ondins, salamandres, follets,
Chasseur au blanc gerfaut, berger qui, sous le hêtre,
　　Menez de fantasques ballets,

Accourez! reprenez la place accoutumée,
Sinon l'aube dehors vous surprendra confus.
Vous savez, de la nuit ô troupe bien-aimée,
　　Qu'où le jour est, vous n'êtes plus.

Le soleil va monter sous la voûte azurée;
Laissons au roi du jour l'empire ardent des cieux,
Et que tout redevienne, en la chambre éclairée,
　　Immobile et silencieux!

ACTE QUATRIÈME

SIXIÈME TABLEAU

Une terrasse au château de Tiffauges.

SCÈNE PREMIÈRE

LAZARE, seul.

Hein ? quoi ?... Personne !... En voilà une idée à lui, de me donner rendez-vous ici, à trois heures du matin ! Un maître qui ne dort pas, un maître qui ne mange pas, un maître qui ne rit pas, et qui, quand on le croit mort, revient, et qui n'a pas de honte de reprendre à un pauvre diable de domestique tout ce qu'il lui avait donné; car, M. Gilbert a beau dire, je suis bien sûr que c'était un testament qu'il faisait en ma faveur quand il lui parlait tout bas dans les ruines de Tormenar... Et maintenant qu'il est revenu, à quoi m'occupe-t-il, je vous le demande? Au lieu de me dire : « Lazare, mon bon Lazare, mon cher Lazare, je vois bien que la joie que tu as de me revoir te casse bras et jambes; couche-toi, mon bon ami, repose-toi, dors !... » Non, il me faut courir de maisons en maisons, après une vieille femme dont il ne veut pas me dire le nom, dont il ne veut pas m'indiquer l'adresse, dont il ne peut pas me donner le signalement... O Espagne ! ô maître Rozo ! ô Petra !... quand je pense que je suis réduit à regretter tout cela, jusqu'aux ruines de Tormenar !...

SCÈNE II

RUTHWEN, LAZARE.

RUTHWEN.

Lazare !

LAZARE, tressaillant.

Milord ?

RUTHWEN.

Eh bien, je te fais peur ?

LAZARE.

Oh! par exemple! au contraire, milord!

RUTHWEN.

Je t'ai vu tressaillir.

LAZARE.

C'est que je n'attendais pas Votre Seigneurie.

RUTHWEN.

Bon! je t'avais donné rendez-vous ici.

LAZARE.

Ça, je dois dire que c'est vrai. Je n'y serais même pas, ici, si vous ne m'y aviez pas donné rendez-vous.

RUTHWEN.

Eh bien, as-tu trouvé la femme que je t'avais désignée?

LAZARE.

Milord, j'ai visité, les unes après les autres, toutes les maisons de Tiffauges; il y en a quatre-vingts; dans ces quatre-vingts maisons, il y a quatre-vingt-dix-sept femmes, dont trente-neuf vieilles; j'ai lié conversation avec les trente-neuf vieilles, excepté cinq, dont trois sont idiotes et deux paralytiques. Pas une n'a parlé hier au comte Gilbert.

RUTHWEN.

Mon cher Lazare, tu es un garçon plein d'intelligence.

LAZARE.

N'est-ce pas, milord?

RUTHWEN.

Et qui me sert fidèlement.

LAZARE.

Oh! ça, oui.

RUTHWEN.

Ce qui est d'autant plus beau de ta part, que je crois que mon retour t'avait contrarié d'abord.

LAZARE.

Oh! monsieur croit cela?

RUTHWEN.

Dame, c'est tout simple : tu me croyais mort, mon pauvre Lazare, et, dans cette croyance, tu t'étais institué mon légataire universel.

LAZARE.

Milord, c'est que...

RUTHWEN.

Tu avais bien fait.

LAZARE.

Ah! milord avoue donc que, lorsqu'il parlait tout bas à M. Gilbert...?

RUTHWEN.

Oui, mon ami, c'était pour te laisser toute ma fortune.

LAZARE.

Je le savais bien, moi.

RUTHWEN.

Aussi, mon cher Lazare, je veux que ce retour, au lieu de nuire à tes intérêts, te soit profitable.

LAZARE.

Vraiment?

RUTHWEN.

Les bons serviteurs sont rares, et l'on ne saurait faire trop pour eux. Tu es un bon serviteur, Lazare, et je veux que tu t'enrichisses à mon service.

LAZARE.

Oh! monsieur, c'est une bonne idée que vous avez là.

RUTHWEN.

Tu trouves?

LAZARE.

Je trouve, oui, monsieur, et j'ajouterai que le plus tôt sera le meilleur.

RUTHWEN.

Eh bien, dans ce but, nous allons faire un marché, Lazare.

LAZARE.

Volontiers, monsieur, s'il est bon pour moi.

RUTHWEN.

Excellent!

LAZARE.

Voyons le marché.

RUTHWEN.

Chaque fois que je t'interpellerai devant quelqu'un et que tu affirmeras, chaque fois que j'interrogerai tes souvenirs et que tu seras de mon avis, s'il s'agit d'une chose frivole, je te donnerai une guinée, s'il s'agit d'une chose importante je t'en donnerai dix.

LAZARE.

Oh! monsieur, vous aurez toujours raison, et, comme vous êtes un homme sérieux, ce sera toujours pour des motifs graves.

RUTHWEN.

Ainsi, tu acceptes?

LAZARE.

D'emblée, monsieur !

RUTHWEN.

Alors, tu es de mon avis là-dessus ?

LAZARE.

Oh ! tout à fait !

RUTHWEN.

Eh bien, je commence donc à m'exécuter : voici une guinée.

LAZARE.

Je crois que milord n'attache pas au marché que nous venons de conclure toute l'importance qu'il mérite.

RUTHWEN.

Tu as raison, et voici dix guinées.

LAZARE, empochant l'argent.

Merci, monsieur.

RUTHWEN.

Ainsi donc, convention faite?

LAZARE.

Convention faite !

RUTHWEN.

Mais aussi, chaque fois que tu ne seras pas de mon avis...

LAZARE.

Mais puisque j'en serai toujours.

RUTHWEN.

Lazare, on a sa conscience.

LAZARE.

Vous croyez?...

RUTHWEN.

Chaque fois que tu ne seras pas de mon avis, selon l'importance de la discussion, tu me rendras une ou dix guinées.

LAZARE.

Alors, dites donc, monsieur...

RUTHWEN.

Tu hésites ?

LAZARE.

Mais ! mais ! mais !...

RUTHWEN.

Bien ! tu ne partages pas mon opinion, tu es libre; mais... (il étend la main) tu sais...

LAZARE.

Comment, monsieur, je ne partage pas votre opinion? Mais, au contraire, j'en suis tout à fait, de votre opinion, et plutôt deux fois qu'une.

RUTHWEN.

Alors, c'est convenu?

LAZARE.

Parbleu !

RUTHWEN.

La comtesse Hélène ! Laisse-moi.

LAZARE.

A l'instant, monsieur, à l'instant. (A part.) Décidément, j'avais des préjugés sur le compte de milord ; il a du bon !

(Il sort.)

SCÈNE III

RUTHWEN, seul.

Si cette femme qui a parlé à Gilbert était un être humain, une créature naturelle, je l'eusse retrouvée depuis hier au soir.

SCÈNE IV

HÉLÈNE, RUTHWEN.

RUTHWEN.

Vous, Hélène ! Quel bonheur inespéré !

HÉLÈNE.

Depuis combien de temps, à peu près, êtes-vous là, Georges?

RUTHWEN.

Mais depuis un quart d'heure, peut-être.

HÉLÈNE.

Eh bien, chose étrange ! à peine y étiez-vous, alors, qu'au milieu de mon sommeil, j'ai deviné votre présence et me suis réveillée !... Ruthwen, je suis tentée de croire parfois qu'il y a en vous quelque chose de surhumain, et que cet amour que vous m'avez inspiré a quelque chose de magique et de merveilleux.

RUTHWEN.

Alors, que dirai-je, moi, ma belle Hélène, moi qui, tous les jours, m'éveille avec l'aube, non pas à votre approche, hélas! mais à votre souvenir?

HÉLÈNE.

De sorte que cette nuit...?

RUTHWEN.

Oh! cette nuit, j'ai fait mieux que de m'éveiller, je n'ai pas dormi!

HÉLÈNE.

Et pourquoi cela?

RUTHWEN.

Le sais-je moi-même? Agité, fiévreux, je n'ai pas eu le courage de retourner chez moi.

HÉLÈNE.

Comment cela?

RUTHWEN.

Non, j'ai passé la nuit dans le parc; la brise me rafraîchissait; je l'entendais venir, passer et fuir dans les arbres; je lui jetais votre nom, et il me semblait qu'en s'éloignant de moi, elle répétait : « Hélène! Hélène! » Oh! jurez-moi donc que rien ne pourra plus nous séparer!

HÉLÈNE.

Et que voulez-vous qui nous sépare?

RUTHWEN.

Que sais-je, moi! vous le savez, Hélène, plus on approche du bonheur, plus on doute. Démon fantasque et capricieux, c'est lorsqu'on étend la main pour le saisir qu'il nous échappe... Hélène, consolez-moi, je doute; Hélène, rassurez-moi, j'ai peur!

HÉLÈNE.

Mon frère, n'est-ce pas? Gilbert?...

RUTHWEN.

Direz-vous encore que mes craintes n'étaient pas fondées? Avez-vous vu l'accueil qu'il m'a fait?

HÉLÈNE.

Oh! Georges, il ne faut pas lui en vouloir. Quoiqu'il m'ait toujours laissée libre de mon cœur, Philippe était son compagnon d'enfance, il l'aimait tendrement; c'était à lui qu'il voulait remettre le bonheur de ma vie. Laissez-lui le temps de vous connaître, Georges, et il vous aimera comme il aimait Philippe.

RUTHWEN, souriant.

J'en doute.

HÉLÈNE.

Pourquoi ne vous aimerait-il pas? Voyons! est-ce que vous ne vous êtes pas franchement expliqués hier?

RUTHWEN.

Oh! très-franchement, au contraire.

HÉLÈNE.

Eh bien?...

RUTHWEN.

Il ne dépend pas toujours de nous, d'aimer ou de haïr.

HÉLÈNE.

Gilbert a l'âme tendre et généreuse; il n'est pas difficile de lui inspirer de l'affection.

RUTHWEN.

Oui, son caractère reçoit facilement les influences, vivement les impressions. Tenez, hier, — n'avez-vous point remarqué cela vous-même? — après le premier étonnement causé par ma présence, il était revenu à moi, nous nous étions serré la main, nous nous étions entendus; eh bien, tout à coup, son air, son langage ont changé, et il s'est éloigné de moi; il m'a tenu à distance par une froideur si étrange, que je n'ai plus su que lui dire. Quelqu'un lui avait dit un mot, un seul, et ce mot a suffi.

HÉLÈNE.

Qui donc ?

RUTHWEN.

Vous n'avez point remarqué cette femme?

HÉLÈNE.

Une femme?...

RUTHWEN.

Oui, qui paraissait âgée, et qui portait le costume d'une de vos Bretonnes.

HÉLÈNE.

Non, je ne me souviens pas... Mais, attendez donc, c'était la femme qui déjà lui a sauvé la vie, sans doute?

RUTHWEN.

Qui lui a sauvé la vie?

HÉLÈNE.

Oui, hier!

RUTHWEN.

Hier?...

HÉLÈNE.

Oh! en effet, c'est que, vous ne savez pas, Gilbert a failli être assassiné hier : un homme embusqué dans un chemin creux a tiré sur lui deux coups de fusil, et, sans cette femme, qui, en l'arrêtant par son manteau, lui a fait baisser la tête, il était mort! Cette femme, il l'aura retrouvée hier, il l'aura remerciée, et c'est là ce que vous aurez vu. Eh bien, Georges, quelle mauvaise influence peut venir de ce côté? quel conseil la vieille Bretonne peut-elle avoir donné contre vous à Gilbert? Vous ne répondez pas? Pourquoi ce sourire de doute sur vos lèvres?

RUTHWEN.

On a voulu assassiner votre frère, Hélène?

HÉLÈNE.

C'est étrange, n'est-ce pas?

RUTHWEN.

Oui, en vérité; si étrange, que...

HÉLÈNE.

Vous doutez?

RUTHWEN.

Tenez, chère Hélène, ne m'interrogez pas, cela vaut mieux.

HÉLÈNE.

Mais non, au contraire, parlez.

RUTHWEN.

En ce cas, raisonnons, belle et chère Hélène. Voyons, dites, qui peut avoir intérêt à la mort de votre frère, dans le pays?

HÉLÈNE.

Personne.

RUTHWEN.

Lui connaissez-vous quelque ennemi?

HÉLÈNE.

Aucun!

RUTHWEN.

Eh bien, alors, si personne n'a intérêt à sa mort, si vous ne lui connaissez aucun ennemi, croyez-vous sérieusement à cette tentative d'assassinat?

HÉLÈNE.

Gilbert l'a dit.

RUTHWEN.

Oh!

HÉLÈNE.

Et puis Lazare a aperçu l'assassin.

RUTHWEN.

Lazare?

HÉLÈNE.

Oui, un homme masqué et armé d'un fusil.

RUTHWEN.

Oh! d'abord, chère Hélène, ne me citez jamais Lazare comme une autorité; Lazare est poltron à avoir peur de son ombre; en outre, il est Espagnol, c'est-à-dire superstitieux et visionnaire.

HÉLÈNE.

Comment! Georges, vous croyez que mon frère aurait imaginé...?

RUTHWEN.

Imaginé, non pas; il est de bonne foi, et sans doute il croit avoir vu.

HÉLÈNE.

Comment, il croit?

RUTHWEN.

Chère comtesse, avez-vous bien regardé votre frère depuis son arrivée?

HÉLÈNE.

Sans doute!

RUTHWEN.

Avez-vous écouté avec attention toutes ses paroles?

HÉLÈNE.

Certainement!

RUTHWEN.

L'avez-vous comparé avec ce qu'il était autrefois?

HÉLÈNE.

Pourquoi cela?

RUTHWEN.

Ah! c'est qu'il me semble bien que vous auriez pu vous apercevoir...

HÉLÈNE.

De quoi ?

RUTHWEN.

Que vous eussiez dû remarquer...

HÉLÈNE.

Achevez !

RUTHWEN.

Quelque chose d'extraordinaire en lui.

HÉLÈNE.

Oh ! mon Dieu !

RUTHWEN.

Oh ! ne vous inquiétez pas ainsi... Sans doute, puisque vous, sa sœur, vous qui l'aimez, vous qu'il adore, puisque vous ne vous êtes aperçue de rien, c'est que le mal est moins grand qu'on ne me l'avait dit, d'autant plus que moi, à part cette histoire d'assassinat, j'ai trouvé sa conduite non-seulement assez naturelle, mais même assez raisonnable ; c'est qu'il y a du mieux, beaucoup de mieux même.

HÉLÈNE.

Du mieux ! mais que voulez-vous dire ?

RUTWEN.

Je veux dire, chère Hélène, pardonnez-moi d'être, près de vous, le messager d'une si triste nouvelle, je veux dire que votre frère a été fou !

HÉLÈNE.

Fou ! Gilbert !

RUTWEN.

Oui ; mais il est guéri, vous le voyez, puisque vous ne vous en êtes pas aperçue, puisque je suis obligé de vous le dire.

HÉLÈNE.

Oh ! Georges ! et à quelle cause attribuez-vous cette folie ?

RUTHWEN.

A un accident terrible.

HÉLÈNE.

Lequel ?

RUTHWEN.

Gilbert a cru avoir tué un de ses amis.

HÉLÈNE.

Oh ! mon Dieu, comment cela ? Un duel ?

RUTHWEN.

Non, par erreur, sans le vouloir.

HÉLÈNE.

Racontez-moi donc cela, Georges ; mais non, vous vous trompez, c'est impossible !

RUTHWEN.

Cet ami, c'était moi, Hélène...

HÉLÈNE.

Oh ! que me dites-vous là !

RUTHWEN.

Toute la sainte et pure vérité... Nous étions en Espagne, dans un vieux château désert, où la tempête nous avait réunis, lui, moi et quelques voyageurs, pour trouver un abri ; nous dormions tous, quand les cris d'une jeune Espagnole nommée Juana nous réveillèrent. Des bandits s'étaient introduits dans le château. Je volai au secours de la jeune fille. Le comte Gilbert tira son épée dans les ténèbres, et m'en traversa la poitrine. Je m'évanouis... Depuis ce temps, votre frère est poursuivi par cette idée qu'il a assassiné un homme, et sa raison s'en est affaiblie ; dès qu'arrive la nuit, le monde se peuple pour lui de fantômes, de spectres, d'êtres surnaturels. Voilà d'où venait ma crainte de revoir votre frère, voilà ce qui me rendait hier si malheureux en sa présence, voilà ce qui le rendait si embarrassé vis-à-vis de moi.

HÉLÈNE.

Oh ! mon frère bien-aimé !

RUTHWEN.

Comprenez-vous, maintenant, Hélène, cette disposition maladive d'esprit ? Votre mariage avec moi peut lui déplaire, et, alors, je suis perdu !

HÉLÈNE.

Comment, perdu ?...

RUTHWEN.

Sans doute ; s'il allait s'opposer à notre union, chère Hélène, auriez-vous le courage de résister à votre frère ?

HÉLÈNE.

Vous savez que j'aime fidèlement, Georges, et que ma parole est sacrée. Voilà ma main. Eh bien, cette promesse ne vous suffit pas ?

RUTHWEN.

Hélène, vous le savez, tout était convenu pour aujourd'hui ; me semble que tout retard sera mortel à mon bonheur !

HÉLÈNE.

Et pourquoi changerions-nous quelque chose à ce qui a été arrêté, Georges?

RUTHWEN.

Votre frère peut demander un délai...

HÉLÈNE.

Pourquoi le supposer?...

RUTHWEN.

Mon Dieu! qui peut répondre d'un esprit malade?

HÉLÈNE.

Écoutez, Georges, je veux vous rassurer tout à fait : fixez vous-même l'heure de la journée où vous deviendrez mon époux.

RUTHWEN.

Oh! à l'instant, à l'instant même, je cours chez le chapelain. Merci, merci, chère Hélène! Au revoir dans quelques minutes!... (A part.) Oh! qu'il vienne, qu'il parle maintenant, peu m'importe! Hélène ne le croira pas!

(Il sort.)

SCÈNE V

HÉLÈNE, seule.

Oh! mon Dieu, que vient-il de me dire, et quel secret terrible m'a-t-il révélé! Gilbert! pauvre Gilbert! En effet, hier, à son arrivée, il était triste, pâle, presque égaré ; en apercevant Georges, il a paru atterré... Oh! Gilbert, sois tranquille, je serai si bonne, si attentive, si patiente, que, de même que la poitrine de Georges a guéri de sa blessure, ton pauvre esprit troublé guérira de la sienne... Mais qu'y a-t-il? On accourt!... Lahennée!... Mon Dieu! qu'est-ce encore?

SCÈNE VI

HÉLÈNE, LAHENNÉE.

LAHENNÉE.

Mademoiselle! mademoiselle!... Ah! vous êtes là!

HÉLÈNE.

Que veux-tu?

LAHENNÉE.

Mon Dieu, qu'est-il donc arrivé à M. le comte?

HÉLÈNE.

Comment cela?

LAHENNÉE.

Hier au soir, il m'avait commandé de le venir trouver dès le matin; en conséquence, il y a dix minutes, je suis entré dans sa chambre.

HÉLÈNE.

Eh bien?

LAHENNÉE.

Il n'y a pas couché, son lit n'est point défait.

HÉLÈNE.

Mon Dieu!

LAHENNÉE.

Je suis descendu aussitôt, l'appelant, m'informant, le demandant à tout le monde, quand tout à coup, je l'ai vu sortir de la chambre de la Tapisserie, pâle, les yeux hagards, vous appelant... Et tenez, tenez, le voilà.

HÉLÈNE.

Gilbert! en effet... Gilbert! mon Gilbert!

SCÈNE VII

Les Mêmes, GILBERT.

GILBERT.

Hélène! Hélène!... Ah! te voilà! Dieu soit loué!... Laisse-nous, Lahennée.

(Il tombe sur une chaise. — Lahennée sort.)

SCÈNE VIII

GILBERT, LAHENNÉE.

GILBERT.

Le baron Georges, lord Ruthwen, où est-il?

HÉLÈNE.

Tu veux lui parler?

GILBERT.

Oui, à l'instant, il faut que je le voie.

HÉLÈNE.

Il le faut?

GILBERT.

Oui!

HÉLÈNE.

Il n'y a qu'un moment, il était là.

GILBERT.

Oh! le misérable!

HÉLÈNE.

Gilbert!

GILBERT.

Où est cet homme?

HÉLÈNE.

Il doit être dans la chapelle.

GILBERT.

Dans la chapelle? Tu te trompes, il est impossible que cet homme ose prier Dieu.

HÉLÈNE.

Il est allé dans la chapelle, non pour prier Dieu, mon ami, mais pour prévenir le chapelain.

GILBERT.

De quoi?

HÉLÈNE.

Mais de notre mariage, qui, tu le sais, doit avoir lieu aujourd'hui, Gilbert.

GILBERT.

Votre mariage? Toi, un ange, tu épouserais ce maudit? Jamais! jamais!

HÉLÈNE.

Oh! Gilbert, mon bien-aimé Gilbert, que dis-tu et de qui parles-tu?

GILBERT.

Je parle de Ruthwen, je parle de ton fiancé; je te dis qu'il faut que je le voie à l'instant, sans retard.

SCÈNE IX

Les Mêmes, RUTHWEN.

RUTHWEN.

Que lui voulez-vous, comte? Le voici!

GILBERT.

Ah! c'est lui enfin!... Laisse-nous, ma sœur.

HÉLÈNE.

Gilbert!... Georges!...

RUTHWEN.

Restez, mademoiselle!

GILBERT.

Ah! vous voulez que devant elle...?

RUTHWEN.

Je n'ai rien à cacher, mon cher Gilbert, à celle qui, aujourd'hui même, sera ma femme.

GILBERT.

Ta femme? Oh! j'espère bien que jamais la main de ma sœur ne touchera la tienne.

RUTHWEN.

Modérez-vous, comte!

HÉLÈNE.

Du calme, mon frère!

GILBERT.

Du calme, de la modération, soit; mais qu'à l'instant même il s'éloigne d'ici, pour n'y reparaître jamais!

HÉLÈNE.

Mon Dieu!

RUTHWEN.

Gilbert! mon ami!

GILBERT.

Oh! grâce au ciel, je ne suis pas votre ami; grâce au ciel, je ne vous connais pas, monsieur.

HÉLÈNE.

Mais pourquoi veux-tu que le comte s'éloigne, mon frère?

GILBERT.

Il ne me demandera pas pourquoi, lui, va.

RUTHWEN.

Au contraire, j'allais vous faire cette question, Gilbert.

GILBERT.

Vous avez raison; car il faut que ma sœur connaisse l'homme auquel elle s'était imprudemment engagée. Reste, Hélène, reste! et ne perds pas un mot de ce que nous allons dire.

RUTHWEN.

Oh! oh!

HÉLÈNE.
Que va-t-il se passer, mon Dieu?
GILBERT.
Assassin de Juana, qui donc voulez-vous tuer ici?
RUTHWEN.
Assassin, moi?... Vous savez, comte, qu'un autre mérite mieux ce nom que celui à qui vous le donnez.
HÉLÈNE.
Mon frère!
RUTHWEN.
Lequel de nous deux est tombé expirant aux pieds de l'autre? Dites, comte. Oh! vous savez que je ne vous en veux pas, vous savez que je vous ai pardonné.
GILBERT.
Oui, oui, je sais cela; mais ce que je ne sais pas, ou plutôt ce que je ne comprends pas, c'est que vous viviez après que mon épée vous a percé le cœur; c'est d'où vient que vous êtes là debout, quand, moi-même, je vous ai couché sur la terre, immobile, glacé, mort!
HÉLÈNE.
Oh!
RUTHWEN.
Il me semblait vous avoir expliqué cela hier.
GILBERT.
M'avez-vous expliqué aussi pourquoi un homme m'attendait dans les genêts de Clisson, et m'a tiré deux coups de fusil sans m'atteindre? m'avez-vous dit quel était cet homme?
RUTHWEN.
Cela ressemble à une accusation, comte.
GILBERT.
C'en est une... Cet homme, c'était vous.
RUTHWEN.
Moi?
GILBERT.
Assassin de Juana, pourquoi ne serais-tu pas l'assassin de Gilbert?
RUTHWEN.
Moi? Et quel intérêt aurais-je eu à vous tuer, cher Gilbert? Dites...
HÉLÈNE.
En effet, mon frère...

14.

GILBERT.

Quel intérêt? Celui de séparer le frère de la sœur, quand ce frère arrivait pour défendre sa sœur, quand le frère allait arracher la sœur de vos mains... Ne faut-il pas, tous les ans, deux vierges à ta vie funeste, à tes sanglantes amours?

RUTHWEN, à part.

Il sait tout.

GILBERT.

Vous ne répondez pas, milord.

RUTHWEN.

Que voulez-vous que je réponde?... Vous le voyez, chère Hélène... Eh bien, que vous avais-je dit?

HÉLÈNE.

Hélas! hélas!... pauvre Gilbert!

GILBERT.

Eh quoi! Hélène, tu hésites, malgré ce que je viens de dire? Tu ne t'éloignes pas avec horreur de cet homme? Oh! prends garde! car, plutôt que de te laisser être sa proie, vois-tu, ici même, devant toi, je le tuerai de mes propres mains.

HÉLÈNE.

Mon frère! mon frère!

GILBERT.

Défends-toi, misérable, défends-toi! car, au bout du compte, je n'assassine pas, moi! je ne suis pas un lord Ruthwen!

RUTHWEN.

Comte, on va venir, on va vous entendre.

GILBERT.

Oh! qu'on vienne! qu'on vienne! Ce que je veux, c'est qu'on vous connaisse; ce que je veux, c'est qu'on m'entende. Holà, tous!... holà!...

HÉLÈNE.

Oui, oui, venez! à l'aide! au secours!

RUTHWEN, à part.

Malheur! malheur!

SCÈNE X

Les Mêmes, LAZARE, Paysans et Paysannes, Domestiques.

GILBERT, courant à Lazare.

Ah! viens ici, toi! Reconnais-tu cet homme?

LAZARE.

Mais oui, monsieur le comte, très-bien, très-bien !

GILBERT.

Qui est-ce?

LAZARE.

C'est mon honoré maître.

GILBERT.

Oui; mais je te demande autre chose; je te demande si ce n'est pas celui contre lequel j'ai tiré l'épée dans les ruines de Tormenar, celui qui, frappé au cœur, est mort dans mes bras, le même qui venait de tuer la jeune Espagnole, le même qui venait de tuer Juana !

LAZARE, regardant Ruthwen.

Hein ?

RUTHWEN.

Écoute bien, Lazare, et réponds à M. le comte. Il te demande si tu m'as vu tuer Juana. M'as-tu vu tuer Juana ?

LAZARE.

Oh! pour cela, monsieur le comte, non! La señora Juana a été tuée, mais je ne sais pas par qui.

GILBERT, à Ruthwen.

Oh! je te dis que c'est par toi, assassin !

RUTHWEN.

Le comte dit que c'est par moi. Moi, je dis que c'est par des bandits. Ton opinion à toi, Lazare?

LAZARE.

Mon opinion, c'est celle de monsieur.

GILBERT.

Oui, je sais bien, personne n'était là, et personne, par conséquent, hors moi, ne peut affirmer: mais ce que tu as vu, Lazare, c'est cet homme blessé, sanglant, mort entre mes bras.

LAZARE.

Oh! quant à cela, le fait est que j'ai vu milord bien bas, bien bas, bien bas !

RUTHWEN.

Sans doute, il m'a vu évanoui.

GILBERT.

Ah! mort, bien mort, vous dis-je !

RUTHWEN.

Prenez garde à ce que vous dites, comte! car, si cet

homme m'eût vu mort à Tormenar, il ne me reverrait pas vivant à Tiffauges, à moins cependant que je ne sois une ombre. Touchez-moi, mes amis, et vous verrez.

GILBERT, à Lazare.

Voyons, malheureux! ne m'as tu pas dit toi-même avoir vu un homme m'attendre caché dans les genêts de Clisson?

LAZARE.

Ah! cela, oui, c'est vrai! je l'ai vu comme je vous vois, monsieur le comte!

RUTHWEN.

Mais cet homme, était-ce moi, Lazare?

LAZARE.

Dame, je ne sais, il avait un masque sur le visage.

GILBERT.

Oui, un masque, c'est vrai; car tu craignais qu'on ne te reconnût... Et voyez, mes amis, la précaution était bonne.

RUTHWEN, à Lazare.

Eh bien, moi, je dis que vous avez eu tellement peur, que vous n'avez vu ni homme ni masque; je dis que vous avez cru voir, c'est mon avis... Prenez garde, Lazare! car c'est fort important, ce que vous allez répondre.

LAZARE.

Dame, après cela, on peut se tromper... Peut-être me suis-je trompé, peut-être n'ai-je vu personne...

GILBERT.

Oh!...

HÉLÈNE.

Georges, Georges, excusez-le!

RUTHWEN.

Vous voyez!

GILBERT.

Comment! vous doutez de ce que je dis? entre la parole de cet homme et la mienne vous hésitez?... Mes amis, mes amis, je vous affirme sur mon âme que ce que je vous ai dit est vrai, que tout ce que je vous ai dit m'a été révélé cette nuit... Je vous dis une chose inouïe, incroyable, terrible, c'est que cet homme est un démon! c'est que cet homme est un vampire! c'est que son amour, c'est la mort!

TOUS.

Ah!

HÉLÈNE.

Mais qui t'a dit cela, mon frère? qui t'a dit cela?

GILBERT.

Mélusine, la fée de la tapisserie.

HÉLÈNE.

Mon Dieu!

GILBERT.

Mes aïeux, qui causaient avec elle.

HÉLÈNE.

Mon Dieu! mon Dieu! ayez pitié, mon pauvre frère est fou

GILBERT.

Moi, fou?

HÉLÈNE.

Oh! un médecin! un médecin, pour mon pauvre Gilbert!

RUTHWEN, aux spectateurs.

Vous l'entendez, vous le voyez, mes amis; voilà ce que nous voulions vous cacher, voilà ce que le comte nous force à révéler bien malgré nous.

GILBERT.

Moi, fou! on me croit fou?... Je le deviendrai peut-être, soit; mais, auparavant...

(Il s'élance sur Ruthwen.)

HÉLÈNE.

A moi, mes amis!

(Les Paysans et les Domestiques accourent et se saisissent de Gilbert.)

RUTHWEN.

Mes amis, en mon nom, au nom de la comtesse Hélène, au nom à la fois d'un frère et d'une sœur, ménagez votre maître... Emportez-le et prenez garde qu'il n'attente à ses jours.

GILBERT.

Assassin!... assassin!...

RUTHWEN.

Si sa raison est perdue, sauvons du moins sa vie.

GILBERT.

Hélène! Hélène!

HÉLÈNE.

Oui, oui, mon frère, sois tranquille, je ne te quitte pas.

RUTHWEN.

Vous avez raison, comtesse, accompagnez-le, ne le quittez

pas... Les soins d'une sœur vaudront pour lui mieux que ceux du meilleur médecin... Oh! Gilbert! Gilbert, je te plains sincèrement et je te pardonne... (A Lazare, lui donnant une bourse.) Tiens, toi...

LAZARE.

Ah! dites donc, monsieur, il me semble que je n'ai été que trois fois de votre avis... et qu'il y a dans cette bourse au moins...

RUTHWEN.

Va, nous compterons plus tard.

SCÈNE XI

RUTHWEN, seul.

Oh! cette fois, Hélène est bien à moi, et nul ne me l'arrachera, quand son frère n'a pu y réussir. Et maintenant, toi, génie infernal qui m'as dénoncé à Gilbert; toi que j'ai reconnu malgré ton déguisement et ta ruse, au nom du maître qui nous commande ici et qui nous a donné l'égalité pour nous et la domination sur les hommes; génie, mon rival, parais, je te l'ordonne; parais, fusses-tu aux extrémités du monde! parais!

SCÈNE XII

RUTHWEN, LA GOULE.

LA GOULE.

Me voici... Que me veux-tu?

RUTHWEN.

Il nous est défendu de nous trahir les uns les autres, et tu m'as trahi.

LA GOULE.

Non.

RUTHWEN.

Tu mens! hier au soir, je t'ai vue, déguisée en Bretonne, parler à Gilbert.

LA GOULE.

Eh bien?

RUTHWEN.

Le matin sur la route de Clisson, tu l'avais averti et tu avais détourné les balles.

LA GOULE.

Après?... Détourner les balles que tu lances, c'est mon droit; prendre l'habit d'une vieille femme et dire : « Couche dans la chambre de la Tapisserie au lieu de coucher dans ta chambre, » est encore mon droit.

RUTHWEN.

Et pourquoi lui as-tu dit cela?

LA GOULE.

Parce que je l'aime.

RUTHWEN.

Tu aimes... toi? Est-ce que nous aimons, nous?

LA GOULE.

Je l'aime te dis-je !

RUTHWEN.

Et tu crois qu'il répondra à ton amour ?

LA GOULE.

Je l'espère.

RUTHWEN.

Tu sais qu'il aime une jeune fille, tu sais qu'il aime Antonia.

LA GOULE.

Oui, je sais cela !... et, quand nous en serons à cet amour, nous verrons... En attendant, il s'agit du tien, il s'agit de sa sœur, qu'il aime tant, que sa mort le tuerait .. Or, comprends-tu, vampire? je veux que Gilbert vive.

RUTHWEN.

Prends garde, je lui dirai qui tu es !...

LA GOULE.

Et tu mourras, alors : c'est notre punition, si nous dénonçons un des nôtres, de redevenir mortels.

RUTHWEN.

Écoute... Il est midi ; tu sais que je n'ai plus que douze heures à vivre si...

LA GOULE.

Oui, si le sang d'Hélène...

RUTHWEN.

Eh bien, je veux Hélène, il me la faut !

LA GOULE.

Et moi, il me faut Gilbert; songe à me le garder vivant. En

tuant Hélène, tu compromets la vie de Gilbert, songes-y. Je veille sur lui! je suis là!

RUTHWEN.

Ainsi, tu veux la guerre?

LA GOULE.

Non, je veux l'amour.

RUTHWEN.

Une dernière fois, me cèdes-tu Hélène?

LA GOULE.

Une dernière fois, me laisses-tu Gilbert?

RUTHWEN.

Non! tu sauras ce que je suis quand je hais

LA GOULE.

Bien; tu sauras ce que je suis quand j'aime!

RUTHWEN.

Adieu, goule!

LA GOULE.

Au revoir, vampire!

SEPTIÈME TABLEAU

Un appartement éclairé comme pour une fête. — Portes latérales. Au fond, une grande fenêtre donnant sur un abime.

SCÈNE PREMIÈRE

RUTHWEN, HÉLÈNE, JARWICK, Vassaux, Domestiques.

LES VASSAUX.

Vive M. le comte!... Vive madame la comtesse!...

HÉLÈNE.

Merci, mes amis, merci!

RUTHWEN, leur distribuant de l'argent.

Tenez, mes amis, tenez!

UN PAYSAN.

Que toutes les bénédictions du ciel vous accompagnent!

(Onze heures sonnent.)

RUTHWEN, à part.

Onze heures! pas une minute à perdre!... A minuit... (Haut.) Chère Hélène, avez-vous remarqué que nous n'avons pas été un instant seuls de la journée?

HÉLÈNE.

Hélas! cher Georges, cette journée a été remplie de tant d'événements divers!

RUTHWEN.

Vous permettez que je congédie ces braves gens, n'est-ce pas?

HÉLÈNE.

Faites.

RUTHWEN.

Mes amis, la comtesse est on ne peut plus sensible aux témoignages de votre amitié; mais, après toutes les émotions de cette journée, elle est fatiguée, elle a besoin de repos...

JARWICK.

Nous nous retirons, milord.

TOUS.

Vive M. le comte!... Vive madame la comtesse!

(Ils sortent.)

SCÈNE II

RUTHWEN, HÉLÈNE.

RUTHWEN, les bras ouverts.

Ah! chère Hélène! nous voilà seuls, enfin!

HÉLÈNE, l'écartant doucement.

Mon ami, mon cher Georges, vous le voyez, j'ai rempli toutes les promesses faites, j'ai rempli tous les engagements pris...

RUTHWEN.

Oh! oui, et vous voyez le plus heureux des hommes!

HÉLÈNE.

Êtes-vous le plus heureux des hommes, Ruthwen?... Oh! s'il en est ainsi, tant mieux!

RUTHWEN.

Quoi! vous doutez, Hélène?...

HÉLÈNE.

Non! vous le dites et je vous crois; mais, tout près de cet

homme heureux, Georges, il en est un autre bien malheureux !

RUTHWEN.

Ah !...

HÉLÈNE.

Vous savez de qui je veux parler : du pauvre Gilbert, que l'on garde à vue ; du pauvre Gilbert, qui est fou, et qui, dans sa folie, se figure que je suis en danger de mort.

RUTHWEN.

Hélène, conserveriez-vous quelques doutes sur moi ?

HÉLÈNE.

Oh ! Dieu m'en garde ! Si je doutais, Ruthwen, seriez-vous mon mari ?... Non ; mais je dois quelques consolations, à mon frère ; laissez-moi descendre près de lui, laissez-moi lui dire, en souriant, que je suis votre femme, laissez-moi le calmer en lui disant que je suis heureuse.

RUTHWEN.

Faites ce que vous voulez, Hélène ; vous le savez bien, vous êtes la maîtresse, la reine ; mais...

HÉLÈNE.

Quoi ?

RUTHWEN.

Ecoutez, j'aimerais mieux descendre moi-même, tenter un dernier effort ; dire, s'il le faut à Gilbert, que je renonce à vous, que je m'éloigne, que je pars ; lui rendre ainsi la tranquillité et, avec la tranquillité, la vie ! C'est une faiblesse, Hélène, après ce que vous venez de faire pour moi : je sais combien vous m'aimez, mais je sais aussi combien vous aimez votre frère, et, je crains que ses paroles, quoique empreintes du cachet de la folie, ne me portent préjudice dans votre esprit. C'est d'un homme faible, direz-vous ? Non, c'est d'un homme qui aime.

HÉLÈNE.

Mais si vous ne réussissez pas, Georges ?

RUTHWEN.

Alors, vous irez vous-même, Hélène.

HÉLÈNE.

Soit ! allez, Georges.

RUTHWEN.

M'aimez-vous ?

HÉLÈNE.

Georges, à qui j'ai donné ma main, j'ai donné mon cœur.

RUTHWEN.[1]

Oh! chère Hélène, attendez-moi!... attends-moi!

SCÈNE III

HÉLÈNE, seule.

Quelle est donc cette vieille femme à qui j'ai fait l'aumône, et qui, en recevant ma pièce d'argent, m'a dit tout bas : « Éloignez un instant lord Ruthwen; il y a un homme qui a une révélation à vous faire... » Mon Dieu! vous êtes témoin que je ne doute pas de lui; mais, malgré moi, les paroles de mon frère me troublent. Oh! il l'a bien vu, pauvre Georges! et voilà pourquoi il a voulu aller lui-même trouver Gilbert. Oh! que les filles qui ont une mère sont heureuses! Si j'avais encore ma pauvre mère, j'irais à elle, je lui dirais mes anxiétés, mes angoisses, et elle me conseillerait; le cœur d'une mère ne se trompe pas... Mais n'est-ce pas pour moi comme si ma mère vivait? Ne suis-je donc pas de ces pieuses filles qui croient que l'âme ne meurt pas avec le corps? Oh! ma mère si tant de fois, dans la solitude et dans le silence, je vous ai parlé comme si vous étiez là; oh! ma mère, si ma pieuse vénération m'a ramenée chaque jour à votre tombeau jonché de fleurs, comme si la tombe n'était qu'une couche et la mort qu'un sommeil, ma mère, si, ce dont je ne doute pas, votre esprit veille sur votre fille, ma mère, demandez à Dieu, à Dieu qui n'a rien à vous refuser, à vous, sainte femme, demandez à Dieu un miracle, et manifestez-vous à moi, sinon par vous-même... peut-être est-ce impossible, peut-être les lois éternelles, immuables, de la nature s'opposent à votre retour visible en ce monde;... du moins, par un moyen humain, ô ma mère! indiquez-moi ce que je dois craindre, ce que dois espérer... Mon Dieu, Lazare! Lazare!... M'auriez-vous exaucée, ma mère?

SCÈNE IV

HÉLÈNE, LAZARE.

LAZARE, de la porte, faisant signe à Hélène d'éteindre les bougies.

Pfuh! pfuh!...

HÉLÈNE.
Comment, que j'éteigne les bougies?
LAZARE.
Oui.
HÉLÈNE.
Et pourquoi veux-tu que je les éteigne?
LAZARE.
Dame, parce que j'aime autant qu'on ne me voie pas ici.
HÉLÈNE.
Pourquoi y viens-tu, alors?
LAZARE.
Ah! dame, mademoiselle, parce qu'on a une conscience, voyez-vous!
HÉLÈNE.
Une conscience! une conscience qui te pousse à me dire quelque chose, n'est-ce pas?
LAZARE.
Oui.
HÉLÈNE.
A me faire un aveu?
LAZARE.
Oui.
HÉLÈNE.
Viens donc.
LAZARE, faisant signe d'éteindre les bougies.
Pfuh! pfuh! alors.
HÉLÈNE.
Soit! (Elle souffle les bougies.) Ah! mon Dieu! que vais-je apprendre?
LAZARE.
Où êtes-vous, mademoiselle?
HÉLÈNE.
Ici.
LAZARE.
Ah! ce que j'ai à vous dire, voyez-vous, cela se dit de tout près et tout bas.
HÉLÈNE.
Bon Dieu!
LAZARE.
Écoutez; depuis la scène de tantôt, je ne vis plus!
HÉLÈNE.
Dis! dis! j'écoute.

LAZARE.

Depuis ce moment-là, j'ai guetté...

HÉLÈNE.

Quoi?

LAZARE.

Le moment où vous seriez toute seule.

HÉLÈNE.

Eh bien?

LAZARE.

Eh bien, j'ai vu milord descendre auprès de votre frère, et, au risque de ce qui pouvait arriver, je suis monté.

HÉLÈNE.

Pourquoi?

LAZARE.

Pour vous dire que votre frère... Ah! mon Dieu!

HÉLÈNE.

Rien... Achève!

LAZARE.

Pour vous dire que votre frère n'est pas fou.

HÉLÈNE.

Gilbert n'est pas fou?

LAZARE.

Non... Écoutez! Dire que c'est milord, mon maître, qui a tué la pauvre Juana, je n'oserais.

HÉLÈNE.

Grand Dieu!

LAZARE.

Mais qu'il était mort, et qu'il est ressuscité je ne sais comment, oh! cela, j'en jurerais!

HÉLÈNE.

Mort?

LAZARE.

Oui, mort! je le sais bien, moi qui l'ai vu porter, froid, glacé sur le rocher où il avait dit qu'on le portât; car, voyez-vous, ce qu'il disait tout bas au comte Gilbert, je l'ai parfaitement entendu; il lui disait : « Comte, je suis d'une secte qui n'enterre pas ses morts... »

HÉLÈNE.

Mon Dieu! mon Dieu!

LAZARE.

« Une fois que j'aurai rendu le dernier soupir, exposezmoi donc à l'air sur une roche, aux rayons de la lune. » Et c'est ce que nous avons fait, malheureusement, au lieu de le fourrer dans une fosse de cent pieds et de mettre toutes les pierres du château de Tormenar par-dessus.

HÉLÈNE.

Alors, tu crois donc, comme Gilbert...?

LAZARE.

Oui.

HÉLÈNE.

Qu'il était mort?

LAZARE.

Oui.

HÉLÈNE.

Et, que par quelque miracle infernal...?

LAZARE.

Oui.

HÉLÈNE.

Et cet homme d'hier...?

LAZARE.

Oui.

HÉLÈNE.

Qui a voulu tuer mon frère...?

LAZARE.

Oui.

HÉLÈNE.

Tu crois encore que c'était lui?...

LAZARE.

Oui! oui! oui!

HÉLÈNE.

Mais tu disais le contraire, cependant.

LAZARE.

Il avait promis de faire ma fortune.

HÉLÈNE.

Malheureux!

LAZARE.

Il m'avait donné cette bourse.

HÉLÈNE.

Oh! pour de l'argent...

LAZARE.

Je n'en veux plus, de son argent; je le jette, je le renie... Oh! par ma foi, j'aime mon corps, mais j'ai encore plus grand souci de mon âme.

HÉLÈNE.

Mais, alors, Gilbert disait vrai : je suis perdue, il faut fuir... Ah! silence!

LAZARE.

C'est lui qui revient.

HÉLÈNE.

A moi, mon Dieu!

LAZARE.

La porte, la porte! (Il ne trouve pas la porte et se réfugie sur la fenêtre.) Cinq cents pieds! ouf!...

SCÈNE V

HÉLÈNE, LAZARE, caché; **RUTHWEN,** rentrant avec une bougie à la main.

RUTHWEN.

Me voilà, chère Hélène! Votre frère est plus tranquille, il dort; je n'ai pas voulu le réveiller. (La regardant.) Comme vous êtes pâle!

HÉLÈNE.

Moins que vous, milord.

RUTHWEN.

Moins que moi? Vous savez, Hélène, que cette pâleur m'est habituelle, et c'est tout simple : j'ai perdu tant de sang le jour où votre frère a failli me tuer.

HÉLÈNE.

Cette pâleur, excusez-moi, Georges, mais c'est celle d'un mort, et non celle d'un vivant.

RUTHWEN.

Que voulez-vous dire, Hélène?

HÉLÈNE.

Je veux dire, milord, que je suis d'une race vaillante; je veux dire que je n'ai jamais eu peur, je veux dire que vous m'épouvantez!

RUTHWEN.

Et vous aussi, Hélène?... Ah! voilà ce que c'est que de vous avoir laissée seule; la solitude, le silence, les ténèbres ont agi sur votre imagination. Les ténèbres... Mais j'avais laissé des lumières dans cette chambre, cependant?

HÉLÈNE.

En votre absence, elles se sont éteintes.

RUTHWEN

Oh ! c'est étrange !... toutes seules ?

HÉLÈNE.

Toutes seules !

RUTHWEN.

Vous tremblez, Hélène.

HÉLÈNE.

Je vous l'ai dit : j'ai peur ! j'ai peur !

RUTHWEN.

Votre main, ma bien-aimée !

(Il lui prend la main.)

HÉLÈNE.

Froide comme celle d'un cadavre !

RUTHWEN.

Oui, froide, Hélène ; car votre doute me glace... Oh! viens, viens, ma fiancée ! viens, mon épouse ! viens contre ma poitrine ! viens contre mon cœur !

HÉLÈNE.

Oh ! laissez-moi ! Il me semble que votre poitrine n'est pas vivante, il me semble que votre cœur ne bat pas !

RUTHWEN.

Hélène ! Hélène ! quelqu'un est venu ici pendant mon absence... Dites, dites qui est venu ?

HÉLÈNE.

Personne ! personne !

RUTHWEN, regardant autour de lui.

Oh ! oh ! (Marchant sur la bourse de Lazare.) La bourse que j'avais donnée à Lazare !... Le malheureux, il a tout dit ! Trahison ! trahison !

HÉLÈNE.

Que dites-vous ?

RUTHWEN, allant aux portes et les fermant.

Rien ! rien !

HÉLÈNE.

Pourquoi fermez-vous cette porte ?

RUTHWEN.

Hélène, n'êtes-vous pas ma femme ? ne suis-je pas votre époux ?

HÉLÈNE.

Milord ! milord ! (Ruthwen la prend dans ses bras.) Mon frère ! Gilbert !

LAZARE, sur le balcon.

Au secours ! au secours !

RUTHWEN.

Ah ! nous ne sommes pas seuls ici, à ce qu'il paraît ?

HÉLÈNE.

A moi ! à moi !

RUTHWEN.

Oh ! appelle, appelle, fiancée de Ruthwen ; mais, avant qu'ils arrivent...

HÉLÈNE.

A moi !

RUTHWEN.

Malheur à toi ! malheur à ton frère !

(Il l'emporte dans la chambre à côté.)

SCÈNE VI

LAZARE, puis GILBERT.

Au secours ! au secours !

GILBERT, dans l'escalier.

Me voilà ! me voilà ! (Il secoue la porte.) Oh ! la porte ! la porte !...

LAZARE.

Attendez ! attendez, monsieur le comte !

(Il ouvre.)

GILBERT, dans le plus grand désordre.

Il m'avait fait lier, le misérable ! j'ai brisé mes liens ; il m'avait fait garder par quatre hommes, j'ai passé au milieu d'eux, et me voilà ! Où est ma sœur ? où est-elle ?

LAZARE.

Là, monsieur ! là !

(Minuit commence à sonner.)

HÉLÈNE, dans la chambre.

A moi, Gilbert ! Je meurs !

GILBERT, avec un cri terrible.

Ah !...

(Il s'élance vers la porte, qui s'ouvre. Ruthwen paraît.)

SCÈNE VII

RUTHWEN, GILBERT, LAZARE.

En s'apercevant, les deux hommes jettent un double cri, puis s'enlacent dans un embrassement terrible. Ni l'un ni l'autre n'ont d'armes; ils cherchent à s'étouffer. Gilbert entraîne Ruthwen vers la fenêtre.

RUTHWEN.

Ensemble, alors !

GILBERT.

Oui, ensemble, pourvu que je t'anéantisse avec moi.

(Lutte dans laquelle Gilbert soulève Ruthwen; tous deux vont être précipités par le balcon, quand Lazare saisit une masse d'armes et assomme Ruthwen. Gilbert précipite celui-ci par la fenêtre; on entend un grand cri retentir dans les profondeurs du gouffre.)

RUTHWEN.

Ah !...

(Après un instant d'hésitation, Gilbert se remet.)

GILBERT.

Ma sœur ! ma sœur ! (Il s'élance; on entend un cri dans la chambre à côté.) Ah !...

HUITIÈME TABLEAU

Le précipice.

—

SCÈNE UNIQUE

RUTHWEN, au fond du précipice, brisé par la chute ; GILBERT, descendant à travers les rochers, une torche à la main.

GILBERT arrive jusqu'à Ruthwen et l'examine à l'aide de la torche.

Ah ! cette fois, le monstre est bien mort ! (Il remonte quelques pas, puis se retourne.) N'importe !... (Il pousse un rocher qui se détache et roule sur Ruthwen.) Oh ! ma sœur ! ma sœur ! je n'ai donc pu que te venger ?

ACTE CINQUIÈME

NEUVIÈME TABLEAU

La grande salle d'un palais, en Circassie. — Au fond, une terrasse donnant à la fois sur un golfe immense et sur des montagnes. — Le théâtre peut être coupé dans sa moitié par des tapisseries qui se ferment.

SCÈNE PREMIÈRE

ZISKA, LAZARE, ANTONIA, Esclaves, Danseuses.

Au lever du rideau, Lazare est debout, derrière Antonia. Celle-ci, couchée sur un divan, est éventée par des Esclaves. On danse devant elle un pas circassien, au son des guzlas et des tambours de basque. Après le divertissement, Lazare, Antonia et Ziska (la Goule) restent seuls.

LAZARE.

Eh bien, soudarine Antonia, que dites-vous du château, du pays et des gens qui l'habitent?

ANTONIA.

Je dis, mon cher Lazare, que, grâce à tes soins, j'ai été reçue ici comme une reine?

LAZARE.

Dites: grâce aux soins de Ziska.

ANTONIA, souriant, à Ziska.

C'est donc toi qu'il faut que je remercie, ma belle Circassienne?

(Ziska fait un léger signe de tête.)

LAZARE.

Eh bien, j'espère que vous ne regrettez plus votre villa de Spalatro, votre montagne de Dalmatie et votre mer Adriatique? Nous avons tout cela ici, et sur une grande échelle: un palais circassien, les montagnes du Caucase, et la mer Noire!

ANTONIA.

Lazare, je ne regrette rien si Gilbert arrive aujourd'hui, comme tu me le promets.

LAZARE.

Écoutez, soudarine: il serait en retard d'un jour ou deux,

qu'il ne faudrait pas trop lui en vouloir. Il y a loin du château de Tiffauges à la forteresse d'Anaklia, et l'on ne va pas de Bretagne en Circassie comme on va de Nantes à Clisson !

ANTONIA.

Il connaissait donc le pays, mon bien-aimé Gilbert?

LAZARE.

Il paraît qu'il y était venu dans son dernier voyage; car il m'avait parfaitement renseigné.

ANTONIA.

Et vous êtes sûre, Ziska, que ce château est bien celui qui avait été désigné par Gilbert? (Ziska fait signe que oui.) Bien; laissez-nous.

(Ziska sort.)

SCÈNE II

LAZARE, ANTONIA.

LAZARE.

Hein ! comme c'est dressé, ces Circassiennes!

ANTONIA.

N'importe, Lazare, je trouve quelque chose d'étrange dans cette esclave.

LAZARE.

Les yeux, n'est-ce pas? C'est comme moi, il me semble que j'ai déjà vu ces yeux-là quelque part; mais où, je n'en sais rien.

ANTONIA.

Lazare !

LAZARE.

Signora ?

ANTONIA.

Sais-tu pourquoi Gilbert a exigé que je quittasse l'Europe? sais-tu pourquoi il m'a suppliée de venir ici?

LAZARE.

Non, je n'en sais rien.

ANTONIA.

Je comprends qu'après la mort de sa sœur, la Bretagne lui soit devenue odieuse; mais enfin, l'Europe est grande et, s'il ne voulait pas se fixer près de moi en Italie, pourquoi ne pas choisir l'Espagne?

LAZARE.

Ah bien, oui, l'Espagne! c'est là que nous l'avons rencontré!

ANTONIA.

Ou l'Angleterre?

LAZARE.

L'Angleterre! encore moins : c'est de là qu'il venait.

ANTONIA.

Eh! mais de qui parles-tu, Lazare?

LAZARE.

De lui, donc!

ANTONIA.

Qui est-ce, lui?

LAZARE.

Mais l'ennemi de monsieur.

ANTONIA.

Gilbert avait un ennemi?

LAZARE.

Je crois bien! et qui serait un peu le mien aussi, s'il revenait une seconde fois.

ANTONIA.

Comment, s'il revenait une seconde fois?

LAZARE.

Monsieur croyait bien l'avoir joliment tué, cette fois-là. Mais oui, prends garde!

ANTONIA.

Tué! Gilbert avait tué un homme? Ah çà! mais que me contes-tu donc là, Lazare?

LAZARE.

Je sais bien que je n'aurais peut-être pas dû vous parler de cela... Dites donc, signora, si mon maître ne vous parle pas de lord Ruthwen, ne lui en parlez pas, hein!

ANTONIA.

De lord Ruthwen?

LAZARE.

Oui, c'était le nom du personnage... Oh! du reste, il était le dernier de sa famille, et, comme il est mort intestat, tout naturellement, c'est moi qui me suis trouvé son héritier... J'ai vu déjà, à un petit quart de lieue d'ici, une charmante maison dont je compte incessamment devenir propriétaire et, ma foi, si Ziska veut, et que vous n'ayez rien contre cette union...

ANTONIA.

Moi, mon cher Lazare? Au contraire!

LAZARE.

Eh bien, alors, cela pourra se faire. En attendant, si la soudarine n'avait plus besoin de moi...

ANTONIA.

Tu réclamerais un peu de liberté, mon cher Lazare?

LAZARE.

Oh! mon Dieu, oui; une petite visite à faire à de braves pêcheurs avec qui j'ai fait connaissance, il y a trois mois, et qui m'ont promis de me trouver un domestique très-brave; voyez-vous, je ne serais pas fâché d'avoir un domestique très-brave, pour remplacer M. Gilbert, qui était un maître très-brave. J'aime à avoir quelqu'un de très-brave auprès de moi; cela me rend plus brave encore. Enfin, voilà, si vous avez besoin de moi, vous me ferez demander au bord de la mer.

ANTONIA.

Oui, va, mon cher Lazare! va!

SCÈNE III

ANTONIA, seule.

Pauvre Lazare! Je crois qu'en effet la peur lui a légèrement fait tourner la cervelle... Heureusement qu'il était porteur d'une lettre bien positive de Gilbert. (Elle tire de son sein une lettre qu'elle relit.) « Chère Antonia, si vous m'aimez, quittez Spalatro, quittez la Dalmatie, quittez l'Europe; suivez l'honnête garçon que je vous envoie. Arrêtez-vous où il s'arrêtera, et attendez-moi... Peut-être risqueriez-vous votre vie et la mienne en n'exauçant pas, à la lettre, la prière que je mets bien humblement à vos pieds chéris... Tout ce qui peut se raconter de nos malheurs, Lazare vous le racontera... Le 15 mars, je serai près de vous. » — Le 15 mars, c'est aujourd'hui; à moins d'accident, à moins de malheur, c'est donc aujourd'hui que je le reverrai. Seulement, par où viendra-t-il? Deux chemins lui sont ouverts : la mer et la montagne. S'il venait par la mer, j'apercevrais déjà sans doute, à l'horizon bleu, la voile de son navire. Oh! j'aime mieux que mon Gilbert ne vienne point par la mer. Ces côtes sont semées de tant d'écueils, et voilà des nuages qui semblent prédire une tempête. Heureusement que l'horizon est solitaire... Rien, que ce petit point blanc, l'aile d'un oiseau de mer sans doute, ou tout au plus la voile d'un pêcheur qui fuit la houle... Oh! hâte-toi de rentrer, pauvre barque perdue dans l'espace; car voilà la mer qui commence à onduler sous l'haleine du vent. Oh! mon Gilbert bien-aimé, viens par la montagne, je t'en supplie! fie-toi aux mules intrépides et aux chevaux fougueux; mais ne te fie point aux vagues: la vague la plus calme couvre un abîme... Oh! cette tache blanche grandit à l'horizon. Je me trompais, ce n'est point un oiseau de mer; je me trompais, ce n'est point une voile de pêcheur: c'est celle d'un hardi navire qui vient d'Europe. Comme il grandit! comme il avance! C'est à croire qu'il va plus vite que le nuage cuivré qui le poursuit dans les cieux. Oh! la tempête t'atteindra, pauvre bâtiment, avant que toi-même aies atteint le port... Mon Dieu Seigneur, pourvu que Gilbert ne soit pas au nombre des passagers!... Gilbert, ma chère âme! Gilbert! mon Gilbert!

(La tapisserie se soulève, Gilbert paraît.)

SCÈNE IV

GILBERT, ANTONIA.

GILBERT.

Tu m'appelles, Antonia?

ANTONIA, se retournant.

Ah!

(Elle court se jeter dans ses bras.)

GILBERT.

Toi! toi, enfin, cher amour! toi, le seul bonheur de ma vie!

ANTONIA.

Gilbert!

GILBERT.

Tu es donc venue?

ANTONIA.

Tu as commandé, et ta créature a obéi.

GILBERT.

Sans résistance, sans regrets?

ANTONIA.

Oh! avec un fil de la Vierge, ton amour me mènerait au bout du monde.

GILBERT.

Alors, tu es prête?

ANTONIA.

N'ai-je pas dit que je t'attendais?

GILBERT.

Bien, bien... Aujourd'hui même, tu seras à moi ; ce soir même, tu m'auras fait oublier tous mes chagrins, tu auras fermé toutes mes blessures.

ANTONIA.

Gilbert, on dit qu'il ne faut pas que les blessures du cœur se ferment trop vite, ou, sinon, elles sont mal cicatrisées; il faut arrêter le sang, mais il faut laisser couler les larmes... Pleure, Gilbert! pleure! ou plutôt pleurons... Notre sœur Hélène est morte!

GILBERT.

Oh! non, non, au contraire, Antonia, ne parlons plus d'Hélène; fais-moi oublier les six mois de ma vie qui viennent de s'écouler. Depuis que nous ne nous sommes pas vus, Hélène est allée au ciel rejoindre Juana, et j'ai là-haut deux anges qui prient pour moi... Antonia! il y a des âmes dont le cœur est la seule vraie patrie.

ANTONIA.

Gilbert, Dieu, qui nous donne l'amour, nous fait un ciel sur la terre, où il m'envoie pour te dire: Hélène et Juana sont heureuses, soyons heureux!

GILBERT.

Ah! si tu pouvais lire dans mon cœur, Antonia, tu n'y verrais qu'amour et joie. Je suis ingrat, je suis égoïste, j'oublie les morts, je dédaigne les vivants; Antonia, je n'ai plus qu'une pensée, toi! qu'un espoir, qu'un désir, toi! J'efface toutes les sombres pages de ma vie passée. Je suis né aujourd'hui, Antonia; c'est aujourd'hui mon premier soleil, mon premier sourire, mon premier amour!

ANTONIA.

Oh! Gilbert, je suis ravie de t'entendre parler ainsi; que je suis contente de t'avoir obéi! que je suis fière d'être accourue où m'appelait ta volonté, ton désir, ton caprice! Ainsi, cette inquiétude dont tu ne m'avais pas dit la cause, elle est dissipée, n'est-ce pas? Ainsi, tu ne redoutes plus rien? Notre fuite dans ces montagnes nous dérobe à ce danger inconnu qui menaçait ta vie et la mienne, et tu n'as découvert ce coin du monde que pour que nous y puissions demeurer inconnus et heureux ?

GILBERT.

Oh! oui, heureux! heureux! si nous sommes ignorés surtout.

ANTONIA.

Heureux! heureux! Je veux te bercer avec ce mot, emprunté à la langue des anges. Antonia heureuse par Gilbert, Gilbert heureux par Antonia !

GILBERT.

Regarde le ciel, regarde ce petit coin d'azur qu'on y retrouve encore et qui se reflète dans mes yeux et dans mon cœur ; eh bien, c'est l'image de la félicité qui m'est accordée. Non, Antonia, jamais plus pur bonheur n'a été donné à un homme que celui que Dieu m'accorde en ce moment. Mais, à ce bonheur, il manque encore quelque chose : c'est qu'au lieu de t'appeler ma fiancée, je puisse t'appeler ma femme. Prends garde, Antonia ! le temps que nous perdrions à désirer le bonheur, Dieu lui-même dans sa toute-puissance ne saurait nous rendre ce temps. J'arrive depuis dix minutes, Antonia, et je me demande pourquoi tu n'es pas encore ma femme.

ANTONIA.

Gilbert, donne un quart d'heure à ta fiancée pour quitter ses habits de deuil.

GILBERT.

Ah! Antonia, t'éloigner de moi?

ANTONIA.

Veux-tu donc que j'aille à l'autel remercier Dieu, avec l'appareil lugubre d'une orpheline ou d'une veuve? Oh! non, non, Gilbert; ces voiles nous porteraient malheur. Et cependant, si tu le demandes, j'obéirai. Crois-moi, j'ai assez de joie au cœur pour que ma robe noire resplendisse comme un habit de fête au moment où je dirai oui... Mais c'est une coutume sainte de mon pays, que la fiancée ressemble à la Madone ; et, si tu veux bien, Gilbert...

GILBERT.

Aller prévenir le prêtre ?

ANTONIA.

Oui...

GILBERT.

J'y cours! Fais-toi belle, et, puisque nous sommes heureux, qu'il n'y ait plus de deuil nulle part, ni sur nos habits, ni dans nos cœurs, ni au ciel.

(Roulement de tonnerre.)

ANTONIA.

Écoute! écoute la tempête!... Oh! que tu as bien fait de venir par la montagne! Dieu soit béni qui soulève la mer, mais seulement lorsque je te tiens en sûreté dans mes bras.

GILBERT.

Ah! oui, une tempête, c'est vrai.

ANTONIA.

Gilbert, vois donc ce navire qui essaye de gagner le port.

GILBERT.

Il y a donc des malheureux qui souffrent et qui tremblent? Je l'avais oublié!

ANTONIA.

Oh! ne songeons qu'à nous, Gilbert.

(Elle frappe dans ses mains.)

GILBERT.

Que fais-tu?

ANTONIA.

J'appelle mes femmes. Oh! je voudrais ne pas te quitter!

(Les Esclaves entrent silencieusement.)

SCÈNE V

Les Mêmes, ZISKA, Esclaves.

GILBERT.

Oh! tu ne me quitteras plus, sois tranquille. (Reconnaissant la Goule dans Ziska.) Ah!...

ANTONIA.

Quoi donc?

GILBERT.

Quelle est cette femme?

ANTONIA.

C'est Ziska la Circassienne, qui a guidé Lazare dans ses recherches et qui a tout préparé ici pour mon arrivée.

GILBERT.

C'est étrange! il me semble l'avoir déjà vue, il me semble que je la connais.

ANTONIA.

N'es-tu pas déjà venu ici une première fois; il se peut qu'alors tu l'aies vue.

GILBERT.

Oui, oui, tu as raison... Va, et reviens le plus vite possible.

ANTONIA.

Oh! une robe blanche et des roses de buisson... Je serai belle et tu m'aimeras, Gilbert; car ma principale beauté sera mon amour, car ma plus riche parure sera mon bonheur. Au revoir, mon amour!

(Elle sort.)

SCÈNE VI

GILBERT, ZISKA.

GILBERT, marchant droit à Ziska.

Tu as tressailli, tu as pâli, tu trembles!

ZISKA.

Oui.

GILBERT.

Ton œil a menacé Antonia!

ZISKA.

Oui.

GILBERT.

Tu la hais!

ZISKA.

Oui.

GILBERT.

Voyons, avoue que je te connais, avoue que je t'ai vue! Mais où donc, où donc, mon Dieu?

ZISKA.

Ingrat!

GILBERT.

Ah! tu es la Bretonne des genêts de Clisson, n'est-ce pas? celle qui m'a sauvé la vie, celle qui m'a prévenu du danger que courait ma pauvre sœur.

ZISKA.

Il est heureux que tu t'en souviennes!

GILBERT.

Quelle créature es-tu donc, pour changer ainsi de costume, de séjour et de visage?

ZISKA.

Hélas! que ne puis-je aussi changer de cœur!

GILBERT.

Pourquoi es-tu partout où je suis?

ZISKA.

Tu ne devines pas, Gilbert?

GILBERT.

Non.

ZISKA.

Je t'aime!

GILBERT.

Tu m'aimes, toi?

ZISKA.

Oui... Eh bien, n'as-tu rien à me dire en échange de ce mot, Gilbert?

GILBERT.

Rien, sinon que tu m'effrayes.

ZISKA.

C'est là ta seule réponse?

GILBERT.

Et quelle autre réponse pourrais-tu attendre de moi?

ZISKA.

Prends garde, Gilbert! j'ai traversé les montagnes, les fleuves, les royaumes, pour te suivre; j'ai veillé sur chacun de tes pas; j'ai fait enfin pour toi tout ce qu'une amante peut faire.

GILBERT.

Tu n'as pas sauvé ma sœur!

ZISKA.

Oh! je l'eusse sauvée, si cela m'eût été permis... Voyons, regarde moi, Gilbert. Crois-tu donc que tu ne puisses pas m'aimer?

GILBERT.

Comment me demandes-tu cela, puisque tu connais mon amour pour Antonia?

ZISKA.

Gilbert, je suis immortelle et ne comprends pas les amours qui passent.

GILBERT.

Alors, garde ton amour pour un dieu, et ne viens pas l'offrir à un homme.

ZISKA.

Pourquoi, si de cet homme je puis faire un dieu? pourquoi, si, d'un rayon de mon immortalité, je puis faire de cet homme le roi des mondes et des créatures terrestres?

GILBERT.

J'aime Antonia.

ZISKA.

Réfléchis! Vous êtes jeunes tous deux, je le sais; vous êtes beaux tous deux, je le sais aussi... Mais qu'est-ce que la beauté, qu'est-ce que la jeunesse, au compte de l'éternité? Deux fleurs qui durent un printemps, deux roses que fane l'hiver, qu'effeuille la vieillesse. Quelques années passeront comme un souffle dévorant sur vos têtes, et vous vous retrouverez vieillis, ridés, chancelants, à peine assez forts pour porter le souvenir de vos belles années... Voyons, Gilbert, n'es-tu pas ambitieux? Dis! refuseras-tu l'éternelle jeunesse, l'éternelle puissance, l'éternel amour?... Oh! nous aimons bien aussi, nous autres créatures surnaturelles, et toute ta vie de bonheur mortel avec Antonia durera moins qu'un baiser de notre immortel délire?

GILBERT.

Oh! femme, tu m'attaques justement par le côté invulnérable; tu oublies que j'ai vu mourir tous ceux que j'aimais, mon père, ma mère, ma sœur. Je ne veux pas voir mourir Antonia; je veux marcher avec elle d'un pas égal vers le sépulcre; l'amour m'est plus doux avec une mortelle parce qu'il durera un temps plus court... Oui, je le sais, notre amour, à nous autres hommes, ressemble à ces fleurs qui deviennent des fruits, lesquels, une fois mûrs, tombent en poussière; mais, que veux-tu! la fleur m'enchante, surtout parce que sa tige s'incline, parce que son parfum s'envole, parce que son éclat s'efface; j'ai l'habitude de plaindre et d'aimer, d'estimer le bonheur en proportion de la souffrance. Aime donc quelque autre que moi, femme; tu le vois bien, je ne puis t'aimer.

ZISKA.

Ainsi, vous appelez être heureux, vous autres mortels, ne pas souffrir tout à fait?

GILBERT.

Écoute, je ne sais pas ce que j'appelle être heureux; je sais que je suis heureux, voilà tout.

ZISKA.

Oh! parce que tu prends une chimère pour le bonheur.

GILBERT.

Si je la vois ainsi et si elle suffit à mon âme, laisse-la-moi Ziska.

ZISKA.

Non; car ta chimère me fait pitié. Oh! pauvre fou que tu es!

GILBERT.

Mon cœur nage dans la joie, et tu veux me faire accroire que je suis malheureux? L'insensée, c'est toi!

ZISKA.

Gilbert, tu as l'ombre, je t'offre la réalité.

GILBERT.

Que veux tu que je te dise? J'aime Antonia; si tu es aussi puissante que tu le dis, fais-moi t'aimer.

ZISKA.

Oh! malheureux, ménage-moi!

GILBERT.

N'empoisonne pas mon bonheur, et je te ménagerai.

ZISKA.

Ton bonheur!

GILBERT.

Oui.

ZISKA.

Hélas!

GILBERT.

Tu me plains?

ZISKA.

Hélas!

GILBERT.

Que veux-tu dire?

ZISKA.

Je veux dire qu'il y a une heure, le ciel était pur... Vois le ciel, Gilbert.

GILBERT.

Mon Dieu, que la tempête éclate au ciel, les grondements du tonnerre n'étoufferont pas cette voix joyeuse de l'amour qui chante dans mon cœur... Adieu! Je vais à la chapelle.

(Il s'élance dehors. Ziska s'assied au premier plan. L'orage éclate avec fureur.)

SCÈNE VII

ZISKA, LAZARE, Pêcheurs, accourant du fond.

LAZARE.

Le navire s'est brisé! les malheureux vont périr... Allez, mes amis, allez! tâchez d'en sauver quelques-uns... Exposez-vous, mes amis! exposez-vous!... (Les Pêcheurs partent.) Moi, je ne le puis: ma responsabilité m'attache au rivage... Ah! mon Dieu! voilà encore une chaloupe qui sombre, le dernier espoir de ces pauvres gens!... Oui, nagez, c'est comme si vous ne nagiez pas!... Ah çà! mais, Lazare, vous êtes un coquin, vous êtes un lâche! Quoi! vous laisserez périr ces malheureux sans essayer d'en sauver au moins un. Et si ton maître, ton infortuné maître était parmi les naufragés?... Caraï! en voilà encore un qui disparaît... Brrr!... Bon! en voilà un autre qui nage par ici... Attends! attends! je vais faire aussi une bonne action, moi, je vais me racheter quelques péchés. (Il ramasse une corde.) Voyons! (Il la jette par-dessus le parapet de la terrasse.) Bien! voilà que ça mord, ça mord ferme! (Il tire.) Hein! hein!... pauvre homme, va!... Tous les hommes sont frères... Hein!... (Il tire.) Viens, mon frère! viens, mon semblable! viens! (Il aperçoit la tête pâle de Ruthwen, qui apparaît à la hauteur de la sienne.) Ah!... (Le Vampire s'est cramponné à la terrasse; Lazare prend son élan et le culbute dans la mer; puis, tremblant, il chancelle et balbutie.) Au secours! au secours!

GILBERT, entrant.

Qu'y a-t-il?

LAZARE.

Ah! monsieur! monsieur!

GILBERT.

Quoi?

LAZARE.

Nous sommes perdus!

GILBERT.

Perdus?

LAZARE.

Je l'ai vu!

GILBERT.

Qui?

LAZARE.

Milord! lui! lui! le vampire!

GILBERT.

Ah !

LAZARE.

Sauvons-nous, milord! sauvons-nous !... Pardonnez-moi, je me trompe, je vous appelle milord ; mais j'ai la tête perdue...

GILBERT.

Tu as revu cet homme?

LAZARE.

Là, comme je vous vois... Je l'ai repêché. Vous comprenez bien que je l'ai poussé; il est retombé dans la mer; mais ça n'y fait rien, vous le connaissez, le scélérat! Oh! monsieur, sauvons-nous ! au nom du ciel, sauvons-nous!

GILBERT.

Oh! mon Dieu! mon Dieu! mon Dieu!

LAZARE.

Monsieur ! monsieur !

GILBERT.

Va !

LAZARE.

Monsieur, j'ai tellement peur, que je n'ose pas me sauver sans vous. Oh ! mes dents claquent... Heu ! heu ! heu !

GILBERT.

C'est bien, va-t'en ; je reste.

LAZARE.

Oh! monsieur, oui, restez... Arrêtez-le, si vous pouvez; retenez-le, si vous pouvez... Cela nous fera toujours gagner un peu de temps. Moi, je me sauve, monsieur.

(Il sort en courant.)

SCÈNE VIII

ZISKA, GILBERT.

ZISKA.

Eh bien, Gilbert, où est ton bonheur? où est cette belle fleur du fruit qui devait mûrir?

GILBERT.

Oh! tu es immortelle, tu l'as dit, et, depuis quelque temps, j'ai vu des choses si étranges, si incroyables, que je n'ai pas douté; Ziska, tu es tout et je ne suis rien ; Ziska, je tombe ici à tes genoux... Vois-tu, il faut pardonner à cette pauvre intelligence, à cette faiblesse risible, à ce misérable, à cet atome, à ce grain de poussière, qui, dans son orgueil, s'est cru montagne. Pardon, Ziska, je m'humilie... Épargne-moi! sers moi!

ZISKA.

Volontiers.

GILBERT.

Tu m'as offert ton amour?

ZISKA.

Oui.

GILBERT.

Tu m'as demandé de renoncer à Antonia.

ZISKA.

Oui.

GILBERT.

Je consens à tout; prends moi, je t'appartiens. Mais, tu comprends, que je ne voie pas une troisième victime s'éteindre entre mes bras, que je n'entende pas le râle d'une troisième agonie, que cette créature tant aimée, que cette vierge pure ne me laisse pas seul, désolé, épouvanté sur la terre... Ziska, sauve Antonia! sauve ma fiancée! Défends-la contre le vampire! Qu'elle vive, et, moi, tu me prendras, et je te bénirai de m'avoir séparé d'Antonia. Mais qu'elle vive! qu'elle vive!

ZISKA.

Impossible, Gilbert.

GILBERT.

Impossible? Mais tu mentais donc! Tu ne peux pas sauver cette jeune fille, tu ne peux pas l'arracher à son hideux ennemi, car c'est elle, c'est elle qu'il vient chercher ici; tu ne peux pas la faire vivre, et tu viens me parler de ta puissance, de ton immortalité! Cette seule grâce que je te demande, tu me la refuses, et tu viens me parler de ton amour! Voyons, songe bien, réfléchis bien, avant de me répondre.

ZISKA.

Impossible!

GILBERT.

Bien! Autre chose!

ZISKA.

Quoi?

GILBERT.

Oh! quelque chose qui sera en ton pouvoir, cette fois, je l'espère... Ziska, je te demande la mort pour elle et pour moi.

ZISKA.

Ainsi, tu l'aimes à ce point de mourir avec elle?

GILBERT.

Oui; j'eusse consenti à vivre sans elle, si elle eût vécu; elle meurt, je veux mourir.

ZISKA.

Soit! quel genre de mort choisis-tu?

GILBERT.

Donne-nous un poison qui foudroie, un éclair dans un baiser.

ZISKA.

Oh!

GILBERT.

Tu hésites?

ZISKA, lui donnant un flacon.

Non; tiens.

GILBERT.

Sois bénie!

ZISKA.

Qu'il est heureux! qu'elle est heureuse!...

(Elle aperçoit l'épée de Gilbert, déposée sur un siége; elle s'en saisit et sort rapidement.)

SCÈNE IX

GILBERT, seul.

Oh! oui, oui, la mort, le repos, après la fatigue, après la douleur, après la catastrophe de ma destinée maudite! En effet, que faire et à quoi bon lutter? à quoi bon fermer encore sur lui une tombe qui se rouvre toujours? Oh! non, non, je ne veux plus même le revoir; je veux prévenir sa présence. Et elle qui ne sait rien, qui ne se doute de rien! elle qui, pendant ce temps... Antonia, Antonia, mon amour!

SCÈNE X

GILBERT, ANTONIA.

ANTONIA, vêtue de blanc, et toute joyeuse.

Ai-je été longtemps, et suis-je bien belle?

GILBERT.

Oh! malheur!

ANTONIA.

Mon Dieu, comme tu es pâle!

GILBERT.

Oui, je suis pâle, Antonia; car je suis un misérable. Tout à l'heure, je te promettais l'amour, le bonheur, l'avenir; je mentais: rien de tout cela n'est fait pour nous. Je viens, je t'apporte la mort; j'ai voulu t'associer à ma destinée, et, en ce moment, tu es maudite comme je suis maudit; plus de fleurs, plus de robe de fiancée, plus de joie, plus rien! Oui, je suis pâle, Antonia; je suis comme on est quand on va mourir.

ANTONIA.

Mourir! Tu vas mourir, toi, Gilbert?

GILBERT.

Oui, une fatalité terrible s'est abattue sur moi. Tous ceux que j'aime tombent victimes d'un monstre qui me poursuit! C'est un secret horrible, mais il faut que tu le saches.

ANTONIA.

Mon Dieu! ce que disait Lazare de cet homme, de cet Anglais, de ce Ruthwen...

GILBERT.

Antonia, en Espagne, j'ai servi de protecteur à une jeune fille nommée Juana: Juana est morte sous mes yeux, égorgée! En Bretagne, où, tu le sais, j'étais rappelé par ma sœur, j'ai vu expirer ma sœur de la même manière. J'arrive, je te tiens dans mes bras, je t'aime... Au bout du monde, le monstre me suit: il est là, il va venir, il vient!

ANTONIA.

Mais cet homme, c'est donc...?

GILBERT.

C'est un vampire!...

ANTONIA.

Ah! mais tu ne me quitteras pas, tu me défendras, tu le tueras!

GILBERT.

Antonia, cette main l'a couché deux fois dans la tombe.

ANTONIA.

Fuyons! fuyons!

GILBERT.

Partout où nous irons, il nous suivra.

ANTONIA.

Cache-moi dans quelque retraite ignorée, dans quelque souterrain inconnu. Pourvu que je te voie, pourvu que tu sois près de moi, partout, partout, je serai heureuse!

GILBERT.

Inutile! son œil te découvrira dans les plus profonds abîmes de la terre... Antonia! Antonia! m'aimes-tu?

ANTONIA.

Oh!

GILBERT.

Pourrais-tu vivre sans moi?

ANTONIA.

Pas une heure, pas une minute!

GILBERT.

Eh bien, un refuge nous reste : la mort.

ANTONIA.

Avec toi? avec toi?

GILBERT.

Oui.

ANTONIA.

Ah! tu m'as dit souvent : « Antonia, donne-moi la preuve que tu m'aimes. » Cette preuve, tu vas l'avoir, mon Gilbert bien-aimé! Je suis prête, es-tu prêt?

GILBERT.

Mon amour, mon unique trésor, ma seule âme, tu m'as souvent demandé si ton amour, c'était le bonheur; eh bien, juge de ce qu'était pour moi ton amour, puisque cette mort est encore pour moi la suprême félicité.

ANTONIA, essayant de prendre le poison.

A moi, d'abord.

GILBERT.

Oh! sois tranquille, je ne te ferai pas attendre... Ta main dans la mienne, Antonia; mon regard plongeant dans ton cœur; tes lèvres sur mes lèvres, afin que je puisse aspirer ton dernier souffle en te donnant mon dernier soupir... Viens, Antonia! viens!

(Il la prend dans ses bras; la Goule reparaît.)

SCÈNE XI

Les Mêmes, ZISKA.

ZISKA, arrachant le flacon des mains de Gilbert.

Arrête !

ANTONIA.

Ziska !

GILBERT.

Arrière, démon ! puisque tu ne peux pas nous faire vivre, laisse-nous du moins mourir.

ZISKA.

Oh ! ne te hâte pas de douter et de maudire, Gilbert.

ANTONIA.

Que dit-elle ?

ZISKA.

Jeune fille, il faut que je parle à ton fiancé.

ANTONIA.

A Gilbert ?

ZISKA.

Oui.

ANTONIA.

Eh bien, parle.

ZISKA.

Il faut que je parle à lui seul.

ANTONIA.

Oh ! Gilbert, je ne te quitte pas.

ZISKA.

Gilbert, ordonne-lui de nous laisser ensemble.

ANTONIA.

Gilbert, j'ai peur.

GILBERT.

Et si lui, pendant ce temps...

ZISKA.

Il ne peut rien sur elle jusqu'à minuit ; jusqu'à minuit, je réponds de tout.

GILBERT.

Oh ! par quel serment pourras-tu me rassurer ?

ZISKA.

Par mon amour, Gilbert. Je te jure que, d'ici à minuit, il n'arrivera rien à Antonia.

GILBERT.
Antonia, laisse-nous.
ANTONIA.
Gilbert, c'est toi qui le veux.
ZISKA.
Va, jeune fille, et ne rentre point qu'il ne t'appelle.
GILBERT.
Obéis, mon Antonia.
ANTONIA.
Gilbert!...
GILBERT.
Va, cher amour, va! qu'avons-nous à craindre? Ne sommes-nous pas sûrs de mourir ensemble?

SCÈNE XII

ZISKA, GILBERT.

GILBERT.
Eh bien, nous voilà seuls ; parle, je t'écoute.
ZISKA.
Elle a consenti à mourir?
GILBERT.
Avec joie! Était-elle digne de mon amour, Ziska?
ZISKA.
Je ne trouve pas le sacrifice bien grand, Gilbert.
GILBERT.
Comment?
ZISKA.
Mourir dans tes bras, mourir sur ton cœur, en t'entendant murmurer : « Je t'aime! » Oh! non !... Que ne m'as tu demandé si peu, Gilbert? Oh! je serais morte dans tes bras avec délice.
GILBERT.
Que parles-tu de mourir, puisque tu es imortelle?
ZISKA.
Oui, c'est vrai; aussi n'est-ce point cela que j'avais à te dire.
GILBERT.
Quelque chose que tu aies à me dire, hâte-toi donc.
ZISKA.
Eh bien, Gilbert, ne pouvant pas mourir avec toi, je ne veux pas que tu meures.

GILBERT.

Mais Antonia! Antonia!

ZISKA.

Antonia!... Antonia ne mourra pas non plus.

GILBERT.

Que dis-tu?

ZISKA.

Il y a un moyen de la sauver.

GILBERT.

Oh! que ne l'as-tu dit quand il s'agissait de ma sœur?

ZISKA.

Parce que je comprenais que, ta sœur morte, tu vivrais; tandis que je comprends maintenant qu'Antonia morte, tu meurs.

GILBERT.

Attends! voyons... Je ne comprends pas bien.

ZISKA.

Je dis que tu vas vivre, Gilbert, et vivre heureux.

GILBERT.

Avec Antonia?

ZISKA.

Avec Antonia.

GILBERT.

Oh! non, non, je n'ose croire; non, tu l'as dit, c'est impossible!

ZISKA.

Si je la sauve, Gilbert, si je te fais un pareil bonheur, aux dépens de...

GILBERT.

De quoi? Parle.

ZISKA.

Non, de rien... Si je te fais un pareil bonheur, me hairas-tu toujours?

GILBERT.

Moi, te hair?... Oh! jusqu'à mon dernier jour, jusqu'à ma dernière heure, jusqu'à mon dernier soupir, je te bénirai.

ZISKA.

Gilbert! Gilbert! n'importe, dusses-tu me hair, dusses-tu m'oublier, ce qui serait pis encore, je te sauverai.

GILBERT.

Avec elle? avec Antonia?

ZISKA.

Oui, avec elle, avec Antonia ; mais ne m'ôte pas ma force en me répétant trop souvent ce nom.

GILBERT.

Eh bien, voyons, que faut-il faire ?

ZISKA.

Le combattre et le frapper.

GILBERT.

Oh ! je l'ai déjà frappé deux fois.

ZISKA.

Oui ; mais avec des armes humaines.

GILBERT.

Mais avec quelles armes veux-tu que je l'atteigne ?

ZISKA.

Ruthwen est un démon ; mets le Seigneur avec toi, et tu vaincras Ruthwen.

GILBERT.

Achève !

ZISKA.

Ecoute. Tu avais déposé ton épée sur cette chaise ; je l'ai prise et l'ai donnée à Lazare. Un prêtre vous attendait pour vous marier ; Lazare est allé lui faire bénir ton épée. Prends cette épée sainte, Gilbert, et présentes-en la pointe à Ruthwen : devant elle, il reculera ; frappe-le de cette épée, et, la blessure, fut-elle aussi légère que celle que fait l'aiguille au doigt d'un enfant, de cette blessure, il mourra !

GILBERT.

Oh ! merci ! merci !... Mais qu'as-tu, Ziska ? Tu chancelles ! tu pâlis !...

(Antonia écarte la tapisserie, regarde et écoute.)

ZISKA.

Tu ne devines pas, Gilbert ?

GILBERT.

Non.

ZISKA.

Tu ne devines pas qu'à toi qui as refusé mon immortalité, je te donne ma mort ?

GILBERT.

Ta mort ?

ZISKA.

Tu ne devines pas que nous sommes liés les uns aux autres par des lois terribles; tu ne devines pas que je ne pouvais le trahir qu'aux dépens de mon immortalité... Je l'ai trahi, et je meurs.

GILBERT.

Ziska !

ZISKA.

Et je meurs seule, je meurs pour te faire heureux avec ma rivale... Ah ! tu comprends enfin, Gilbert, laquelle aimait le mieux, de moi ou d'Antonia.

GILBERT.

Oh ! Ziska !

(Il lui prend la main.)

ZISKA.

Merci !... (Elle lui baise la main.) Et maintenant, adieu pour ce monde ! adieu pour l'autre ! adieu pour l'éternité !

(Elle disparaît dans les flammes.)

GILBERT, avec un cri terrible.

Ah !

ANTONIA, tombant à genoux.

Ah !

(L'heure sonne.)

GILBERT.

Le premier coup de minuit... Pas un instant à perdre ! A l'épée ! à l'épée !

(Il s'élance dehors.)

SCÈNE XIII

ANTONIA, seule.

Mon Dieu ! que se passe-t-il donc ? Les jambes me manquent ; il me semble qu'un ennemi invisible s'approche. (Regardant du côté de la porte.) Ah !...

SCÈNE XIV

ANTONIA, RUTHWEN.

ANTONIA.

Gilbert ! à moi, Gilbert !

SCÈNE XV

Les Mêmes, GILBERT.

GILBERT, l'épée à la main.

A moi, Ruthwen! à moi!

RUTHWEN.

Encore lui!

GILBERT.

Oui; seulement, cette-fois, je viens au nom du Seigneur.

RUTHWEN.

Ah!...

ANTONIA, enveloppant Gilbert de ses bras.

Gilbert! mon Gilbert!

GILBERT.

Créature maudite! renies-tu Satan?

RUTHWEN.

Non.

GILBERT.

Démon! confesses-tu Dieu?

RUTHWEN.

Non.

GILBERT.

Encore une fois, réponds!

RUTHWEN.

Non.

GILBERT.

Eh bien, tu vas mourir pour toujours, mourir maudit et désespéré!

RUTHWEN, rugissant.

Ah!...

(Il recule devant l'épée au fur et à mesure que Gilbert avance. Arrivés près de la muraille, tous deux passent au travers. Lazare apparaît et soutient Antonia, près de défaillir.)

DIXIÈME TABLEAU

Un cimetière. — Tombes, cyprès. Fond sinistre et fantastique; neige sur la terre; lune rouge au ciel.

SCÈNE UNIQUE

GILBERT, RUTHWEN, puis HÉLÈNE, JUANA, ZISKA et ANTONIA.

GILBERT, acculant Ruthwen à une tombe ouverte.

Pour la dernière fois, adore Dieu !

RUTHWEN.

Non.

GILBERT.

Alors, désespère et meurs !... (Il lui enfonce l'épée dans le cœur. Ruthwen tombe dans la fosse ouverte en poussant un cri. Le couvercle de pierre retombe de lui-même et l'enferme.) Au nom du Seigneur, Ruthwen, je te scelle dans cette tombe pour l'éternité !

(Il trace sur la pierre une croix qui devient lumineuse. En ce moment, le ciel se peuple d'Anges. — Hélène et Juana se détachent d'un groupe et viennent chercher Ziska, qui sort de terre, les mains étendues vers le ciel. — Antonia paraît, et se précipite dans les bras de Gilbert.)

HÉLÈNE, à Gilbert.

Frère, sois heureux !

JUANA, à Antonia.

Sœur, sois heureuse !

FIN DU TOME DIX-HUITIÈME

TABLE

	Pages
LA BARRIÈRE DE CLICHY.	1
LE VAMPIRE.	399

F. Aureau. — Imprimerie de Lagny

www.ingramcontent.com/pod-product-compliance
Lightning Source LLC
Chambersburg PA
CBHW050627170426
43200CB00008B/920